ユーモア入門
人生を楽しむ7法則

宮平 望

新教出版社

目　次

凡　例　　　　　　　　　　　　　　　　　　　　　　　　　6

まえがき　　　　　　　　　　　　　　　　　　　　　　　　8

序　章　ユーモア研究入門　　　　　　　　　　　　　　　　11

　　　　第1節　ユーモア研究の歴史　　　　　　　　　　　12

　　　　第2節　ユーモア研究の方法　　　　　　　　　　　33

第1章　聖書のユーモア　　　　　　　　　　　　　　　　　39

　　　　第1節　旧約聖書のユーモア　　　　　　　　　　　40

　　　　第2節　新約聖書のユーモア　　　　　　　　　　　56

第2章　落語のユーモア　　　　　　　　　　　　　　　　　72

　　　　第1節　祖型落語のユーモア　　　　　　　　　　　72

　　　　第2節　古典落語のユーモア　　　　　　　　　　　84

第3章　冗句のユーモア　　　　　　　　　　　　　　　　　105

　　　　第1節　邦語冗句のユーモア　　　　　　　　　　　106

　　　　第2節　英語冗句のユーモア　　　　　　　　　　　138

第4章　色恋のユーモア　　　　　　　　　　　　　　　　　165

　　　　第1節　青春色恋のユーモア　　　　　　　　　　　166

　　　　第2節　成人色恋のユーモア　　　　　　　　　　　176

結　章　人生を楽しむ7法則　　　　　　　　187
　　　第1節　ユーモアの法則　　　　　　　189
　　　第2節　ユーモアの創作　　　　　　　200

年　表　　　　　　　　　　　　　　　　　208

文献表　　　　　　　　　　　　　　　　　211

あとがき　　　　　　　　　　　　　　　　239

ユーモア入門
人生を楽しむ7法則

凡　例

1. cf. は「参照せよ」、p. は「ページ」、also は「また」、c. は「およそ」、& は「と」、……や . . . は「省略」を表す。
2. f. および ff. は「以下」を表し、引用ページまたは参照ページが前者は 2 ページ、後者は 3 ページ以上に渡ることを表す。
3. ed. は「編集」、comp. は「編纂」、tr. は「翻訳」、intro. は「紹介」、by は「による」、et al. は「他」、n.d. は「日付不明」を表す。
4. 英語原語は直後に（. . .）で示す。
5. 文献を文中で引用する場合、著作名は明示する必要がなければ、巻末の文献表に記載の副題、シリーズ名、出版社名等と共に省略し、原則として編著者名と巻番号または巻名（複数巻がある場合のみ）と参照ページのみをこの順に記す。同一著者に複数の文献がある場合には、文献表の各文献直後にアルファベットで識別を付け、著者名直後にその識別文字を挿入する。また、本文に単に例えば（本書第 1 章第 1 節）とある場合は、本書『ユーモア入門　人生を楽しむ 7 法則』内の参照章節を示す。便宜上、文献表には本書において直接引用しなかったものも掲載しており、和書のリストには参照した CD 資料も含めている。文献表の角括弧内の数字は、原書の出版年を示す。
6. 文中で歴史的人物の姓のみを記す場合、そのフルネームと生没年を巻末の年表に別記するものもある。現存の人物や研究者に対しても歴史的記述方法を採り、敬称は省略する場合がある。年に関しては、西暦の A.D. は省略して紀元前の B.C. のみを記す。C. は「世紀」を表す。なお、「はなし」の漢字である「話」「咄」「噺」については、原則として慣例や典拠元の記述に従っている。
7. 聖書箇所は、下記の括弧内の引用表記を使用し、章と節は : で区切る。

なお、旧約聖書からの引用は『聖書　聖書協会共同訳　旧約聖書続編付き　引照・注付き』(日本聖書協会，2018)に基づき、新約聖書からの引用は拙著「私訳と解説」シリーズに基づく。

旧約聖書：創世記(創世)　出エジプト記(出エ)　レビ記(レビ)　民数記(民数)　申命記(申命)　ヨシュア記(ヨシ)　士師記(士師)　ルツ記(ルツ)　サムエル記上(サム上)　サムエル記下(サム下)　列王記上(列王上)　列王記下(列王下)　歴代誌上(歴代上)　歴代誌下(歴代下)　エズラ記(エズ)　ネヘミヤ記(ネヘ)　エステル記(エス)　ヨブ記(ヨブ)　詩編(詩編)　箴言(箴言)　コヘレトの言葉(コヘ)　雅歌(雅歌)　イザヤ書(イザ)　エレミヤ書(エレ)　哀歌(哀歌)　エゼキエル書(エゼ)　ダニエル書(ダニ)　ホセア書(ホセ)　ヨエル書(ヨエ)　アモス書(アモ)　オバデヤ書(オバ)　ヨナ書(ヨナ)　ミカ書(ミカ)　ナホム書(ナホ)　ハバクク書(ハバ)　ゼファニヤ書(ゼフ)　ハガイ書(ハガ)　ゼカリヤ書(ゼカ)　マラキ書(マラ)

新約聖書：マタイによる福音書(マタ)　マルコによる福音書(マル)　ルカによる福音書(ルカ)　ヨハネによる福音書(ヨハ)　使徒言行録(使徒)　ローマ人への手紙(ロマ)　コリント人への手紙一(コリ一)　コリント人への手紙二(コリ二)　ガラテヤ人への手紙(ガラ)　エフェソ人への手紙(エフ)　フィリピ人への手紙(フィリ)　コロサイ人への手紙(コロ)　テサロニケ人への手紙一(テサ一)　テサロニケ人への手紙二(テサ二)　テモテへの手紙一(テモ一)　テモテへの手紙二(テモ二)　テトスへの手紙(テト)　フィレモンへの手紙(フィレ)　ヘブライ人への手紙(ヘブ)　ヤコブの手紙(ヤコ)　ペトロの手紙一(ペト一)　ペトロの手紙二(ペト二)　ヨハネの手紙一(ヨハ一)　ヨハネの手紙二(ヨハ二)　ヨハネの手紙三(ヨハ三)　ユダの手紙(ユダ)　ヨハネの黙示録(黙示)

まえがき

　本書はユーモア入門書であるが、その剽軽(ひょうきん)な題名とは裏腹に、天災と戦争と疫病を陸続と繰り返す現代世界の渦中における深刻な祈念から書き始められた。20世紀のキリスト教界を代表するスイスの神学者カール・バルトは、ナチ政権に対する抵抗運動を主導する際に、「力強く、落ち着いて、ユーモアをもって」と強調したが（宮田光雄 c121, cf. 宮田光雄 a19, c13, 82, 84, 144, 190, 228, 273）、一人ひとりの国民が戦時下において必要とされる正確な情報を入手しにくいという難局は、疫病下においても同様であることは、今般のコロナ禍においても記憶に新しく、南海トラフの惹起する大地震という天災のニュースを側聞しても同感である。今後とも、市民一人ひとりの自覚的かつ多角的な情報収集が必要になってくるだろう。

　天災と戦争と疫病の中でも特に、2022年2月下旬のロシアによるウクライナ侵攻開始は、米英を中心とするNATO加盟国の軍事支援を受けるウクライナと、核大国ロシアおよびその友好国との間の第三次世界大戦の端緒とまで称されているが（トッド 22, 27, 37, 64, 90, 142, 175, 204）、確かに現在の世界情勢は、複数の勢力が対峙する状況、朝鮮半島および中台問題を抱えるアジアや戦禍の絶えない中東等のホットスポットの遍在、第二次世界大戦後に世界大戦が長期に渡り抑止されているという意味での平和への安住、民主主義や資本主義の動揺と強力なイデオロギーや理念の不在という4点において、かつてドイツ・オーストリア等の陣営とフランス・ロシア等の陣営が対立した第一次世界大戦の状況と類似していると指摘されている（cf. 小原淳 13）。そして、第三次世界大戦を誘発しないために日本は、3大国米中ロのうち2か国以上と同時に敵対しないことや、アジアの構成国として韓国および東南アジア諸国との連携を深化させる提案が示されているが（cf. 小原淳 13）、すでに深刻な戦禍にあるウクライナに

おいて、元コメディアンであるゼレンスキー大統領が、2022年の米国連邦議会で継続的支援を求めつつ、「2日後に私たちはクリスマスを祝います。おそらくキャンドルの明かりで。しかし、それはその方がロマンチックだからというわけではなく、電気が使えないからです（In two days we will celebrate Christmas, maybe candlelit, not because it's more romantic, no, but because there will be no electricity)」というユーモアを落ち着いて語ったことは（Shear & Kanno-Youngs A1）、最悪の状況下においてもなお力強く機能するユーモアの性質を物語っている。

「力強く、落ち着いて、ユーモアをもって」という標語は、筆者の理解によれば、力強く天地万物を創造した父なる神と（創世 1:2-2:3, イザ 40:26）、人となってこの世に落ち着くとともに救い主として現れた子なる神イエス・キリストと（ヨハ 1:1-14）、ユーモアが少なかったと思われているイエスよりも大きなことを行う慰め主である聖霊なる神が（ヨハ 14:16-17, 26, 15:26, 16:7, 13, 20:22, 使徒 9:31, コリニ 1:3, cf. 本書第1章第2節）、同等同質の神として一体であるという三位一体の教理と深く関係しており、この神は、父なる神の創造した天地万物で生じる天災と（マタ 24:7）、子なる神イエスの警告した戦争と（マタ 24:6, 26:52）、聖霊に対峙する悪霊の働きによる疫病を克服して（マタ 4:24, 8:16, 10:8）、平安と平和と平穏を再生させる神である（ヨハ 14:27, 16:33, 20:19, 21, 26）。

イエスの働きを継承する現代の聖霊の時代において（ヨハ 14:26, 15:26, 16:14）、具体的にはユーモアが一段と大きな役割を果たすだろう。特にユーモアの簡潔な手段の1つであるジョークは、誰でも知っているだけで行使できる民主的で政治的な武器である。ジョークが言葉のみに基づくものであり、相手の警戒心を取り払って武装を解除させるものであることを考慮するなら（cf. パニョル 37, 山口昌男 4ff., 大島希巳江 c24ff.）、武器と言うよりもむしろ平和的な「和器」である。このジョークは、一定の訓練を必要とする技術に裏打ちされた手品とは異なり、知ることのみによって獲得可能な和器であり、誰でも使うことのみによって隣人の笑いを生み出せる「言葉の手品」と言えるだろう。通常の手品の「トリック」とは異なる

言葉の手品の「レトリック」を示すことによって、本書が家庭や近所で、学校や職場で、天災と戦争と疫病の中で、平安と平和と平穏を創造する一助となることを願ってやまない。

　また、こうした拙願を出版によって実現してくださった新教出版社の小林望社長に、まず感謝の言葉を申し上げたい。平和の道具である言葉を駆使して人と人を結び付ける出版の働きは、神学的には御父と御子の絆である聖霊が聖書を通して人と人の間にも平和をもたらす神の業の具体化でもある（ロマ 8:6, エフ 4:3）。書肆のますますのご発展も心から願いたい。

序　章　ユーモア研究入門

　本書第3章第2節において重要な役割を果たしてくれる豊田一男著『ジョークで楽しむ英文法再入門　English Grammar through Jokes』（2015年）の動名詞の章で解説されている it is no good [use] doing:「＿するのは無駄である」の例文に、筆者はしばし釘付けになった。

　　If you board the wrong train, it is no use running along the corridor in the other direction（Dietrich Bonhoeffer）.「行先の違う列車に乗ったら、通路を反対方向に走っても無駄である（ディートリヒ・ボンヘッファー）」（豊田一男 b264）。

　この名文の著者ボンヘッファーは、自らの良心に従ってヒトラー暗殺計画に参与し、将来を嘱望されながらもドイツ敗戦直前に処刑された20世紀の代表的神学者である。ヨーロッパが独裁者の狂気に翻弄されることを、言わば車輪の下に身を投じてでも阻止しようとしたボンヘッファーは命を奪われたが（cf. キルケゴール b[7]296f., 三浦綾子 356）、その名言の1つはこのようにして神学やキリスト教とは直接関係のない英文法の領域にまで、なおも息づいて影響力を行使している。平和な時代なら、この例文は軽率な乗客の笑い話で済むが、戦時下なら、後戻り不能な断末魔を活写している。これは、ユーモアが時代状況によっては二面性をまとうということを示しており、ムリ、ムラ、ムダに満ちた逆境下ではユーモアを語れること自体が、正しい行先を見失っていないことの証左であるとも思われる。したがって、ここでもユーモアを引用したい。ある書店で、客がヘルマン・ヘッセの名作『車輪の下』を手にして店員に言った。「あのう、すみません。『車輪の上』も在庫がありますか？2冊セットで買います」（cf.

朝日新聞）。

第1節　ユーモア研究の歴史

　ユーモアとは、『広辞苑』によれば「上品な洒落やおかしみ。諧謔」であり、この諧謔とは、「おもしろい気のきいた言葉。おどけ。しゃれ。滑稽。ユーモア」とされている（新村出 455, 2862）。ユーモアの英語 humor（=humour）とは、映画『博士と狂人』（2019 年）の映画でも知られるようになったマレー他編纂のオックスフォード英語辞典によると、元々は湿気や蒸気、動植物内の液体を意味し、特に古代や中世の生理学においては人の肉体的、精神的性質を決定する血液（blood）、粘液（phlegm）、胆汁（choler）、黒胆汁（melancholy）という 4 つの体液を指し、これらの体液量の均衡が人に影響を与えると考えられ、後に気質や気分そのものから、17 世紀後半になって「楽しみ（amusement）」を引き起こす言動を意味するようになり、純粋に知的な要素を持つ「機知（wit）」とは区別されて同情的な性質を持つという（Murray452f., cf. 寺澤芳雄 673f.）。humor の元のラテン語 ūmor は、湿っているという意味の ūmeō に由来し、湿気や液体を示す（Glare2302f.）。ちなみに、『ユーモア研究百科事典（*Encyclopedia of Humor Studies*）』（2014 年）を含むユーモア研究の大著を刊行、編集しつつユーモア学を世界的に嚮導(きょうどう)しているアタルドによると、「ユーモア研究の分野では近年、ある合意が生まれているようであり、『ユーモア（humor）』は、ユーモラスな現象の複合体を示す包括的な用語（umbrella term）として使われている」（Attardo, e7, cf.Williams5）。本書も「ユーモア」をこの包括的な意味で使用することにする。

　「人生は短く、術（テクネー）のみちは長い。機会は逸し易く、試みは失敗すること多く、判断は難しい。医師は自らがその本分をつくすだけでなく、患者にも看護人にもそれぞれのなすべきことをするようにさせ、環境もととのえなければならない」という「箴言」の冒頭句や、後代に至るまで医師倫理宣誓として活用されている「誓い」で知られる古代ギリシャ

の医聖ヒポクラテスは、「人間の体は、その中に血液と粘液と黄胆汁と黒胆汁がある。そしてこれらのものがその体の自然性であり、これらによって病苦に悩んだり健康になったりするのである。いちばん健康であるのは、これらがお互いの混和と性能と量の点で適切な状態にありもっともうまく混ざり合っているときである」と述べ、黒胆汁（melancholy）と憂鬱状態の関係に言及した（ヒポクラテス第一巻 113, 517, 561, 581f., 691, 960）。また、彼は、医師の「外見上のことでは、顔付きが考え深げではあるが厳しくないのがよい。傲慢で人間嫌いであるように思われるからである。他方、すぐに笑い出したり並はずれて快活である人は、俗っぽいと考えられる。こういう俗っぽさは、ことのほか避けなくてはならない」と戒めている（ヒポクラテス第二巻 993）。

ユーモアが引き起こす「笑い」とは（cf.Ross1）、『広辞苑』によれば、「口を大きく開けて喜びの声をたてる」ことや「嘲笑する」こととされており、比喩的には「つぼみが開くこと、果実が熟して皮が裂けること」であり、「力が入らず、機能しなくなること」も意味する（新村出 3036f., cf. 宮平望 c147）。この最後の意味を除けば、これらの内容は『古語大辞典』によると、すべて古語「笑ふ」に由来しているが（中田祝夫他 1771）、『日本語源大辞典』では、「相好が崩れ、破顔する義で、ワルル（破）」や「口を大きく開く意の、ワル（割）」に由来するという説だけでなく、「ワイワイ、ワッなどという音声のワに、ラフの活用を添えた語」や、「子どもが生まれると人は優しくなり、それが面に表れるところから、ワラウ（童得）の義」という説も紹介されている（前田富祺 1182, cf. 柳田國男 b231）。

字形の変遷をたどることは困難であるが、『新漢和大辞典』によると、「笑」という漢字は、解字的には細くしなやかな人を示す「夭」から細い「竹」を表し、左側に「口」偏の付いていた省略前の文字は、「口をすぼめてほほとわらう」ことを表していたが、誤って「咲」と書かれるようになり、したがって、「咲」という漢字も「口をすぼめてほほとわらう」ことを表し、「わらう。えむ」という意味を持つが、「咲」という字には「さ

く」という訓が充てられて使い分けられるようになった（藤堂明保他 304, 1316）。確かに、語源的にも「咲く」の項目では、「サクル（裂）」や「サク（開）」との関係が指摘されており、「笑う」の語源と通底している（前田富祺 541）。

　1世紀後半から2世紀にかけて活躍した許慎による最古の漢字字書に段玉裁が注を付けて完成した19世紀初頭の『説文解字注』によると、「笑」とは「喜びなり（喜也）」とされており（許慎／段玉裁 198, cf. 尾崎雄二郎 a66f.）、『反対語大辞典』が「泣く、怒る」を「笑う」の反対語としているように（中村一男 552）、実にユーモアの生む笑いは、悲嘆と立腹に対抗してそれらを克服する歓喜であり、腹を割って笑いを共有する人と共に人生を楽しむための妙薬とも言えるだろう。したがって、こうまとめることもできるだろう。

　　蕾（つぼみ）が開く開花が、花の完成態であるなら、
　　口が開く笑いは、人の完成態であり、
　　ユーモアはその必須の栄養素である。

　笑いやユーモアというテーマは、実に多岐に渡る学際的な領域であるが、まず初めに、この世界の概観を得るために、「簡単なジョーク用語辞典」、内容項目別のジョークの数々、丁寧な「参考文献」からなる松田道弘編『世界のジョーク事典』（2009年）を勧めたいと思う。入門書や概説書としては、ユーモア研究で知られる社会学者の森下伸也による『もっと笑うためのユーモア学入門』（2003年）や、心理学の見地からユーモアを詳細に分析した雨宮俊彦の『笑いとユーモアの心理学　何が可笑しいの？』（2016年）、また、高名な哲学者である中山元の著した『わたしたちはなぜ笑うのか　笑いの哲学史』（2021年）があり、本書もユーモアや笑いに関する諸説を紹介しているこれらの書の驥尾（き び）に付して、いやむしろ伏して、歴史的に主要な論点の一班を概観したいと思う（cf. スマジャ 15-42, 76-84）。

西洋哲学の祖であるプラトンの伝えるソクラテスによると、滑稽さ（＝笑うべきもの）とは、一種の劣悪さであり、ギリシャ中部の古代都市デルフォイの神殿に刻み込まれていた「汝自身を知れ」という格言のとおり自らの無知であり、具体的には第一に、金銭について自分が実際よりも金持ちだと思うこと、第二に、大きさや美しさなどの身体的なことについて自分が実際よりも優れていると思うこと、第三に、知恵などの徳において自分が優れていると思うことである（プラトン第 4 巻 280-283, cf. プラトン第 5 巻 154, アリストテレス第 16 巻 53, ラエルティオス［上］41）。これは、笑いの対象が人間の経済的、身体的、道徳的側面の過大な自己評価における相対的な劣悪さであることを指摘している。ただし、激しい反動を招くような激しい笑いは、国家の統治者には不適切であるとされている（プラトン第 11 巻 184, cf. プラトン第 11 巻 721）。

　また、ソクラテスは知の探究者の 1 人として、星座を眺めて思考を巡らせていたタレスが足元の穴に気付かずに落ちたことに対して、ある召使いの女が、「あなたさまは熱心に天のことを知ろうとなさいますが、ご自分の面前のことや足元のことにはお気づきにならないのですね」と言ったことは、知に対して無理解な人による冷笑や失笑にすぎないと戒めている（プラトン第 2 巻 278ff., cf. プラトン第 11 巻 30f., 394, 546, ラエルティオス［上］37, キルケゴール b[9]233, ベルクソン 21）。

　プラトンに学んだアリストテレスは、当時の動物の観察に基づいて、「動物の中で笑うものはヒトだけである……。……ヒト以外に笑う動物はない」と述べ（アリストテレス第 8 巻 354f., cf. ラブレー第一之書 15, ショーペンハウアー第 5 巻 170f.）、特に知り合いが傍らにいると、相手への好意によって笑いが引き起こされ、また、不意に他人からくすぐられると一種の混乱または錯乱としての笑いが起きると解説した（cf. アリストテレス第 11 巻 400, 466）。両極端を排して中庸（＝中間）の徳を重視する観点からは、人を笑わせる点で度を越しているのが道化者であり、道化には品の良さも相手への配慮もないが、逆に人を笑わせることを言わないばかりか、そういう人を忌避する人は堅物であり、これらの人々に対して、上品

に戯れることを知る人は機知のある人であり、「休息や戯れは人生には欠くことができないものである」と説かれている（アリストテレス第13巻138-140, cf. アリストテレス第13巻50-63）。つまり、人間的笑いには好意的笑いや衝動的笑いなどがあるが、いずれにせよ道化や堅物という両極端を排した機知による笑いが推奨されている。

　そして、アリストテレスは、「滑稽なこと……は討論においていくらか有用性をもっていると思われる」と述べ、「すでに『詩学』において滑稽なことはいくつもの種類を持って」いて、「自由人にふさわしい」ものもあると述べたと記している（アリストテレス第16巻267）。しかし、この滑稽なことの議論が展開されたはずの章は訳者註にあるように現在、「失われている」（アリストテレス第16巻313）。確かに、アリストテレスは、悲劇と叙事詩については色々と述べたが、諷刺詩と喜劇については、訳者が示すように写本が「欠損」しており（アリストテレス第17巻114）、現存する『詩学』の文書の中では端的に、喜劇が再現の対象とするのは「みにくさと滑稽」であり、「滑稽は確かに一種の失態であり、それゆえまた、醜態であり、その意味では劣悪なものではあるが、別に他人に苦痛を与えたり危害を加えたりする程の悪ではない」とされている（アリストテレス第17巻27f.）。この「欠損」している写本の内容を巡って壮大なドラマを描いたのが、世界的な「エコー（反響）」を巻き起こしたウンベルト・エーコの映画にもなったフィクション『薔薇の名前』（1980年）である（エコ 95）。

　弟のニッサのグレゴリオス、友人のナジアンゾスのグレゴリオスと共に、中世カトリック教会に大きな影響を与えたカッパドキアの3教父の1人であるバシレイオスは、4世紀後半に『修道士大規定・小規定』を定め、「第13問　修練者（＝新入会者）にとって沈黙による訓練は有益である」とし、「第17問　笑いも抑制されねばならないか」では、こう説いた（上智大学中世思想研究所第2巻172-177, 216, 222f.）。

　　抑制のない野放図な笑いに耽ることは不節制の、また感情抑制の欠如

の、そして確かな分別により魂の空しい動きを抑えることのできないことのしるしである。確かに、「心に喜びを抱けば顔は明るくなる」（箴言15:13）と書かれていることを示す限りで、朗らかな微笑によって魂にこみ上げる喜びを明らかにすることは見苦しいことではない。しかしながら、大きな声を立てて笑ったり、こらえきれずに体を揺すったりすることは、よく整えられた魂の表れではないし、また優れた魂、自己支配力のある魂の表れでもない。この種の笑いについては、「伝道の書」（コヘレトの言葉）の著者もまた、特に魂の安定性を損なうものとして避けるよう、「笑いを私は過ちのうちに数えた」（コヘ 2:2）、あるいは、「愚者の笑いは鍋の下にはぜる柴の音」（コヘ 7:6）と言っている。さらに主（＝イエス）は、例えば疲労や悩める人に対する同情のように、肉体に必然的に付随する情念や、徳の証拠を示す限りでの情念を経験されたようであるが、福音書の語る限りでは、主はけっして笑われたことはないばかりか、むしろ笑いに捉えられた人々は不幸である（ルカ 6:25）とさえ言われている。ところで「笑い」という言葉の多義性に騙されないようにしよう。というのは、聖書ではしばしば慣例的に、魂の喜びと、善い態度にともなう朗らかな感情を「笑い」と呼んでいるからである。

ギリシャやスラヴの東方教会の「修道制の創始者」であるバシレイオスの『修道士大規定・小規定』のラテン語訳によって大きな影響を受けたベネディクトゥス（＝ベネディクト）は、6世紀前半にローマとナポリのほぼ中間に位置するモンテ・カッシーノで修道院を設立して『戒律』を定め、「西方修道制の父」と呼ばれた（上智大学中世思想研究所第 2 巻 174, 第 5 巻 240）。この『戒律』においても、沈黙の重要性が説かれ、「第 4 章 善い行いのための道具について」の 78 項目の中で、「(51) 邪悪な話は慎むこと。(52) 饒舌を愛さないこと。(53) 無駄口あるいは笑いを誘う言葉は口にしないこと。(54) しばしば、大声で笑うことを愛さないこと」とされている（上智大学中世思想研究所第 5 巻 256f., 260, 265, 294, 300, 310, cf. 上智大学中世思想研究所第 4 巻 1094, 1210, 第 10 巻 274）。そして、こ

の『戒律』や長上の立場にある者の命に従わない者には、その程度に応じて叱責、鞭打ちなどの体罰、破門などが定められていた（上智大学中世思想研究所第 5 巻 278-283, 323, cf. 上智大学中世思想研究所第 4 巻 1095, 1211, 1229）。こうした制度に対して、イエスが笑ったという主張が現れるのは 12 世紀以降のことである（宮田光雄 a149ff.）。

　『薔薇の名前』は 14 世紀前半、北イタリアのベネディクト会修道院において、「欠損」しているはずのアリストテレスの『詩学』の「諷刺詩と喜劇」に関する写本を隠蔽しているとされる保守的な修道士ホルヘと、真理の追究を求めてやまない学僧とも言うべき修道士ウィリアムとの対峙を描いている（エーコ上 178f., 下 332, 340f.）。最終的にホルヘは、天上の神的なものを地上の人間的なものに逆転させてしまったアリストテレスの哲学が、その喜劇論によってさらに破壊的影響をキリスト教に与えることを危惧しつつ、ウィリアムにこう明かした。「その書物のなかでは、笑いの機能が逆転する。笑いが方法にまで高められ、それに向かって学者たちの世界の扉が開かれ、それが哲学の対象となり、不正な神学の対象ともなる……」（エーコ下 344f., cf. エーコ下 343f.）。後にウィリアムはこう述懐する。「ホルヘがアリストテレスの『第二部』を恐れたのは、そのなかで、たぶん、わたしたちがおのれの幻想の虜にならないようにするためには、真理と名のつく相貌を一つ一つゆがめてみるように、真剣に説かれていたからであろう。おそらく、人びとを愛する者の務めは、真理を笑わせることによって、真理が笑うようにさせることであろう。なぜなら、真理に対する不健全な情熱からわたしたちを自由にさせる方法を学ぶこと、それこそが唯一の真理であるから」（エーコ下 370f.）。ホルヘは『詩学　第二部』を恐れるあまり、その写本の下段、隅に猛毒を塗っておいて、そこに唾を付けてめくって読む者が、自らの指を舌に持って行った時に毒殺されるように策略していたのである。ここで、組織の長老が政治的に虚偽と陰謀を隠蔽する頑迷固陋な体質と、独立心のある学者が良心的に真理と真実を追究して公開しようとする勇姿の対比は鮮明であり、現代に至るまで説得力がある。

このような修道院に代表される保守的潮流の向こうを張るかのように、笑いの文化はカーニバル、饗宴、道化などの伝統的慣習において、また、ギリシャ喜劇やローマのキケローによる『弁論家について』（紀元前 55 年）などにおける笑いの実例や分析の後、ルネサンス期において、笑話を含むボッカッチョの『デカメロン』（1348-1353 年）やチョーサーの『カンタベリー物語』（1387-1400 年）、エラスムスの『痴愚神礼賛（＝愚神礼賛）』（1511 年）や、エラスムスと交流のあったラブレーによる『ガルガンチュアとパンタグリュエル物語』（1532-1564 年）、さらにはシェークスピアの『から騒ぎ』（1600 年）などの喜劇やセルバンテスの『ドン・キホーテ』（1605-1615 年）といったユーモア文学の中で息づいていた。

　近代以後の笑いの研究は便宜上、概して優越説（Superiority Theory）、不一致説（Incongruity Theory）、解放説（Relief Theory）という 3 つの理論に分類されている（cf. モリオール 9-67, 井上宏 a20ff., 小泉保 10ff., 志水彰 b65-72, 野内良三 c125, スマジャ 44ff., マーティン 37-99, 東森勲 223f., ハーレー 73-103, 雨宮俊彦 99, 木村覚 13-145, 源河亨 216-224, Attardo, a46-50, d4-16, e59-77, Ross7, 53, 63, Ritchie7, Ermida14-30, Carroll7-42, Meyer10-20, Watson24-35, Plester17-25, Gimbel6-33, Schweizer206-211, Ford16-25）。とは言え、これらは分明に判別できるものではなく、相互に重複する部分や、こうした範疇から逸脱する要素もあるだろう。また、1 人の思想家が複数の視点を提示している場合もある。

　第一に、優越説は、例えばかつてアリストテレスが、「喜劇は現に我々の周囲にいる人々よりも劣った人を再現しようと意図するが、悲劇はより優れた人物を再現しようと意図する」と述べているように（アリストテレス第 17 巻 21, cf. アリストテレス第 17 巻 56）、ユーモアの醸し出す笑いの原因が、劣等な相手に対する優越感にあるとする（cf. プラトン第 4 巻 280-283, ボードレール上 205, 208）。

　ホッブズも『リヴァイアサン』（1651 年）の中で、「《とつぜんの得意・笑い》とつぜんの得意は、笑い LAUGHTER とよばれる顔のゆがみ Grimaces をおこさせる情念であり、それは、自分のあるとつぜんの行為

によろこぶことによって、あるいは、他人のなかになにか不恰好なものがあるのを知り、それとの比較でとつぜん自己を称讃することによって、ひきおこされる」と説いている（ホッブズa［一］107, cf. ホッブズb167）。ただしホッブズは、「それは、自分のなかに最少の能力しかないことを意識している人びとに、もっとも生じやすい。かれらは、他の人びとの不完全さを観察することによって、みずからをよしとせざるをえないのである。したがって、他人の欠陥についておおいに笑うことは、小心のしるしである。なぜなら、偉大な精神にふさわしい仕事のひとつは、他の人びとの嘲笑からすくいだして解放し、自分自身をもっと有能な人とのみ、比較することだからである」と警告している（ホッブズa［一］107f.）。

　モリエールなどの喜劇の分析も行ったベルクソンは『笑い』（1900年）において、この主題の研究の困難さを、「アリストテレス以来、おそらい思想家たちがこのちっぽけな問題と取組んで来たが、この問題はいつもその努力を潜りぬけ、すりぬけ、身をかわし、またも立ち直るのである。哲学的思索に対して投げられた小癪（こしゃく）な挑戦というべきだ」という有名な言葉で書き始めた（ベルクソン11）。彼は例えば、「往来を走っていた男がよろめいて倒れる。すると通りがかりの人びとが笑う。……笑うべきことは、注意深いしなやかさと生きた屈伸性とがあって欲しいところに、一種の機械的なこわばりがある点」であるとし、この笑いは同時に、「社会的からだの表面に機械的こわばりとしてとどまっていそうなものをことごとくしなやかにする」と指摘した（ベルクソン18f., cf. ベルクソン27, 35, 52, 59, 84f., 122, 125, 128f., 131, 136, 162）。したがって、「まともな恰好をした人間が真似することのできる不恰好はすべて滑稽になることができる」のであり、滑稽は、「優美（grâce）」とは対照的な「こわばり（raideur）」である（ベルクソン30, 34f.）。その代表例は、第一にびっくり箱、第二に操り人形、第三に雪だるまを作る時にころがって大きくなっていく雪の玉であり、同時に、そのように第一に他者と応酬を繰り返し、第二に自由に生きているようで操られており、第三に事態を統制できないほどに重大にしてしまう人間である（ベルクソン69, 76, 78）。芸能人の「模倣の滑稽」にお

いて（cf. フロイト第 8 巻 237f., 248f.）、このような「こわばり」や誇張を活用して大いに受けたのが、現代日本の芸人コロッケである（cf. 本書結章第 1 節）。また、他者と応酬を繰り返し、自由に生きているようで操られており、事態を統制できないほどに重大にしてしまう人間の様子は、それぞれ「トムとジェリー」や「ピノキオの物語」、また、「初期のチャップリンなどのドタバタ喜劇の映画」に現れている（cf. 中山元 183f.）。

　ベルクソンの研究で特に重要なのは、「精神的なものが本義となっているのに、人物の肉体的なものに我々の注意を呼ぶ一切の出来事は滑稽である」というものの一例として、「演説の最も感動的な瞬間にくしゃみをする弁士を、なぜひとは笑うのであるか。……我々の注意力が、突然精神から肉体に連れ戻されるからである。……肉体が精神を追い越す……」と説いた点である（ベルクソン 54f., cf. ベルクソン 108）。こうした理解に基づくなら、神の言葉が神の子イエスとして肉体をまとった受肉の出来事は（ヨハ 1:1-14）、滑稽な出来事であり、かつユーモアであることになる（cf. 本書第 3 章第 2 節）。

　また、第一に、例えば旧来の友人と 1 日に 3 度も 4 度も偶然出会うならそこに笑いが生まれるように、同一場面が再三再四、「繰返し」起こるなら、第二に、迫害者が自分の迫害の犠牲になったり、ペテン師がペテンに引っ掛かったりするという「ひっくり返し」が起こるなら（cf. エラスムス 137）、第三に、ある「情況が全然相独立している事件の二系列に同時に属しており、そしてそれが同時に全然異なった二つの意味に解釈できる」という「系列の交叉」、つまり、「取り違え」が起こるなら、それは滑稽である（ベルクソン 87-98）。そして、もしそうなら、第一に、神が御父として、御子イエス・キリストとして、聖霊として 3 度も「繰返し」現れて人と出会い、第二に、救い主イエスが十字架刑の後に言わば命を救われて復活するという「ひっくり返し」が起こり、第三に、イエスの十字架という情況が、ローマ帝国下における扇動家の処刑という事件と、父なる神による罪人の贖罪という事件の二系列に同時に属することによって、前者はこの世の権力の行使であり、後者は力ある神による罪人の救いの実現

第 1 節　ユーモア研究の歴史

であると解釈できるという「系列の交叉」が起こるため、これら3点において神はこの世において滑稽であり、ユーモアを実演したことになる。ベルクソンにとって、「繰返し」と「ひっくり返し」と「系列の交叉」は喜劇の手法であり、それは一言で言えば「生の機械化」であるが（ベルクソン 96）、この文脈を活用して言い換えるなら、この世における神の喜劇の手法は、「神の人間化」である。

　第二に、不一致説は、笑いが当初の期待や予想とは異なる事態が提示された時の驚きに由来すると考える。その意味では駄洒落も、不一致の例であると言えるだろう（cf. 本書第3章）。

　カントは、『判断力批判』（1790年）において、「笑いはある張りつめた期待が無へと突如として一変することに基づく一つの情動である」とした（cf. カント第八巻252）。例えば、栓が抜かれた直後のビール瓶から噴き出す泡を初めて見て驚嘆した人に対して、その驚嘆の理由を聞いたところ、その人が、「私が驚くのは、泡が噴き出すことではなく、どうしてあなたがそれをその中に閉じ込めることができたのかということです」と答えた時や、ある裕福な親戚の遺産相続人が、故人のために葬式を厳粛に行おうとするものの、うまくいかずに困っていたことの理由を聞かれて、「私が、悲しい様子を見せてくれるようにと、泣き男たちに金を与えれば与えるほど、彼らはますます陽気な様子を見せる」と答えた時、さらには、悲嘆の余り一夜にして白髪になった人がいるという話を聞いた人が、「ある商人は、暴風のために全財産である自らの商品をすべて帰路の船から海中に投げ捨てざるをえず、その夜のうちに彼のかつらまでもが白髪になったほどである」と語った時、人々の笑いを誘う（cf. カント第八巻252f.）。カントは、「ヴォルテールは、天は人生の多くの労苦と均衡を保つために、希望と睡眠という二つのものを私たちに与えたと言った。彼はさらに笑いをそれに数え入れることができたであろうに」と述べて、このような笑いの効用を積極的に評価している（カント第八巻255, cf. カント第十六巻352f.）。

　続いてショーペンハウアーは、その著作『意志と表象としての世界』

(1819年)において、「笑いが生ずるのはいつでも、概念と、なんらかの関係においてこの概念によって思考された実在の客観とのあいだにとつぜん認められる不一致からにほかならず、笑いはそれ自身、まさにこの不一致の表現にほかならない。この不一致はしばしば、二つあるいはそれ以上の実在的な客観が一つの概念によって思惟され、この概念の同一性がそれらの客観に移されることによって現れる」と説いた（ショーペンハウアー第2巻134f.）。彼はカントとは異なり、「滑稽さの例としての逸話を語り、それでわたしの説明を解明して時間を費やすようなことは、ここではしないでおこう。なぜなら、わたしの説明はたいへん単純でわかりやすいので、そうしたことをする必要はなく、また読者が思い出すどんな滑稽なことでも、すべて同じようにわたしの説明の例証として役に立つからである」と付言する（ショーペンハウアー第2巻135, cf. ショーペンハウアー第5巻157ff.）。

しかし、ここで例証を出してショーペンハウアーに冷笑されるのを覚悟で補足しておこう。例えば、聖書を愛読する父親が、大学生になって1人暮らしを始めた息子に万感の思いで聖書を贈ったとする。しばらくして息子が、その聖書はとても役に立っていますという手紙を父親に書いたが、実は机に向かって勉強をしていて眠くなった時の枕として活用していただけだと判明したら、それはユーモアの逸話となる。確かに聖書は分厚く、即席の簡易枕となりうるだろう。これに対して、もし息子が、その聖書はとても役に立っていますという手紙を父親に書いたが、実はトイレットペーパーとして活用していただけだと判明したら、それはアイロニーの逸話となる。確かに聖書は分量が多いだけに薄い頁の大量の集積であるから、トイレットペーパーとなりうるだろう。ここで、聖書は読むべき書であるというのは概念であり、印刷された本としての聖書、枕やトイレットペーパーとなった聖書は実在の客観であり、これらには用途の不一致が認められる。ただし、息子が聖書を熟読していて眠気が差し、それをそのまま枕にして聖書本文を記憶に定着させていたとしたら、または、頭に叩き込んで完全に消化した聖書の頁を他の参考書や教科書と同様に覚悟を決め

て破り捨て、節約のためにもトイレットペーパーとしていたら、この息子の行為は父親の本懐を完遂していた天才的な奇行である。

　ショーペンハウアーの重要な指摘は、笑いの原因が、「概念と、なんらかの関係においてこの概念によって思考された実在の客観とのあいだにとつぜん認められる不一致」とする前に、この不一致がそれぞれ抽象的認識と直観的認識の不一致であると明示していた点にある（ショーペンハウアー第2巻134）。「天才の本質は直観的認識が完全でかつ強力であるという点になければならない」とするなら（ショーペンハウアー第6巻290, cf. ショーペンハウアー第3巻33ff.）、聖書を直観的に枕やトイレットペーパーと認識してそのように活用した息子は天才であり、ユーモアもこうした才能から生み出されるということになる。なお、カントにおいて笑いや冗談は、天才の産出する言語芸術や造形芸術などからなる美的芸術というよりは、むしろその場限りの楽しみを狙った快適な芸術に属する（カント第八巻 214, 216ff., 222, 231f., 251f.）。

　第三に、解放説は、カントも『人間学』（1798年）において、「笑うのも泣くのも両者とも心を晴ればれとさせる。というのも両者ともに感情を流出させることによって生命力を妨げるものからの解放をする」ものとして、健康を促進させ、健全な笑いは社交的であると述べたように（カント第十四巻 223, 232, 236, 259f., cf. 森下伸也 b66-95）、笑いを人間の性衝動や心的エネルギーの放出であるとする。

　フロイトは論考「ノモール（≒ユーモア）」（1927年）において、フモールを生み出す2つの過程に言及し、「ある場合では、一人の人物だけが自らフモールの態度を取り、その一人だけでフモールの過程は成立する。二人目の人物には見物人と受益者の役割が与えられる。もう一つの場合では、一人目の人物はフモールの過程に全く参加せず、二人目の人物がその人をフモールによる観察の対象にする」と説く（フロイト第19巻267）。そしてフロイトは、「粗暴極まりない例で恐縮だが」と前置きしつつ前者の例として、「月曜に絞首台に連れて行かれる犯罪者が『おや、この週は幸先がいいね』などと言うなら、その犯罪者は自分でフモールを生み出し、

フモールの過程は彼自身において完成され、明らかに彼自身にしかるべき喜びをもたらす。その犯罪者の見事なフモールの遠隔効果は、何の関与もしない聞き手である私にも及ぶ」と述べ、後者の例として、「作家や画家が実在の人物もしくは虚構の人物たちの振舞いをフモール豊かに描写するときに認められる。これらの人物自身はフモールを示す必要は全くない。その人物を対象として描写する人だけがフモールの態度を取ればよいのである。そして読者ないし聞き手は、第一の場合と同様、フモールにこめられている喜びに与(あずか)る」と述べる（フロイト第19巻267f., cf. フロイト第19巻271f.）。

こうしてフロイトは、「フモールには、機知や滑稽と同様に何か解放的なところがあるが、それにとどまらず、何か堂々としていて、かつ崇高なところがあり、この特徴は、知的な活動から快を獲得する他の二つの方法［すなわち、機知と滑稽］には見られない。この堂々としているところは、どうやら、ナルシシズムが勝ち誇ること、つまり、自我の不可侵性が意気揚々と宣言されることから来ているようである。自我は、自らが現実からの誘因によって感情を害したり、苦悩を強いられることを拒み、外界から外傷を受けたとしても悲しんだりせず、むしろ、それは自分にとって快の原因に過ぎないことを誇示する。この最後に挙げた特徴は、フモールにとってきわめて本質的である」と明示する（フロイト第19巻269）。例の犯罪者が「この週は幸先がいい」と言うフモールについてフロイトは、「フモールは諦念的ではなく、反抗的であり、それは自我の勝利だけでなく、現実の状況がどんなに厳しかろうとそれに打ち勝つことができる快原理の勝利をも意味している」と説明する（フロイト第19巻269）。要するに、フモールとは自律性の完遂であるとも言えるだろう。また、フロイトはこの犯罪者の言葉について、「本来、これは機知である。なぜなら、この発言は、それ自体としてまったく的を射ている反面、このならず者には今週もはやいかなる出来事も起きないので、まったくナンセンスで場違いだからである。だが、このような機知を飛ばすためにはフモールが必要である。つまり、先週までとは違う今週の始まりの際立った特徴を一切無視し、ま

第1節　ユーモア研究の歴史

ったく特別な感情の蠢き[死への恐怖]を動機づけるはずのこの違いを否定するためには——」とも分析している(フロイト第8巻276)。ちなみに、「機知とは、無意識によって滑稽が呼び起こされること」であり、「ついでに言えば、誰もがフモールの態度を取れるわけではない。それは貴重かつ稀有な才能であり、多くの人はフモールの快を伝えてもらっても、それを楽しむ能力さえ持ち合わせていないのである」(フロイト第19巻273f.)。

　ドイツ語の「ヴィッツ(Witz)」は「機知」とも「冗談、ジョーク」とも訳せる語であるが(フロイト第8巻289f.)、フロイトはその著『機知——その無意識との関係』(1905年)において、快作用の比較的小さい無害な機知とは異なり、「機知が自己目的でない場合、つまり無害ではない場合、機知はただ二つの傾向に寄与し、その二つの傾向はさらに一つの観点のもとで統合しうる。つまり、機知は、敵対的機知(攻撃、皮肉、防衛に用いられる)であるか、さもなければわいせつな機知(露出に役立つ)である」と述べ(フロイト第8巻114, cf. フロイト第8巻137, 207)、このような傾向は通常、文化や高等教育といった「抑圧」によって困難または不可能にされているとした(フロイト第8巻119f., 121, 160ff., 174ff., cf. フロイト第8巻122, 132, 159, 174)。そして、フロイトの複雑な理論によれば、このような抑圧のために使われていた心的エネルギーを節約し、こうして余剰となったエネルギーが機知によって笑いのうちに放出されるのである(フロイト第8巻142, 177, 284, cf. モリオール42, 50-54, 67)。

　以上の優越説、不一致説、解放説という3つの理論に限らず、歴史的に重要な見解は他の哲学者らによっても提示されている。次に便宜上、それぞれユダヤ人、キリスト者、無神論者を代表する3人の哲学者、つまり、スピノザ、キルケゴール、ニーチェのユーモアや笑いに対する見解を検討しよう。

　スピノザは、死後に刊行された『エチカ』(1677年)において、相手を憎んで軽蔑することでその存在まで否定する「嘲笑」とは異なり、純然たる喜びである「笑い」は、それ自体で良いものであり、「われわれはより大きな喜びに変状されればされるほど、それだけ大きな完全性へと移行

する。すなわち、それだけ多くわれわれが神的本性に与(あずか)るのは必定である。だから、もろもろの事物を用い、できるかぎりそこから喜びを得ること（もちろんうんざりするまでとは言わない、それは喜ぶことではないから）は知者にふさわしい」と述べた（スピノザ 179, 235f., cf. スピノザ 197）。したがって、「生み出す自然」である神によって「生み出された自然」の一部である「適度の美味しい食べ物と飲み物、よい香り、緑の美しさ、装飾、音楽、スポーツ、演劇」などで「気分を一新し、元気を回復することは知者にふさわしい」のである（スピノザ 39f., 236）。笑いや喜びを神と直接的に結び付けたスピノザの見解は、実に斬新で画期的である。

　キルケゴールは、『哲学的断片への結びとしての非学問的あとがき』（1846 年）において、訳者がデンマーク語のルビによって示しているように、広義でユーモアの一種である「両義語や語呂合わせの巧みな活用」を随所に示しており（キルケゴール b[7]356, cf. キルケゴール b[7]52, 60, 66f., 81, 124, 129f., 141f., 152, 228, 280f., 329, 331, 339f., [8]38, 44, 52, 55ff., 61, 67, 72, 91, 94, 106, 128ff., 173f., 176, 178, 195, 206, 334, [9]362f., 383, 399, 本書第 3 章第 2 節）、『哲学的断片または一断片の哲学』（1844 年）において、「真の笑いは、つまり心の底からの笑いは、けっして扇情的興奮からはおこらず、やすらぎからおこるものだからである。自由なきままさということも同じである。それは何よりも第一に無条件的な安定感によってやすらぎを与えるものでなければならない」とするが、彼の巧みな表現は、この「真の笑い」に人を導くためのものではない（キルケゴール a250, cf. キルケゴール b[9]396）。

　キルケゴールのユーモア論は、苦しみや神との関係において論じられる。彼によると、人生行路には、「酒中に真あり」によって代表されるような「美的」段階から始まって、「倫理的」段階、「宗教的」段階へと飛躍する 3 段階が存在し、「具体的な実存の姿として、それぞれ《享楽に溺れた自己喪失》、《実践的行為の勝利に輝く自己顕示》、《苦悩》と規定される」という（キルケゴール b[8]204, 210）。そして、「フモール（≒ユーモア）」を体現したフモリストについては、こう説明される（キルケゴール

b[9]113f.)。

　実存に生きるフモリストは宗教的立場に最も近く隣接した境地にあるがゆえに、自分が現に受けている苦しみについても、本質に迫る考え方をもつ。すなわちフモリストは、実存に生きることをひとつ別な問題として捉えておいて、そうした実存に生きている者に幸福や不幸がおとずれるというふうには考えないで、むしろ彼自身が、《苦しみ》を実存に生きることのぬきさしならぬ一部と受けとめた生き方を実行するのである。だがそこでフモリストは自己の限界に達する。欺瞞的な転身を行なって、《苦しみ》をばやおら《ふざけ》の形式のなかに撤収してしまうのだ。彼はたしかに実存に生きることにかかわる《苦しみ》の重みを理解する。しかし《苦しみ》そのものの意義を解さないのだ。

　つまり、フモリストは、独自の主体的人間として生きていても、限界に達するなら、苦しみそのものを生き抜く手前で自ら撤収してしまうのであり、キルケゴールは、この撤収の具体的様態をフモリスト的発言によって具体的に例示している（キルケゴール b[9]118）。

　時間の世のなかで神から知られていることは、この人生をものすごくしんどい苦闘とすることだとぼくには思える。神がともにいましたもうところ、それがいずこであれ、たった二十分でも無限の重さをもった時間がいたるところに生起するのだ。しかしこうして無限に重い時間に直面して生きるとすれば、とうてい六十年はもたないだろう。

　「苦闘」があっても神とともに生き抜こうとすることなく、「とうてい六十年はもたないだろう」という諦観を持つこと自体が、「苦闘」からの「ふざけ」た「撤収」であり、この点でフモールは、倫理的段階と宗教的段階の境界に位置づけられる。ちなみに、美的段階と倫理的段階の境界に位置づけられるのは、イロニー（＝アイロニー）であり、フモールとの相

違は次のように明示されている（キルケゴール b[9]116, cf. キルケゴール b[7]323, [8]199, [9]205ff., 288）。

> イロニーの立場に立つ者は、抽象的人間性の土俵で傲ぶりや誇張をなぎ倒し、フモリストは神との抽象的かかわりの土俵でそれを行ない、われひとともにゼロの地平に引き戻すのである。しかしフモリストは神との現実的かかわりに足をふみ入れない。まさにそれをなすべき地点において、彼は《ふざけ》によって回避してしまうのだ。

キルケゴール自身が謙抑して、「小生はみずからの本質をフモリストなりと心得て自分の生を内在の世界に持しながら、キリスト教的宗教性の立場を追い求めてやまない存在なのだ」と記しつつも（キルケゴール b[9]120f., cf. キルケゴール b[9]174, 203, 388, 402f.）、60年を遥かに下回る40余年でその生涯を閉じたことは（cf. 本書年表）、彼が宗教的段階に入って苦しみそのものの中を、ふざけることなく真摯に生き抜いたことを示している。キルケゴールが自らをフモリストと称するのは、言わば身をやつしてフモリストとなり、お忍びで生きていたということであり、つまり、自らが「フモールをその微行態(インコグニト)とする宗教的人間」であったことを示唆している（キルケゴール b[9]201, cf. キルケゴール b[9]211, 221f.）。

ある意味でこうした悲劇を生き抜いたキルケゴールは、喜劇にも言及しており、人間の生に矛盾がある以上、喜劇性も、「いかなる人生の段階にもつきものである」という（キルケゴール b[9]225）。「悲劇性が矛盾の苦悩態」であるとすれば、一定の「抜け道」によってそのような苦痛をもたらさない喜劇性は「矛盾の無痛態」である（キルケゴール b[9]225f., cf. キルケゴール b[9]238, 244）。彼はそうした喜劇性の例を多く挙げているが、例えば、「牧師先生の話が低次の領域の問題にかかわっているところで、先生の身振り手振りは熱烈を極めるとするなら、これも喜劇的である」し、また、「四歳になったある子供が三歳半の子どものほうを振り向いて、やさしいいたわりをこめた声で、『おいで、あたいの坊や』と言っ

たとすれば、これも喜劇的である」(キルケゴール b[9]229, cf. キルケゴール b[9]227-238)。実に、「子供はフモールを含んだことを言うが、それを自覚していない」という指摘は(キルケゴール b[9]285)、至言である。

　ニーチェがキリスト教に対峙して、古代ペルシャの預言者ゾロアスターに語らせる形態を取った『ツァラトゥストラはこう語った』の各部は、1880年代から出版され、現在の全四部は1891年、彼の発狂後に妹の判断によって発行された(cf. ニーチェ b525)。ニーチェは、天に由来する「神は死んだ」と宣言し、人間を超克した超人こそ「大地の意義」であり、不潔な流れである人間を清める「大海」であるとし、自己を充分に愛さずに回避して隣人のもとに逃避するような隣人愛ではなく、遠くの人、来るべき人への愛と、人を動かす原因たる超人への愛こそ尊いとする(ニーチェ b21f., 91ff., 132, 422 cf. レビ 19:18, マタ 22:39)。また、ニーチェは、呪いに対しては祝福ではなく呪いを返すことを勧め(ニーチェ b102, cf. マタ 5:43-44, ロマ 12:17-21)、生ける神や隣人への愛を説いたイエスに言及する(ニーチェ b110)。

> あのヘブライ人は、余りにも早く死んだ。彼が余りにも早く死んだことが、それ以後多くの人たちの禍いとなった。彼はまだ、ヘブライ人の涙と憂鬱しか、そして善くて正しい人たちの憎しみだけしか知らなかった——あのヘブライ人イエスは。そこで死への憧れが、彼に襲いかかったのだ。もし、彼が荒野に留まり、善くて正しい人たちから遠ざかったままでいたなら！ おそらく彼は生きること、大地を愛することを学んだろうに——そしてさらに笑うことをも！

　逆に、ツァラトゥストラは、「仕止めた獲物、いくつもの醜悪な真理をぶらさげ、裂けた衣服を豊かに纏って、それにたくさんのいばらが彼に刺さっていた——だが、咲いた薔薇はまだ見られなかった」と観察される「崇高な人」をイエスと見立て、その醜悪さそのものを笑い飛ばし、笑いに乏しいイエスとその弟子たちとの関係とは対照的に、ツァラトゥストラ

は最も愛していた弟子から、「まことに、あなたは笑いそのものを、五色なす天幕のように、われわれの頭上に張りめぐらせて下さった」と絶賛された（ニーチェ b173, 203, cf. ニーチェ b234, 312, 432ff., ルカ 6:21, 25, ヨハ 13:23, 19:26, 20:2, 21:7, 20）。

このように、ニーチェはキリスト教の神と神の子イエスに失笑し（cf. ニーチェ b362, 392）、後に、ドイツのベルリン動物園駅の壁にはスプレーで、「神は死んだ。――ニーチェ」という落書きがなされるほどの影響力を行使したが、その下には、「ニーチェは死んだ。――神」と書き足されたという（cf. トーマ 156）。

日本における独創的研究は、梅原による『笑いの構造』（1972 年）に見られる（梅原猛 205-442, cf. 桂枝雀 51）。梅原はまず人違いの例を挙げ、例えば、街で知り合いを見つけたと思って後ろから声をかけて、全く見知らぬ顔だったならば、その人に人違いを詫びるが、その時、見ている人は笑うだろうし、見ている人が自分の精神的圧力を多少なりとも受けている家族や学生であったら、一段と大声で笑うだろうと述べる（梅原猛 207）。これを定式化すると、取り違えとは、見知らぬ人の集合 A という意味領域に属する 1 人の人 Ma が、友人の集合 B という意味領域に属する 1 人の人 Mb と間違えられるということであり、その原因は、Ma と Mb が類似しているという客観的原因と、間違えた本人の不注意という主観的原因に由来するが、ここで梅原は、「Mb―Ma を媒介として A、B 二つの意味領域のコントラストが生ずる。この Mb―Ma を M とし、これを私は湯川博士にまねて、笑いの中間子と名付けよう」と提案する（梅原猛 220f.）。つまり、この笑いの中間子 M は 2 つの意味領域の中間（Mitte）に位置し、この 2 の意味領域を媒介（Mittel）することによって、この 2 者を対照的に際立たせる（cf. 梅原猛 221）。すると、ここから次の 3 つの法則が導き出される（梅原猛 223ff., cf. 中島隆信 10f.）。

（一）　A と B とが異なった意味領域であればあるほど、おかしい（法則一）。

（二） Ma が正体をあらわにせず、隠された Ma の上により多くの事件が積み重なり、しかも取り違えとして気付かれるのが、より突然であればあるほど、おかしい（法則二）。

（三） 取り違えによって引き起こされる結果を、我々が客観的に見うる立場に立てば立つほど、おかしい（法則三）。

これらの法則から始めて梅原は、古今東西の思想を博引旁証しつつ精妙に笑いの議論を展開していくが、ここで解説のために次の聖俗2点に言及しておこう。

ひと昔前の気質の母親が、今時の年頃の娘に遠慮がちに、「今日のデートは『せいこう』したの？」と聞き、娘が「うん」と答えたとする（cf. テレビ番組「新婚さんいらっしゃい！」）。ここで、母親が結婚へ向けての漸進的な交際の進展という意味での「せいこう（＝成功）」を意図していたものの、娘は母親の言葉を取り違えて、性的な行為としての「せいこう（性交）」と理解し、しかも、デートのたびにこのような親子の会話が形式的に繰り返され、ある時点で突如として娘の妊娠が発覚すれば、娘はともかく、母親は激震するだろう。しかし、こうした出来事を当事者としてではなく、客観的に見うる立場に立つ人ほど、笑えるだろう。ここで、笑いの中間子は、「せいこう」という言葉自体であり、「せいこう」していた娘自身でもあり、この中間子が、漸進的な交際という意味領域と、急進的な性交という意味領域を対照的に際立たせることで笑いが成立する。

キリスト教信仰によれば、イエスは真に神であり真に人であり（マタ 1:18-25, ヨハ 1:1-14）、自らを「人の子」と称するイエスは、周囲の人々からは兄弟姉妹を持つ1人の人と思われるとともに、数々の奇跡や十字架刑という出来事とその後の復活を通して「神の子」であることが開示されていったが（マタ 3:17, 4:3, 6, 8:20, 29, 9:6, 10:23, 11:9, 12:8, 32, 40, 13:37, 41, 54-56, 14:33, 16:13, 16, 27-28, 17:5, 9, 12, 22, 19:28, 20:18-19, 28, 24:27, 30-31, 33, 37, 39, 44, 25:31, 26:2, 24, 45, 63, 27:40, 43, 54)、これもある意味で「おかしい」出来事と言えるだろう。イエスという笑いの中間子は、神という

意味領域と人という意味領域を対照的に際立たせていたが、神の子を人の子と取り違えたままイエスを客観的に見うる立場に立っていた者、すなわち、ローマ帝国下でユダヤの総督ピラトに仕える兵士たちは、十字架刑直前のイエスをなぶり者にして嘲笑し、当時の宗教的指導者である祭司長たちや律法学者たちや長老たちも、同様の態度を取った（マタ 26:63, 27:17, 22, 27-31）。そして、重要なことは、聖書がイエスの笑いに関する言明を記さず、笑いを明快に推奨していないのは、信仰者たちに対して、受難を経るイエスを客観的に見うる立場に立つことなく、イエスに起こった出来事を自分自身の出来事として当事者意識を持って受け入れることを要請しているためである（cf. 本書第 1 章第 2 節）。このため、聖書は笑いよりも、むしろ、苦難の後にもたらされる希望を信じる信仰に基づく「喜び」を強調している（マタ 5:12, 13:44, ロマ 12:12, 15:13, コリ二 7:4, 8:2, ガラ 5:22, フィリ 1:25, 4:4, テサ一 5:16, ヘブ 11:6, 12:11, ヤコ 1:2, ペト一 4:13）。

日本におけるユーモアやユーモアのもたらす笑いに関する研究として、さらに、「閉じられた状況からの解放、開かれたネットワークへの参加をうながすもの」としての「反構造」や（山口昌男 c6）、偶発的な要素が重要な役割を果たす「言語エラー」という視点が提示されている（太刀川英輔 87, cf. 太刀川英輔 59, 156）。筆者としては、閉ざされた文脈に通常の人間関係を超えた角度から切り込む「単数の第四人称」という観点を参考にするなら（ドゥルーズ 177, cf. 中村昇 8）、ユーモアは異次元の介入、異世界の啓示と言えるのではないかと考えている。

第 2 節　ユーモア研究の方法

本書は主として文献に基づくユーモア研究であり、第 1 章は、ユダヤ・キリスト教の正典である旧新約聖書を中心とするユーモアを集めて検討し、第 2 章は、仏教僧を淵源の一端とする落語の世界におけるユーモアに焦点を当てて分析し、第 3 章は、こうした宗教的起源を持つユーモアからすれば専ら世俗と言いうる各領域の冗句から世相を笑覧する。第 4 章は、冗句

だけに冗長になった第3章から独立させてまとめた章である。

　かつて、筆者が新約聖書の私訳と解説から聖書研究を開始して出版する際に、念のためドイツ南西部のシュトゥットガルトにあるドイツ聖書協会（Deutsche Bibelgesellschaft, Stuttgart）に、新約聖書ギリシャ語本文の翻訳許可をもらうべく問い合わせたところ、聖書本文に著作権はなく、自由に翻訳して一向に差し支えないという趣旨の返答を得たことがある。確かに、新約聖書の著者と言えば、イエスの往時の弟子たちや信仰者たちであり、神学的には神自身である（ヨハ 3:34, 使徒 4:31, 13:5, 17:13, 18:11, テサ一 2:13, テモ二 3:16, ヘブ 13:7, ペト一 4:11, ペト二 1:20-21, 3:15, cf. コリ二 2:17）。また、本書第1章第2節の執筆中にも、「洒落には著作権がない」という言葉に出くわした（カンペンハウゼン 162）。ちなみに、この本書第1章第2節の補足としては、拙著『ゴスペルフォーラム　君に贈る5つの話』（2007年）の第5章「ユーモアの世界　日々あふれるユーモアの数々」もご笑読いただきたい。

　種々の本を読み進めていくうちに明快になったのは、洒落に限らず、冗句にもユーモアのネタにも著作権がないと思われるのは、第一に、その原作者が古すぎて特定できない場合や、第二に、しばしば辛辣な批判的言辞を含むネタの作者が匿名を希望する場合、また、第三に、ネタが広範に拡散されて言わば社会の共有財産のようになった場合、さらに、第四に、ネタが状況に応じて変形していって原型が不明になった場合が考えられる。例えば、この第二の点に関して、風刺ジョークなどの場合、「身の安全を考えると当然のこと」であり（新庄哲夫 220, cf. 井坂清 67f.）、第三の点に関して、ジョークは、「声なき多数……民衆の声」と定義され（ラーセン 7）、第四の点に関して、「ジョークは作者のない文学である。同じ形式が新しい内容をのせて語り継がれ、時代と国境を越えて行くが、作者の名前はない。昔話と同じ非人称・匿名の文学なのである」と喝破されている（加藤尚武 b241, cf. 毛利八十太郎 26, 157f.）。特に、優れたジョークほど、幾多のバージョンに変貌していくのである（cf. 井坂清 6）。

　とは言え、本書において各ネタを紹介する際には、筆者が手にした文献

の典拠を概して年代順に明記し、著者各氏への深甚の謝辞の表明とすることにしたが、それらは決して網羅的ではなく、後々になって面白さを感じたものについてはその都度、書き足すほかなく、同じネタをすでに読了した文献から再度探して特定することは時間的にも不可能であり、典拠のないものは筆者の創作であるか、または原作者を失念している場合もあるだろう。紹介させていただいたネタは、専らユーモアの類型論的・思想史的研究とその成果の公開を目的とすることをご了解いただけたら幸甚である。特に、何度も著者名が記されている方々の著書に関しては、実際にそれらを手にして堪能していただくことを、筆者は読者の方々に希望している。それらを紹介する際に、ほとんどの場合 cf.（参照せよ）の記号を入れ、そのまま転記するのではなく、略記したり、場合によっては部分的に改変していることもあるからである。

　ジョークの本では、特定の地域や人種をネタにするものが多く、現代的見地からして不適切と思われてしまうものもあるが、真に迫る穏当なものもあり、それはそれで研究対象となりうるので、一定のバランス感覚というものが必要だろう。例えば、次のような有名なジョークがあり、多々引用されている。

　　ある豪華客船が航海途中に沈み始めたので、船長は乗客を直ちに脱出させなければならず、海に飛び込ませることにした。その際、各国の乗客にこう言った。アメリカ人には、「飛び込めば、あなたは英雄になれます」。イギリス人には、「飛び込めば、あなたは紳士です」。ドイツ人には、「飛び込むのが、この船の規則です」。イタリア人には、「飛び込めば、異性にもてますよ」。フランス人には、「飛び込まないでください」。日本人には、「みんな飛び込んでいますよ」（cf. 中野雄一郎 108f., 大島希巳江 c125f., e38f., 雨宮俊彦 89, 早坂隆 e150f., 名越健郎 105, 178, 小西丹 173）。

これは、各国の国民性を活写したものとして首肯する人々が少なくない

第2節　ユーモア研究の方法

だろう。数々のジョーク集でも著名な早坂は、コロナ渦におけるその「変異」も紹介している（早坂隆 f28）。

> コロナ渦で各国政府が国民にマスク着用を求める際にこう発表した。アメリカ政府：「マスクをすれば、あなたは英雄になれます」。ドイツ政府：「マスクをするのがルールです」。イタリア政府：「マスクをすれば、異性にもてます」。日本政府：「みんなマスクをしています」（cf. 早坂隆 f27f.）。

江戸時代に逆上る落語において、こうしたバランス感覚は一段と研ぎ澄まされることになる。落語研究の言わば真打の1人である武藤は、『定本落語三百題』（2007年）の冒頭で、「今日の人権意識に鑑みて不適切と思われる差別的な記述・表現・語句がみられるが、作品の歴史性を重んじ、原文のまま収録することとした」と述べ（武藤禎夫 ex, cf. 本書第2章第1節）、歴史的資料の保全の重要性を指摘している。どの本もいずれは歴史的資料となりうることを考慮すると、この指摘は種々のテーマを扱う本書についても当てはまることを読者の方々にはご了解いただきたいと思う。落語を取り扱う本書において、特に次の言葉も重要であり、参考になる。

> 実際に話す笑話とそれを文字化した笑話の間には、どうしても埋められぬ深い溝がある。聞くのと読むのとでは本質的に違うからで、落語はいわば視聴覚演芸で、いくら克明・正確を心掛けても文字では十分に表わし切れない部分がある。話し言葉と書き言葉は基本的に違うので、話したままでは決して読める文章にはならない。まして声の抑揚とか間の取り具合、顔の表情や身ぶり手ぶりのしぐさなどは、どんなにト書きや注記で補っても実際通りを文字で表現することはできない。だから口演笑話を文字で書き記したといっても、それは実際のほんの二、三割を示し得たにすぎず、いわば形骸に等しいものである。よく落語史で引用される「それ、はなしは、壱がおち、弐が弁説、三がしかた」（正直噺

大鑑 巻四・貞享四・はなしの仕様）という咄の三要素のうち、第一の「おち」の部分だけは咄の結末だから文字でも書き表せるが、二の「弁説」と三の「しかた」は、文字面ではとうてい表現しきれない（武藤禎夫 e4f., cf. 武藤禎夫 e34）。

まさしく至言であり、本書においても落語のネタのそれぞれの要約は（本書第 2 章第 2 節）、この第一の「おち」に焦点を当てた略述に過ぎず、第二の「弁舌」を知るには、例えば青木伸広（総合監修）『全日空 落語傑作選 第一巻－第十三巻』（2017 年）や保田武弘（総監修／解説）『落語傑作選「東宝名人会」 第一巻－第十五巻』（2015 年）など、落語家の各演題を収録した CD を拝聴する機会を必要とするだろう（cf. 立川志らく a31ff.）。また、第三の「しかた」を見るには、実際に寄席の現場に赴く必要があるだろう。落語家や漫才師によっては、音声・映像資料には収録しない「取って置きのネタ」を、高座や劇場に足を運ぶ客のみに公演するからである（cf. 桂文珍 b 270, オール巨人 16-27）。幾人もの著名な落語家のライブ録音制作を手掛けた京須は、落語の名作が書籍においては「文字に直しやすい」ものに限定されてしまうという憂慮の念を示している（京須偕充 a341）。ここで、落語は基本的には口伝で伝承されてきたという点も重要である（cf. 柳亭市馬 102ff., 127f., 頭木弘樹 20-27）。ともかく、「落ち」が受けるという落語の世界は、「落ちる」ことに否定的な含意を感じる方々には朗報となるだろう。落語においては「落ちる」ことこそが「受ける」または「受かる」ことなのであり、合格なのである。

本書においても正解の読み方はなく、読者の方々には、興味のある章から楽しんで読んでいただきたいと筆者は願う。混迷を極める現今、本書が各所で活用され、特に人前で話す機会の多い仕事に就いている方々、さらに就こうとしている方々にも、ご笑覧していただけるなら幸甚である。笑いは、「車のワイパーのようなもので、雨をやませることはできないが、見通しをよくする」からである（野内良三 b315）。

日本の本屋を見通す時、欧米の本屋にはしばしば「ユーモア」という

コーナーがあり、書籍カタログにも「ユーモア」というジャンルがあったことをかえって想起させられる（cf. 加藤尚武 b213, 242, 宮田光雄 a3, バーガー i, 丸山孝男 47, 小西丹 16）。さらに、このことと通底するかのように、「日本人の講演、演説は、まず話し手の言い訳から始まるのに対して、欧米人のそれは軽いジョークから始まるのがほとんど通例になっている」（豊田一男 a まえがき，cf. おおばともみつ 71）。したがって、本書においても各章は、言い訳を抜きにしてユーモアで始めることにした。

第1章　聖書のユーモア

　旧新約聖書を正典とするキリスト教との関係で思い出されるのは、筆者がかつて大学生の時に、あるキリスト教宣教団体の主催するサマーキャンプで、そこに参加していた宣教師の話してくれた愉快な失敗談である。その宣教師は、宣教の志を与えられて日本語も覚束ないままアメリカから来日し、日本の教会で聖書の福音を習いたての日本語で懸命かつ賢明に説いていたのだが、日常生活においても数々の失敗を繰り返していたという。
　ある時、まだ日本の電車もバスも乗り慣れていない彼は、その日の喫緊の仕事のために取り敢えずタクシーで移動していると、目的地が見えて来たので、そこで降ろしてもらうためにメモ帳を見て言うべき日本語を確認し、「ココデ、オロシテクダサイ（ここで、降ろしてください）」とドライバーに言ったつもりだったのが、間違えて、「ココデ、コロシテクダサイ（ここで、殺してください）」と言ってしまったという。彼は運転手のリアクションで自らの間違いに気付いたのだが、こうしてこの出来事を後日談のユーモアとして語れたことは、もしくは語って周囲を笑わせたことは、その失敗がもはや失敗ではなく成功であったことを物語っている。
　筆者の知っている別の宣教師は、やはり片言の日本語しか知らない段階で日本に来て、ある日の夕方、単語帳を見ながら、「carrot→ニンジン、carrot→ニンジン、carrot→ニンジン」と、野菜の名前を日本語で復習しつつ八百屋に着くと、落ち着き払って、「ニンゲンヲ、ニホンクダサイ（人間を2本ください）」と言って、店の人を驚かせてしまったという。こうした出来事の深層心理には、Carrotには「ニンジン」だけでなく「赤毛（の人）」という意味があることも関係しているだろう（cf. 高橋作太郎 371）。
　また、とある研究者は、宣教の意図を持って家族と共に来日し、筆者

も同席していた酒の席で家族の話に及び、彼の隣にいた日本人の研究者に、「センセイニハ、ナンニンノオコサンガイマスカ？（先生には何人のお子さんがいますか？）」と聞いたつもりが、相手には「オコサン（お子さん）」ではなく「オクサン（奥さん）」と聞こえたようで、これまた愉快な会話が続いた。

このような言葉の微妙な差異に基づく印象的な表現や展開は、実は聖書にも満ちており、筆者の記憶にも克明に残っているように、聖書では教育的効果を狙って所々で活用されている。

第1節　旧約聖書のユーモア

ユダヤ教とキリスト教の聖典という厳粛な位置を占める旧約聖書においても、ユーモアや笑いは重要な役割を果たしている。

万物の創造者にして統治者である神は、この世で騒ぎ立つ国々とその王たちを笑い、彼らを嘲るが、それは天を王座とする神の目には、神の定めたシオン（＝エルサレム）のダビデの王座以外のこの世の不安定な王座とその権勢の振る舞いが滑稽に映るからであり（創世 1:1-2:3, 詩編 2:1-12, 37:12-13, 59:9）、神は自らの王座を究極的には神の王国の創始者であるイエスにおいて喜びをもって確立する（マタ 1:1-16, 3:17, 21:5, マル 1:15, ルカ 1:32, 使徒 2:30, cf. サム下 7:12-13, 詩編 89:4-5, 36-38, 132:11, イザ 9:5-6, 16.5, 62.11, ゼカ 9:9, マタ 21:11, 29, 37, 42, 28:18-20, ヨハ 12:15, ロマ 9:33, 11:26, ヘブ 12:22, ペト一 2:6, 黙示 14:1)。

旧約聖書の登場人物の中で笑いと最も深い関係にあるのは、ユダヤ人の父祖アブラハムの子イサクであり、90歳の正妻サライとの間に子どものいなかった100歳のアブラハムが、男の子の誕生を神から約束された時にはすでにサライと共に高齢になっていたために、ひれ伏したまま笑ったことに基づいて、その子はイサク（＝彼は笑う）と神によって命名された（創世 17:17-19, 18:9-15, 21:1-8, 28:13, マタ 3:9, ヨハ 8:39, cf. ロマ 4:11-17, 宮田光雄 a145f., バーガー 342, 広瀬佳司他 a271)。

このやや自嘲気味の老夫婦の笑いと対照的な姿勢は、ヨセフの妻である処女マリアが聖霊によって男の子を身ごもると天使に告知された時に、冷静に受け止めて喜びの賛歌を神に献げたことや、同様にしてベツレヘムでのイエスの誕生時に、「いと高き所では栄光が神に、地では平和が御心にかなう人々の間に（あるように）」という喜びの歌を天使の大軍が歌って神を賛美したことに見られる（ルカ 1:26-38, 2:8-14）。

　どのような意味であれ、笑いを引き起こすものがユーモアであるとするなら（本書序章第1節）、上記の老夫婦や処女や天使たちに、自嘲気味の笑いや笑顔を作る喜びをもたらした神の業は、超高齢出産や処女降誕という自然法則の破壊、つまり奇跡であり、この世に対する神のユーモア行為であるとも言えるだろう。この神の子イエスは、預言者たちの律法を廃止するためではなく、実現するために来たと説き（マタ 5:17, cf. ロマ 10:4, ガラ 6:2）、道徳法則を守ったが、病人を癒し、空腹の人々のためにパンや魚を増やし、嵐や風を鎮め、湖上を歩いたり復活の後に昇天したりするなどして自然法則を破った（マタ 4:23-25, 8:1-17, 23-9:8, 18-34, 12:9-14, 14:13-36, 15:29-39, 28:1-10）。これは道徳法則の遵守と自然法則の破壊という天の原則を、道徳法則の破壊と自然法則の遵守という原則を持つこの世で印象的に啓示するためであり、この世でイエスの実践した正義と奇跡は、この天の原則の具体的な啓示である。

　以上が内容的なユーモアであるとするなら、旧約聖書に頻出するヘブライ語の言葉遊びは、形式的なユーモアと言えるだろう。日本語訳旧約聖書によっても確認できるものの1つとして、紀元前7世紀後半から活躍した預言者エレミヤの召命時に、目にしているものを神から尋ねられたエレミヤが、「アーモンド（シャケード）の枝が見えます」と答えたことに対して、神が「あなたの見たとおりだ。私は、私の言葉を実現するために見張っている（シャカッド）」と返答した出来事が挙げられる（エレ 1:11-12）。エレミヤが、冬の眠りからいち早く「目覚める（シャカッド）」ようにして花を咲かせる「アーモンド（シャケード）」の枝を見ていた時に、神も自らの言葉を預言者たちによって実現するために「目を覚ましている、見

張っている（シャカッド）」と語りかけたのである。これは神自身のユニークなユーモアであり、駄洒落である。

　しかし、この例にとどまらず、実に旧約聖書は駄洒落に他ならないヘブライ語の言葉遊びで満ちており、記憶に残るような仕掛けを落とし込むことによって教育的効果を狙っている。旧約聖書を便宜上、律法書、歴史書、文学書、預言書に分けて、各書におけるユーモアを部分的に紹介しよう。

　律法書は冒頭の創世記から言葉遊びを畳みかけている。神は「創造した（バラー）」ものを「祝福し（バラフ）」（創世 1:21-22, 27-28, 2:3, 5:1-2）、人が形作られた地から「東（ケデム）」の方に「エデン（＝喜び）」という園を設けて人を置いたが（創世 2:8）、生き物の中で最も「賢い（アルーム）」蛇は、「裸（アローム）」の女に神の命令に対する疑問を投げかけた（創世 2:25, 3:1, cf. 月本昭男 95）。つまり、禁断の木の実を「食べる（アハル）」と「賢い（サハル）」人になれるように女には見え（創世 3:6）、女は実際に食べた後には神に対して、「蛇（ナハーシュ）」が自分を「騙した（ナシャー）」と弁解した（創世 3:13）。こうして、女に対する神の裁きである身ごもりの「苦しみ（エツェヴ）」が、禁断の「木（エツ）」の実を通してもたらされた（創世 3:6, 16）。神は罪の増大したこの世を滅ぼすために大洪水をもたらすが、神の前に正しい「ノア（ノアハ）」たちを乗せた箱舟は救い出され、最終的にアララト山の上に「とどまった（ヌアハ）」（創世 8:1, 4）。同様にして神に忠実なアブラハムは、神が約束した大きな報いに対して、自分には「ダマスコ（ダメセク）」人の「管理人（メンェク）」以外には報いを受け継ぐ跡継ぎがいないと答え（創世 15:1-5）、ようやく授けられたイサクの子エサウは、双子の弟ヤコブに「長子の権利（ベコラー）」も「祝福（ベラカー）」も奪い取られた（創世 27:36）。このヤコブは子ヨセフに対して、「天（シャマイム）」と「深淵（テホーム）」の祝福である「乳房（シャダイム）」の山と「胎（レヘム）」の深淵から祝福を受けて子孫が繁栄するようにという言葉を遺した（創世 49:25, cf. 創世 30:23-24）。

　歴史書の士師記は、約束の地カナン（＝パレスチナ）におけるイスラエ

ルの民の士師と呼ばれる指導者たちの活躍を記している（士師 2:6-16:31）。その中でも怪力で知られる士師サムソンは、自分の結婚祝宴で匠気に満ちて謎かけをし、密かに彼の妻を脅迫して謎解きをした人々に当初の約束通り衣を贈る破目に陥ったが、その際に彼は地中海沿岸のペリシテ人の町アシュケロンに下って 30 人を討ち、「剥ぎ取った物（ハリツァー）」を「晴れ着（ハリファー）」として彼らに与え（士師 14:1-20）、ペリシテ人との戦いでは真新しいろばの顎骨で 1,000 人を打ち倒し、「ろば（ハモール）の顎骨で、ひと山（ハモール）、ふた山（ハモラタイム）」と言った（士師 15:14-17）。

　また、最後の士師（＝裁き主）、最初の預言者として位置づけられているサムエルを導いた祭司エリでさえ、自分の息子たちを堕落の道から立ち直らせることができず、イスラエルの民の献げ物の中の「最上の物（レシート）」で息子らを含む自分たちを「肥やし（バラー）」、「初め（レシート）」に天地万物を「創造した（バラー）」神に成り代わらんばかりの冒瀆を犯した（創世 1:1, サム上 2:29, cf. サム上 7:6, 15-17, 使徒 3:24, 13:20）。このサムエルが民の「求め（シャアル）」によって立てたイスラエル最初の王「サウル（シャウル）」の後継者ダビデの部下たちを「ナバル（＝愚か者）」が邪険にあしらったことに対して、ナバルの賢明な妻アビガイルは、ナバルに内緒で直ちにパンや「革袋（ネヴェル）」に入れたぶどう酒などをダビデらに丁重に差し出した（サム上 8:10, 10:1, 24, 25:3, 14-31, cf. 創世 32:14-22）。

　後の紀元前 9 世紀中葉、イスラエルの真の神をないがしろにしたアハズヤ王の五十人隊長と部下たちは、「神の人（イーシュ・エロヒーム）」と呼ばれる預言者エリヤによって天から「神の火（エーシュ・エロヒーム）」を下されて焼き尽くされた（列王下 1:9-16, cf. ルカ 9:54）。エリヤの後継者エリシャは、死海北方のエリコの水を清めて不毛の地を癒したにもかかわらず、ベテルへの途上で少年たちから「禿頭、上って行け、禿頭、上って行け」と馬鹿にされたので、彼らを神の名前によって呪い、こうして森から出て来た 2 頭の熊が子どもたちのうちの 42 人を引き裂いたことは、

「不毛」の1つの形態である「禿頭」を馬鹿にした子どもたちが、「不毛も起こらない」と約束した神の言葉を馬鹿にしたことに対する神の厳格な裁きであり、笑い捨てられない出来事である（列王下 2:19-25）。

　文学書の冒頭を飾る代表的な苦難譚ヨブ記は、ヨブの友人がこの世の黄金のように貴重な神の存在に言及する際の「黄金を塵の上に、オフィルの金を川床の岩の上に置け」という言葉を含むが（ヨブ 22:24）、ここで「塵（アファル）」とアフリカの「オフィル」、「金（ベツェル）」と「岩の上に（ベツル）」が言葉遊びとなっている（ヨブ 22:24, cf. 歴代下 8:18, 9:10）。このような友人から真の慰めを得られないヨブは、「光（オール）」を望んでも「暗闇（オーフェル）」に包まれている（ヨブ 30:26）。また、コヘレトの言葉には、「名声（シェム）は香油（シェメン）に勝る」と記されている（コヘ 7:1, cf. 雅歌 1:3）。

　預言書は神の言葉を預かった者による言葉であるため、そのような言葉の中にも言葉遊びがあることは、神の性質も物語っていると言える点で興味深い。神の民は堕落して、「公正（ミシュパット）」や「正義（ツェダカー）」ではなく、「流血（ミスパーハ）」や「叫び（ツェアカー）」に満ちているため（イザ 5:7）、神はエルサレムに「恐怖（メフマー）」と「蹂躙（メヴサー）」と「混乱（メヴハー）」を下し（イザ 22:5）、大地を「むなしくし（バーカク）、荒廃させ（バーラク）」（イザ 24:1）、「恐怖（パハッド）と落とし穴（パハット）と罠（パハ）」に陥れる（イザ 24:17-18, cf. エレ 48:43-44, 哀歌 3:41）。特に、神の民を惑乱する異教の「バアル」神は、「役に立たないもの（ベロー・ヨイール）」であり、「むなしい（ヘヴェル）」（エレ 2:5, 8, 11, 23）。したがって、神は、「私こそがあなたたちの夫（＝主人）となる（バーアル）」と強調する（エレ 3:14）。主なる神の「託宣（マサー）」と言って自分の言葉を語る者は、単なる「重荷（マサー）」に過ぎず（エレ 23:33, 36）、神に対して高慢なモアブの民の態度は、「自慢（ゲエ）」、「大仰（ガヴォアハ）」、「高ぶり（ガオーン）」、「尊大（ガアヴァ）」という表現で非難され（エレ 48:29）、神の民に敵対した「エドム」の民は、「血（ダム）」に渡される（エゼ 35:6, 15）。神の民も正義に反するなら、

神が預言者に「夏の果物（カイツ）」を見せたように、神の民の「終わり（ケーツ）」が来る（アモ 8:1-2）。

　旧約聖書全体に渡って言葉遊びとの関係で力説されていることは、真の「神ヤハウェ」は「神（エロヒーム）」とも呼ばれるものの、異教の「神々（エロヒーム）」は「むなしい（エリリーム）」という主張であり（レビ 19:4, 26:1, 歴代上 16:26, 詩編 96:5, 97:7, イザ 2:8, 18, 20, 10:10-11, 19:1, 3, 31:7, エゼ 30:13, ハバ 2:18）、異教の「偶像（ギルール）」という表現は、実に「糞（ガラール）」という表現さえ連想させている（エゼ 4:12, 15, 6:4-6, 9, 13, cf. ヨブ 20:7, ゼフ 1:17）。

　歴史書の最終巻エステル記は、ユダヤ人モルデカイの養女エステルが、その美貌のゆえに紀元前 5 世紀のペルシャ王クセルクセスの王妃とされて、王の高官ハマンによるユダヤ人殺戮計画の阻止に貢献し、逆にハマンらが王命によって処刑されるという復讐譚である。ユダヤ人に対する「憤り（ヘマー）」に「ハマン」が満たされていたように（エス 3:5-6）、歴史的にユダヤ人は迫害を経てきており、特に 70 年のローマ帝国によるエルサレムの崩壊後、世界各地に離散し、中世ヨーロッパでキリスト教世界の形成と共に周縁化され、近代の反ユダヤ主義の圧力を被り、20 世紀前半ナチス・ドイツによる迫害で酸鼻を極めた。

　ユダヤ人の歴史は、古代にカナンと呼ばれていたパレスチナの征服から現代のパレスチナ問題に至るまで被害のみの歴史ではないものの、ナチスによる迫害下でユダヤ人のアインシュタインが 1933 年にドイツからアメリカに渡り、同様にしてユダヤ人のフロイトが 1938 年にウィーンからイギリスに亡命したことは有名である。そして、この 2 人に通底しているのは、ヘブライ語で知恵も意味するホフマ、つまりジョークを飛ばして人々を笑わし、ユーモアを愛していたという点と、アインシュタインが相対性理論を確立して新しい世界観を創出し、フロイトが精神分析を創始して新しい人間観を提示したという点であり、ここから、機転や機知、創造力や発想力が必要とされるジョークやユーモアと、同様の才能を必要とする学問の飛躍的進展には深い関係があるという指摘がなされている（トケイヤ

第 1 節　旧約聖書のユーモア

— a17, cf. トケイヤー b5f., 烏賀陽正弘 a8f., 加瀬英明 175, 広瀬佳司他 b3, 9, 早坂隆 d3, キリスト聖書塾編集部編 156, 野内良三 c64f.)。人間の文化に対するこのような貢献だけでなく、ナチスの迫害に対する抵抗という点でも、ユーモアが積極的な役割を果たしてきたことは、ユダヤ人のジョークや笑話に見られるユーモア力によって例証されている。

[1001 ユダヤの祭日]
頼りにしていた星占い師からユダヤ人の祭りの日に死ぬと聞かされたヒトラーは、秘書にユダヤの祭日の暦を持って来させ、親衛隊の将校にその幾つかの祭日には護衛を100倍にするように命じると安堵したが、星占い師はヒトラーをいさめた。「総統、ご安心なさらないでください。いつお亡くなりになったとしましても、その日がユダヤの祭日になります」(cf. トケイヤー a25f., 関楠生 109, 早坂隆 a113f., 大島希巳江 c20, e130, 広瀬佳司他 a251, 出エ 23:14-19, レビ 23:1-44, 申命 16:1-17, エス 9:1-32)。

[1002 ヒトラーへの願い]
ヒトラーが別荘のあるオーバーザルツブルクの中を散策していた時に川に落ちてしまい、右手を真っすぐに上げて大声で助けを求めると、偶然通りかかったユダヤ人がヒトラーを彼とは知らずに助け出した。ヒトラーは自分が総統であると明かし、彼の名前を聞いてユダヤ人だと気づいても、お礼に願いを1つだけかなえてあげようと言うので、彼は答えた。「私が総統を救ったことだけは、誰にも言わないでください」(cf. トケイヤー a196f., ラントマン b245, ラーセン 91f., 関楠生 172, 小泉保 123f., 井坂清 62f.)。

[1003 吉報と凶報]
ナチス支配下のベルリンである男が友人に、「2つのニュースがあって、吉報と凶報だ」と物知り顔で話しかけ、その友人が「吉報は何?」と聞

くと、男は「実はヒトラーが暗殺されたんだ」と言い、友人が「で、凶報は？」と聞くと、男は答えた。「実は、それが誤報だったんだ」（cf. ラントマン a77, 関楠生 198, 宮田光雄 b152f., 烏賀陽正弘 b39f.）。

[1004 アイヒマン]
ナチスのユダヤ人大量虐殺の責任者アイヒマンは、戦後イスラエルで死刑判決を受けたが、処刑前に最後の望みとしてユダヤ人に宗旨変えをしたいと申し出た。理由を聞かれた彼は、続けて答えた。「そうして、また１人ユダヤ人が殺されることになります」（cf. ラントマン a79）。

[1005 ユダヤ人の無実の罪]
ナチスの権力掌握以前の裁判官は、「彼はユダヤ人だ。しかし無実だ」と考えたが、ナチスの権力掌握以後の裁判官は、「彼は無実だ。しかしユダヤ人だ」と考えた（cf. 関楠生 49f.）。

[1006 トイレの料金]
トイレの入口で料金を徴収するおばさんが、ナチスの権力掌握後は商売が上がったりだと嘆いていた。ドイツ人の９割はズボンに小便を漏らし、残りの１割はナチスに糞を垂れるからである（cf. 関楠生 57）。

[1007 世界に冠たるドイツ]
国民ラジオからは、「世界に冠たるドイツ（Deutchland über alles）」が聞こえ、大型ラジオからは、「ドイツに関するすべて（Alles über Deutchland）」が聞ける（cf. 関楠生 63）。

[1008 ピカソの仕事]
ピカソはパリの自分のアトリエで、「ゲルニカ」を見たドイツ空軍の将校から、「これはあなたのお仕事ですか？」と聞かれて、「いいえ、あなたがたのお仕事です」と答えた（cf. ラーセン 98, 関楠生 111）。

[1009 ヒトラーの肖像写真]
一九四五年、ヒトラーは自分の肖像写真の前に立って、「私はこれからどうなるのだ？」と尋ねると、肖像写真は答えた。「私が取り降ろされて、あなたがぶら下げられるだけだよ」（cf. 関楠生 201f.）。

これらのユーモアの特徴の１つは、暴戻な権力に対する嘲笑であり、抵抗であり、勝利でさえある。情報や金銭を壟断する権力に対するユダヤ人のユーモアには、例えば支配力を行使しうる親やユダヤ教の指導者ラビ、医者や資産家、戦時下の敵国や自国自体などに対するものもある。

[1010 ラビの説教]
最近、会堂でラビの説教を聞くようになってから夜も眠れなくなってしまった人が、そのラビに不眠という近況について相談したところ、ラビは自分の話の影響力にご満悦であったが、その人はラビに言った。「私はラビの話の間にいつも寝てしまい、逆に夜には眠れなくなるのです」（cf. トケイヤー a38f., b113f., 使徒 20:9）。

[1011 献金の使途]
キリスト教の牧師とユダヤ教のラビが、それぞれに集まった献金の使途について話していて、牧師が「私は神の意志を示す聖書の命令どおり、10分の１を慈善事業に回し、残りを自分のものとします」と答えると、ラビは答えた。「私は集まった献金をすべて神のいる天に向かって投げてみて、神が受け取らずに落ちて来た分だけを自分のものとします」（cf. トケイヤー a43f., 田中紀久子 163, ミルトス編集部 190f., 創世 14:20, マラ 3:8）。

[1012 飲み込んだ貨幣]
母は子どもがクウォーター（=25セント貨幣）を飲み込んでしまったの

を見て、夫に医者をすぐに呼ぶようにと頼んだにもかかわらず、夫はこう言った。「医者よりラビを呼ぼう。ラビはどんな所からでもお金を取るのがうまいから」(cf. トケイヤー b30)。

[1013 ろうそくとワイン]
ある貧しいユダヤ人がラビの所に行って、礼拝の時に使うろうそくがなくて店から6本盗んでしまったという罪を告白すると、ラビは自分の会堂に6本の高級ワインを寄付して罪を償うことを命じたが、高級ワインを入手するお金のないその人が困っていると、ラビは言った。「ろうそくの時と同じ方法で入手して持って来なさい」(cf. トケイヤー a53f., 出エ 20:15)。

[1014 塩辛い海]
なぜ海は塩辛いのかという小学生からの質問に、ラビは答えた。「それは、海の中に塩ジャケと塩漬けのニシンがたくさん泳いでいるからじゃ」(cf. トケイヤー b124)。

[1015 乳歯と銀歯と金歯]
小学生を前にしてラビが、保健の授業を行った。「よいか、乳歯の次には大人の歯が生えて来て、最後には銀歯と金歯が生えて来るのじゃ」(cf. 中野雄一郎 82)。

[1016 鶏とゆで卵]
温暖化の進展の悪影響について聞かれたラビは、一例を挙げてこう言った。「まもなく、鶏はゆで卵を産むようになるじゃろう」(cf. 中野雄一郎 115, 田中紀久子 246, 東森勲 91)。

[1017 ラビと御者]
あるラビは、19世紀のロシア各地で講演に呼ばれる賢者として著名で

あり、各地に到着すると最高級の接待を受けていたが、いつもラビを乗せる馬車の忠実な御者は身分が低くて教養もないため、数十年間に渡ってラビとは別の粗末な部屋をあてがわれていた。そこである時、ラビから誕生日プレゼントの希望を聞かれた御者は、一度だけ自分がラビのふりをして、ラビが御者のふりをして、自分たちの顔を知らない場所で接待を受けてみたいと申し出た。こうして、ユーモアを解するラビはある村で御者として入って粗末な部屋をあてがわれ、御者はラビの格好をして最高級の接待を受け、翌日、これまで講演会の末席で聞き続けて暗記していたラビの話の１つを講演会で正確に披露した。果たして、講演は拍手大喝采で終わったが、直後に聴衆の１人が聖書解釈に関する極めて難しい質問をしたので、御者の格好で講演会場の末席にいたラビは青ざめていった。しかし、ラビの格好をした御者は、顔色一つ変えずに言った。「そのような簡単な質問は、私の御者でも答えられる。おーい、そこの末席から答えてみよ」。末席からは見事な答えが返って来て聴衆を圧倒し、こうしてラビの名声はさらに一段と高まっていった（cf. トケイヤー b157ff., ミルトス編集部 142）。

［1018 カトリックの小学校］
あるユダヤ人夫婦は、手の付けられない息子をユダヤ人小学校に入れたが、その素行の劣悪さのために退校と転校が３度に及び、ついに通わせることのできる最後の学校、今回ばかりは仕方なくカトリックの小学校に転校させた。しかし今回は、両親が校長先生から呼び出されて退校処分を告知されることなく、逆に息子の成績と行儀の良さを絶賛された。不思議に思った両親が帰宅後、息子に事情を尋ねると、息子は答えた。「だって、ぼくはこの学校に来てから、もうダメだと思った。壁には、血だらけになって十字架に打ち付けられている人がぶら下げられているんだから」（cf. トケイヤー a45ff., マタ 27:38）。

[1019 唯一の正解者]
教育熱心なユダヤ人家庭の小学生の息子が、小学校から帰宅して家で自慢しながら、「今日は、ぼくしか答えられない質問を先生が出して、みんなの前でぼくが答えたよ」と言ったので、母親がすぐさま、その質問の内容を尋ねると、息子は言った。「先生は、今日、教室の窓ガラスを割ったのは誰かって聞いたんだ」(cf. トケイヤー a66)。

[1020 人気の生徒]
学期末試験の成績講評を聞いて帰って来た息子が父親に言った。「僕は先生たちの間で、すっごい人気だよ。もう1年は学校に残りなさいって言われたんだ」(cf. ラントマン a60)。

[1021 伝書鳩]
算数の授業で先生が、「ベルリンからチューリッヒまでの700キロを伝書鳩が時速100キロで飛べば何時間かかりますか？」と聞くと、1人の生徒が8時間ですと答えたので、驚いた先生が計算方法を聞くとその生徒は、答えた。「鳩だってフランクフルト辺りで1時間くらいは休みたいでしょう？」(cf. ラントマン a60)。

[1022 地球儀の軸]
教育委員会の人が小学校の視察に来て、生徒の1人に「この地球儀の軸は、どうして斜めになっているの？」と聞くと、生徒は「僕がやったんじゃありません」と答え、教師に聞くと、教師は「買った時から壊れていたんです」と答えた（cf. ラントマン a68)。

[1023 相対性理論]
アインシュタインは自分の相対性理論について、分かり易く教えていた。「私の理論が正しいと認められるなら、ドイツ人は私をドイツ人だと言うだろうし、フランス人は私をコスモポリタンと言うだろう。しか

し、私の理論が広く認められないなら、フランス人は私をドイツ人だと言うだろうし、ドイツ人は私をユダヤ人だと言うだろう」(cf. ラントマン a84, おおばともみつ 163)。

[1024 心配ご無用]
ある中年の男が医者に診てもらうと、「あなたは健康です。やや糖尿気味ですが、もし私だったら心配しませんね」と診断されて、言い返した。「先生、もし、先生に糖尿があったとしても、私が心配すると思いますか？」(cf. 毛利八十太郎 82, トケイヤー a88)。

[1025 家族の検尿]
健診の際に尿を持って来るようにと町医者に言われた男が、大ビンにいっぱいの尿を入れて診療所に持って来たので、驚いた医者は、「こんなにたくさんはいりませんが」と言いつつも検査を終えた後に、検査項目がすべて正常範囲内だったことをその男に伝えた。すると、その男はすぐに家族に電報を打った。――ミナケンコウアンシンセヨ――（cf. ラントマン a200, 大島希巳江 d68, e97f.）。

[1026 4人の墓標]
亡父の墓参りに行ったヤドロウカーは墓地で、「モーゼス・タンネンツワイク、模範的な父、誠実な夫、正直な商人、ここに眠る」という金文字を掘り付けた大きな墓標を見つけてつぶやいた。「どういうわけだ。タンネンツワイクの墓に、あと3人も入っているとは」(cf. 三浦靱郎 77f., エイ 17, 豊田一男 b314, 井坂清 93)。

[1027 資本家の葬儀]
国際的金融資本家ロスチャイルド家で当主が亡くなって盛大な葬儀が開かれ、多くの列席者の中で1人の見知らぬ男が、葬儀の間じゅう誰よりも激しく泣きじゃくっているので、葬儀後に当主の親族が彼に当主との

関係や悲しみの事情を優しく尋ねると、彼は答えた。「私には何の関係もないので泣いているんです」(cf. トケイヤー a131f., 烏賀陽正弘 a103, ミルトス編集部 94f.)。

[1028 1台のピアノ]
ロスチャイルド家の私生活を一目でも見たいと思っていた貧しい男が、敷地内に侵入して庭木の間から遠巻きに居間の窓を覗くと、娘と思われる少女が2人で1台のピアノを弾いていた。戻って来た男は仲間たちに言った。「ロスチャイルド家は意外と倹約家だ。ピアノを2台買う金がないようだ」(cf. トケイヤー b134f.)。

[1029 賢人と金持ち]
あるラビが先輩のラビに、聖書には金より知恵が大切だと書いているのに、金持ちが賢人に仕えずに、逆に賢人が金持ちに仕えているのはなぜかと尋ねると、先輩のラビは答えた。「賢人はお金の大切さを知っているが、金持ちは知恵の大切さを知らないからだ」(cf. トケイヤー a148, 烏賀陽正弘 a117f., 列王上 3:11, ヨブ 28:17, 箴言 3:14, 14:24, 16:16)。

[1030 前線での射撃]
ロシアのユダヤ人街にある神学校から神学生らが徴兵されて、厳しい訓練を受け、射撃訓練で優れた成績を残した。しかし、彼らは前線に送られてロシア人将校から「撃て」と命じられても、誰も撃たなかったため、将校が「なぜ撃たないのか？」と激怒すると、彼らの1人が答えた。「なぜですって？ 前に人がいるのが見えないのですか？」(cf. トケイヤー a198f., ラントマン a18f., 出エ 20:13)。

[1031 銃殺刑と絞首刑]
昔、反ユダヤ主義のある国で、ユダヤ人が来たら尋問し、ユダヤ人が嘘を言ったら銃殺し、本当のことを言ったら絞首刑にすることになってい

たので、ある国境警備兵は歩いて来たユダヤ人に自分のことを話してみろと迫り、嘘なら銃殺刑、本当なら絞首刑だとすごむと、そのユダヤ人は答えた。「私は銃殺されるでしょう」(cf. トケイヤー a219f., ミルトス編集部 211f., 松田道弘 231)。

[1032 宗教裁判所]
15世紀後半、カトリック教会が支配するスペインのある町の宗教裁判所で、ユダヤ人全員が集められた時に、裁判官から「帽子の中に『生』と書かれた紙切れと『死』と書かれた紙切れが1枚ずつ入っている。『死』と書かれた紙切れを引いたら、君たち全員を死刑に処す」と言われたユダヤ人長老は、2枚とも『死』と書かれていることを薄々感じ、帽子の中から1枚の紙切れを抜くなりそのまま飲み込んだので、裁判官は、「なんてことをするのだ。紙切れに何が書いてあるか分からないではないか」と怒鳴ったが、長老は冷静に、「帽子の中のもう1枚の紙切れを見てください。そこに『死』と書いてあるなら、私の引いた紙切れは『生』です」と答えた (cf. 加藤尚武 b18f., 烏賀陽正弘 a22ff., b138f., ミルトス編集部 218f., 早坂隆 d29ff.)。

[1033 ロシア戦線]
第一次世界大戦中、ロシア戦線で捕虜となったドイツ兵が、ユダヤ人の見張りに「わがヴィルヘルム皇帝は大したお方で、毎週一度は前線に出ておられる」と自慢すると、見張りは言い返した。「わがニコライ大帝はもっとお偉い方で、自分では一歩も動かないのに、前線の方が毎週ひとりでに近づいて来る」(cf. ラントマン a71)。

[1034 機関銃の交換]
ある若い新人兵士が敵の機関銃を分捕って来て、40日の休暇をもらったので、親友たちが彼をたたえたが、彼は照れながら説明した。「いや、ただ偶然、休暇が取りたいという敵兵と出会って、機関銃を交換しただ

けなんです」（cf. ラントマン a88, トケイヤー b34ff.）。

[1035 ひと月の戦争]
軍事には疎い1人の婦人が、「この戦争はひと月以内に終わるでしょう」と言うと、周りの人々が驚いてその理由を尋ねるので、彼女は答えた。「実は、私の息子も召集されたんですけど、あの子はどんな仕事をしても、ひと月以上続いたことがないんです」（cf. ラントマン a89）。

[1036 祖国への疑問]
中隊長が初年兵教育をした。「おい、そこの二等兵、答えてみよ。なぜ軍人は祖国のために命をささげなければならないのか？」。初年兵はぱっと立って、答えた。「はい、そのことは私も、前々から疑問に思っておりました」（三浦靱郎 252, cf. 仲井太一 126）。

ユダヤ教のラビの資格を持つトケイヤーは、多様性や持続性と謳いつつも統一化や弥縫策を講じる現代社会の矛盾と狡知にたけた愚行に対して、半世紀も前にすでに慧眼に満ちた指摘を残している（トケイヤー a222）。

> 人間社会は、複雑な機構を維持するために、多くのルールによって個人を縛っている。社会を維持するためには、人びとの行動を管理しなければならないのだ。ジョークは管理社会からの逸脱である。いってみれば、高度管理社会に対する破壊活動であり、ここには、日頃管理されていることに対する楽しい復讐がある。笑いは、テロとちがって、平和な破壊活動である。近代の科学技術社会では、人びとに対する管理が強化される一方であるだけに、ジョークのもつ役割は大きい。笑いは抵抗であり、人間の独立宣言だ。

第二次世界大戦中にオーストリアのユダヤ系精神医学者フランクルは、こうした管理社会の極致であるナチスの強制収容所に送られたが、それ

は「あの有名な大規模強制収容所、アウシュビッツ強制収容所ではなく、その悪名高い支所、……いわゆる絶滅収容所」であり（フランクル 1f.）、想像を絶する劣悪な衛生環境と強制労働の中にあっても、仲間に「毎日、義務として最低ひとつは笑い話を作ろう、と提案し……、いつか解放され、ふるさとに帰ってから起こるかもしれないことを想定して笑い話を作ろう」と提案したという（フランクル 71f., cf. フランクル 24f.）。フランクルはユーモアをこう定義する（フランクル 71）。

> ユーモアも自分を見失わないための魂の武器だ。ユーモアとは、知られているように、ほんの数秒間でも、周囲から距離をとり、状況に打ちひしがれないために、人間という存在にそなわっているなにかなのだ。

続けてフランクルは、「未来を、自分の未来をもはや信じることができなかった者は、収容所内で破綻した。そういう人は未来とともに精神的なよりどころを失い、精神的に自分を見捨て、身体的にも精神的にも破綻していったのだ。通常、こうしたことはなんの前触れもなく『発症』した。……勇気と希望、あるいはその喪失といった情調と、肉体の免疫性の状態とのあいだに、どのような関係がひそんでいるかを知る者は、希望と勇気を一瞬にして失うことがどれほど致命的かということも熟知している。……わたしたちが生きることからなにを期待するかではなく、むしろひたすら、生きることがわたしたちからなにを期待しているかが問題なのだ、ということを学び、絶望している人間に伝えねばならない」と力説するが（フランクル 125ff.）、ここでユーモアこそ勇気と希望を実感する武器となり、新しい考え方、新しい生き方を提示する契機となるだろう。

第 2 節　新約聖書のユーモア

　旧約聖書と共にキリスト教の聖典である新約聖書においても、ユーモアは印象的な形で機能している。

イエスの言動が印象的なのは、奇跡については言うまでもなく、それが極端なためであり、例えば、ガリラヤ湖で魚を捕る漁師たちを弟子とするに際して、「あなたたちは、私の後に付いて来なさい。そうすれば、私はあなたたちを人間を捕る漁師にしよう」と語りかけ（マタ 4:19, cf. トルーブラッド 88）、捕った魚を殺して食べたり、人々に売り渡したりする漁師たちに対して、捕った人間を殺して食べることなく、逆に永遠の命に至る食べ物であるイエス自身を与えて生かすための仕事を教え、捕った人間を誰かに売り渡すことなく、逆に死に至る罪から買い戻すための仕事を授けた（マタ 13:47-50, 16:26, 27:4, ロマ 7:14, コリ一 6:20, 7:23, cf. エレ 16:16, エゼ 47:10）。

　イエスはその代表的な山上での説教において、乏しさや悲しさ、迫害や悪事に苦しむ人こそ天の多くの報いを喜んで楽しむことになると約束し、律法の一点一画に至るまで軽視しないようにと命じ、自分の兄弟に怒ったり「愚か者」と言ったりするだけで火の地獄の中に投げ込まれると警告し、欲情を抱いて女を見るあらゆる人はすでに自分の心の中で彼女と姦淫したのだと断言した（マタ 5:1-28, cf. ルカ 6:21, 宮田光雄 a210）。また、自分をつまずかせる右の目を自らえぐり出して捨てること、悪に対抗することなく自分の右の頬を打たれたら左の頬も向けること、敵を愛して迫害者のために祈ること、天の父なる神と同様に完全になること、右手がなした施しを左手に知らせてはならないこと、自分が許されているように人を許すこと、人に悟られないように断食をすること、地上に富を積まないこと、1 人の主人である神のみに仕えること、衣食住や明日の生活のことで悩まずに神の王国とその正義を求めることを説いた（マタ 5:29-6:34）。さらに、自分の大きな落ち度を無視して他人を裁かないこと、天の父なる神にひたすら願い求めること、狭い門から入ること、良い結実こそが真正の印であること、天の父なる神の御旨の実践こそ肝要であること、神の言葉の実践こそすべての根幹であることを教えた（マタ 7:1-29）。

　こうした厳格な教えの一方で、イエスはこれらのことを守れない徴税人たちや罪人たちの友となって共に飲み食いを励行し、大酒飲みが親の嘆き

第 2 節　新約聖書のユーモア

の種であったとされる当時の人々から「見よ、大食いで大酒飲みだ」と言われるほどであったが（マタ 9:10, 11:19, cf. マタ 24:49, 申命 21:18-21, 箴言 23:19-21）、実際には「知恵」を正しく働かせていたと記されている（マタ 11:19, cf. マタ 12:42, 13:54）。つまり、イエスは、「医者を必要とするのは、体の強い人々ではなく、病気の人々である。……私が来たのは、正しい人々ではなく罪人たちを招くためである」と説明していたが（マタ 9:12-13）、罪人たちとの飲食では、旧約聖書に「食事を整えるのは笑うため。ぶどう酒は人生を楽しませる」とあるように（コヘ 10:19）、共に笑い、楽しんでいたはずである（cf. トルーブラッド 19ff., 大貫隆 35, 長谷川正昭 32）。そうした中でイエスは例えば、「金持ちが神の王国に入るよりも、らくだが針の穴を通る方が簡単である」などと語って皆を笑わせていたとも考えられる（マタ 19:24）。

　この言葉は、イエスが律法をすべて守っていると自負する金持ちの青年に対して、その財産を売って貧者に施してから自分に従えと命じた後に、自分の弟子たちに語ったものとして別の文脈で記録されている（マタ 19:23-24）。らくだが針の穴を懸命に通ろうとする光景は滑稽であるだけでなく、同胞から税金を徴収して上納する前に上前をはねて私腹を肥やす徴税人の姿は、こぶに脂肪を蓄えるらくだのようでもあり、貧しさのゆえに充分な食事の機会に恵まれなかった罪人なら、その姿は飲食なしに長期間歩き続けるらくだのようでもあることを考慮するなら、一同はそれぞれに心当たりがあって受けたはずである。この世にイエスを紹介した洗礼者ヨハネが、らくだの毛衣を着ていたように（マタ 3:4）、当時の人々がらくだの皮に針を通していた日常光景とは逆に、針の穴にらくだが通るという発想は、らくだが彼らの生活圏で最大の生き物であることや、針の穴は人の作った最小のものであることと相俟って、確かにイエスの知恵であり、ユーモアでもあると言えるだろう。イエスが金持ちの青年について自分の弟子たちに、「確かに私はあなたたちに、金持ちが天の王国に入るのは難しいだろうと言う。再び私はあなたたちに、金持ちが神の王国に入るよりも、らくだが針の穴を通る方が簡単であると言う」と強調したように

（マタ 19:23-24）、イエスは「確かに」様々な状況で「再び」この警句を口にしただろう。その時の光景を日本語で現代風に再現するなら、イエスは、金持ちが神の王国に入るよりも、「らくだ」が針の穴を通る方が「楽だ」とでも言って笑っていただろう（cf. 場崎洋 15）。

　しかし、聖書の記すイエスの言動にそのような陽気な雰囲気がほとんど見られないのは、少なくとも三度も自らの死と復活を予告しているように（マタ 16:21, 17:22-23, 20:18-19）、福音書の構成は、この世の弱者と同伴するイエスの十字架刑に至る道を中心としているためである（cf. トルーブラッド 17f.）。当時の弱者には貧者、病人、女性、老人、奴隷、被征服民など様々な立場の人がいたが、子どももその中に含まれていた。したがって、イエスの弟子たちでさえ、手を置いて祈ってもらうためにイエスのもとに子どもを連れて来た人々を叱って子どもと共に追い払おうとしたが、イエスは弟子たちをいさめ、子どもを歓迎した（マタ 19:13-15）。その際、子どもに取り囲まれたイエスの顔には笑みがこぼれていただろう（cf. 宮田光雄 a78f., 宮平望 a127f.）。ちなみに、ガリラヤ地方のカナでの結婚式に母や弟子たちと共に招かれてぶどう酒が出された時にも、イエスは談笑していただろう（ヨハ 2:1-11, cf. 宮田光雄 a79, バーガー 342f.）。

　イエスは弟子たちが、「誰が一体、天の王国で最も偉大なのですか」と尋ねると、「1 人の子どもを呼び寄せて、その子を彼らの真ん中に立たせて、言った。『確かに私はあなたたちに言う。もし、向き直って子どものようにならなければ、あなたたちは決して天の王国に入ることはない。だから、誰でも自分をこの子どものように低くする人、この人こそ天の王国で最も偉大である。そして、誰でも私の名前においてそのような 1 人の子どもを受け入れるなら、その人は私を受け入れるのである』」（マタ 18:1-5）。低い者が高くされ、高い者が低くされるというイエスの言葉は、「あなたたちの中で最も偉大な人は、あなたたちの奉仕者となるだろう。自分自身を高める人は、低くされるだろうし、自分自身を低くする人は、高められるだろう」（マタ 23:11-12）、「多くの最初の人々が最後に、最後の人々が最初になるだろう」とも表現されている（マタ 19:30, cf. マタ 20:16）。具

第 2 節　新約聖書のユーモア

体的にイエスは、エルサレム神殿の境内にいた祭司長や民の長老たちに、「確かに私はあなたたちに、徴税人たちと娼婦たちがあなたたちより先に神の王国に入ると言う。義の道にいたヨハネがあなたたちの所に来たのに、あなたたちは彼を信じなかったからである。しかし、徴税人たちと娼婦たちは彼を信じた。あなたたちは見ていたのに、後で考え直して彼を信じようとはしなかった」と語った（マタ21:31-32）。

　こうしたイエスの逆説的な論法は（宮田光雄 a115f.）、自らが神の子にして人の子であるからであり、この世の主である同時にこの世のしもべである自らの性質に由来しており（マタ 4:3, 14:33, 16:16, 20:26, 28, 23:11, 27:43, 54, ヨハ 4:42）、死の後の復活もこのことを確証している。イエスの後の弟子パウロはこのことを、「彼（＝神の子イエス）は肉によれば、ダビデの子孫から生じ、聖なる霊によれば、死人たちの復活によって力のうちに神の子と定められている私たちの主イエス・キリストです」と明示し（ロマ 1:3-4）、イエスと同様に旧約聖書に精通していたパウロは（ルカ 24:27, 44, 使徒 22:3, フィリ 3:5-6）、イエスを述べ伝える際に、旧約聖書に倣って駄洒落に他ならないギリシャ語の言葉遊びを活用している（本書第1章第1節）。

　パウロは、「良い（クレーストス）」という表現と「キリスト（クリストス）」という言葉を掛け合わせ、例えば、偽弟子の言葉は、「良い（クレーストス）」言葉に聞こえるが「キリスト（クリストス）」の言葉でないと注意し（ロマ 16:18）、「不品行な人（ポルノス）」は「悪い人（ポネーロス）」であると警告している（コリ一 5:9-13）。逆にパウロは、「良い（クレーストス）」という表現を積極的な意味で使い、愛は「親切です（クレーステウオマイ）」と語り、「良い（クレーストス）」ことを行う「キリスト（クリストス）」を想起させ（コリ一 13:4）、他にも多くの文脈でこのレトリックを活用している（コリ一 15:33, コリ二 6:6, ガラ 5:22, エフ 2:7, 4:32, コロ 3:12, テモ一 1:8, テモ二 2:21, 4:11, テト 3:4, フィレ 1:11）。このレトリックはペトロによっても使用されている（ペト一 2:3）。

　また、パウロは自分が書いた手紙を人々が、「読む（アナギノースコー）」

だけでなく「はっきりと知る、理解する（エピギノースコー）」ことを求める一方で（コリ二 1:13, cf. コリ二 3:2)、「小さい」という意味の名前を持つ「パウロ」は、「すべての聖なる人々の中で最も小さい者以下である私に、この恵みは与えられました」という謙遜の言葉も述べている（エフ 3:8)。他方でパウロは厳格に、「もし、誰でも働きたいと思わないなら、その人は食べることもしてはならない」ということを命じていたが、そのような状況でも、「働く（エルガゾマイ)」こともなく、「余計な働きをして（ペリエルガゾマイ)」だらしなく歩んでいる人々がいるというユーモアを交えた小言を付け加え（テサ二 3:10-11)、この世の「利益（ポリスモス)」を求める人は、「試み（ペイラスモス)」に陥り易いと教え（テモ一 6:5, 9)、良い業を「率先して行う（プロイステーミ)」ことを勧めつつも、愚かな論争、系図、争い、律法のもめ事を「避けなさい（ペリイステーミ)」と命じている（テト 3:8-9)。

　新約聖書の他の文書においても、例えば、生きている神から「離れ去る（アフィステーミ)」ことは「不信仰（アピスティア)」であるという警告や（ヘブ 3:12)、「今日」と「呼ぶ（カレオー)」日のうちに互いに「傍らに（パラ)」「呼び寄せて（カレオー)」「慰め（パラカレオー)」合いなさいという命令も（ヘブ 3:13)、キリストが「苦しんだ（エパセン)」ことから従順を「学びました（エマセン)」という表現も（ヘブ 5:8)、同じキリストが「実現した（ギノマイ)」善の大祭司として「現れた（パラギノマイ)」という表現も（ヘブ 9:11)、真のキリスト者は「永遠の都」と称されるローマのような「永続する（メヌーサン)」都をこの世には持たずに、「来るべきもの（メルーサン)」を求めるという真の信仰と共に、その真意が言葉遊びで印象付けられている。

　さらに、人は罪を「完遂する（アポテレオー)」と死を「生み出す（アポクエオー)」ことになり（ヤコ 1:15)、「差別をする（ディアクリノー)」と偏った「考え方（ディアロギスモス)」に陥り（ヤコ 2:4)、不正な舌の使い方によって、「生まれてから（テース・ゲネセオース）はその走路を燃やし、そして、地獄で（テース・ゲエネース）燃やされます」と警告さ

第 2 節　新約聖書のユーモア

れている（ヤコ 3:6）。

　それでも、「キリスト（クリストス）」を信じる者は「選ばれた（エクレクトス）」者であり（ペト一 1:1, 2:4, 9）、ソドムとゴモラで起こったような「壊滅（カタストロフェー）」は、無節操な人々の「振る舞い（アナストロフェー）」によるものである（ペト二 2:6-7）。

　人は御子イエスのうちにとどまるなら、「大胆（パレーシア）」に彼の「到来（パルーシア）」を待つことができるのであり（ヨハ一 1:28）、サタンの「深み（バソス）」に陥っていない人は、イエスによって別の「重荷（バロス）」を負わされることはなく（黙示 2:24）、誰でも戸口に立って戸を「叩いている（クルーオー）」イエスの声を「聞いて（アクーオー）」戸を開けるなら、イエスはその人の所に入り、その人と共に食事をする（黙示 3:20）。

　イエス自身による言葉遊びは、当時の似非教師たちである律法学者たちとファリサイ派の人々に対する非難に見られ、「律法学者たちとファリサイ派の人々、あなたたち偽善者は不幸である。なぜなら、あなたたちは薄荷、いのんど、ういきょうの十分の一を献げるが、律法の中で最も重要な裁き、哀れみ、信仰をおろそかにしたからである。しかし、これらのことこそ、しなければならないことだったのであり、十分の一の献げ物もおろそかにしてはならない。目の見えない案内人たち、この人々はぶよをこして除くが、らくだを飲み込む」というものがある（マタ 23:23-24）。ここで、イエスの主な使用言語であったセム語族のアラム語で「ぶよ」と「らくだ」は、それぞれ「カムラ（kamla）」または「カルマ（kalma）」と「ガムラ（gamla）」であり（Keener552）、当時、地上の汚れた生き物とされていた物のうち最小のぶよと最大のらくだにイエスは言及して（レビ 11:1-4, 20-23）、教師たちが小事に固執しつつも大事を無視していることを「カムラ」をこして取り除くが「ガムラ」を飲み込むと表現したのである（cf. マタ 7:4）。

　イエスを世に紹介した洗礼者ヨハネも、アブラハムを父祖として持つことを誇りにしていたユダヤ人たちに対して、「毒蛇の子孫たち、誰があ

の迫り来る怒りから逃げることをあなたたちに教えたのか。だから、あなたたちはその回心にふさわしい実を結びなさい。そして、あなたたちは、『我々はアブラハムを父として持つ』と自分たちの中で言い始めてはならない。私があなたたちに言うとおり、神はこれらの石からアブラハムの子たちを起こすことができるのである。すでに斧も、木の根に向けて定められている。したがって、良い実を結ばないすべての木は、切り取られ、火の中へ投げ入れられる」と警告していた（ルカ 3:7-9）。ここで、アラム語で複数形の「石」と「子たち」は、それぞれ「アブナイャー（abnayya）」と「ベナイャー（benayya）」であり、ヨハネは、神は「アブナイャー」から「ベナイャー」を起こすことができるという言葉遊びをしている（Marshall141）。

18 世紀初頭までキリスト教の立場から旧新約聖書の大部分に注解を施したイギリスの非国教徒の牧師マシュー・ヘンリーは、その合計 7,000 頁を超える全 6 巻の膨大な注解書の中で、「やらないより、遅れてでもやる方がまし（better late than never）」とか「まさかの時の友こそ真の友（A friend in need is a friend indeed）」という名句や、「神は秩序の神であるが、皆の仕事は誰の仕事でもない（God is the God of order: that which is every body's work will be nobody's work）」、つまり、この世の人間の共同責任は無責任という言葉を残したが（HenryI96, 205, II384, 862）、彼もその注解各所で言葉遊びを行っている。そこで、その全 6 巻の中で活用されている言葉遊びを自由に組み合わせて、ヘンリーの神学的主張と基本的に同趣旨の文章を創作してみよう。

「創造者であり主（Maker and Master）」であり、すべての「源、基（fountain and foundation）」である神は、人を「所有するとともに（被造物の）頂点に位置づけ（own and crown）」、彼に女を「同伴者かつ安らぎ（companion and comfort）」として与えたが、このアダムとエバの「失敗と愚行（fault and folly）」によってこの世に「荒廃と落胆をもたらすような（desolate and disconsolate）」罪が入り、「衝動的で傲慢な（impetuous and imperious）」人間は「虚栄と権力（pomp and power）」を求め、支配者らは

「猛威を振るって幅を利かせる（rage and range）」（HenryI6, 27, 56, 59, 211, 261, 463, 553, 671, 796, II321, 324, 405, 735, 865, 937, 1067, III33, 119, 376, 387, 423, 455, 461, 592, 680, IV86, 123, 125, 159, 190, 456, 570, 681, 686, 690, 700, 703, 752, 914, 931, 1079, Viv, v, VI891）。

　こうした中で、「執拗に（importunately）我慢できないほどに（impatiently）」その到来が待望された救い主であるイエスは、神の「摂理と約束（providence and promise）」に基づいてこの世に到来し、「誠実で真剣な（sincere and serious）」「心と頭（heart and head）」の双方において「罪の自覚と回心（conviction and conversion）」を経た人々の「祈りと賛美（prayers and praises）」を神に結び付ける仲保者となり、神に「容認されるだけでなく賞賛された（not only approved but applauded）」イエスの十字架刑を頂点とする業の「徳と価値（virtue and value）」のゆえに、神は人の罪を「許し、忘れる（forgive and forget）」（HenryI97, 108, 119, 139, 156, 195, 294, 404, 435, 537, 539, 653, 698, 777, 860, II60, 79, 686, 728, 1114, 1133, III323, 342, 368, 385, 407, 462, 526, 646, 671, 687, 832, 1014, IV245, 324, 366, 1329, V5, VI904）。このようにして、神は人を「清めて平安をもたらす（purify and pacify）」とともに「導き、守り（guide and guard）」ながら「近くで親愛なる（near and dear）」者となり（HenryI606, 654, 695f., 811, II1101, III314, 333, 430, 554, 1079, IV41）、人を「愛し、価値あるものとする（love and value）」（HenryI887, II1140, III475, 760, IV1244, V1129, VI354, 1099, 1134）。

　「壮大で寛大な（magnificent and munificent）」神が、その霊において「自由に充分に（freely and fully）」「強く望み、計画する（desire and design）」ことによって完成した聖書は、人間のこのような「光と陰（show and shade）または影（shadow）」や、「地位と名誉を失って（degraded and disgraced）」「かすやくず（dross and dregs）」にまみれた支配者の「統治と廃退（reign and ruin）」を神の「奇跡や告知（miracles and oracles）」を交えて「報告し、記録し（reports and records）」、かつては「実体と様態（matter and manner）」において「援助も希望もない（helpless and hopeless）」読者

を「魅了して激励し（engage and encourage）」、イエスが「十字架（cross）」刑死から復活して永遠の命の「冠（crown）」を授けられたように、「病弊と災害（disease and disaster）」から救われて「安心と平静（security and serenity）」を得た読者は、その「品格と特権（character and charter）」に基づいて、神のもとに「注意深くかつ喜んで（careful and cheerful）」「とどまり、豊かになる（abide and abound）」（HenryIIiv, 22, 179, 267, 382, 790, 792, 818, 1113, 1126, 1144, III35, 133, 279, 349, 381, 410, 583, 587, 767, 838, 872, 952, 1030, IV7, 54, 78, 137, 143, 181, 554, 847, V930, VI869）。

　知恵とジョークの意味を併せ持つホフマという概念をユダヤ教が重用しているように（本書第1章第1節）、知恵に満ちたイエスから始まるキリスト教にも（マタ11:25, 13:54, ルカ2:40, 52, コリI 1:24, 30, コロ2:3）、ジョークやユーモアは溢れており（cf.宮平望a103-128）、やはり、支配権を行使しうる親や牧師や神学者、聖職者や教皇に対するものもある。

[1037 礼拝でのお祈り]

教会の礼拝でお祈りの時に母が幼稚園生の息子に、「お祈りの時は目をつむっていなさい」と注意すると、息子はこう言い返した。「ママは、僕が目をつむっていないってこと、何で分かったの？」（cf.秋田實a178, 森浩二135, 丸山孝男152）。

[1038 長老のいびき]

2人の中年女性のうちの1人が教会での礼拝後に、「牧師の説教中なのに、あの長老のいびきはいつもひどいね」と言うと、もう1人が答えた。「ほんとよ、あのいびきのせいで私は目が覚めちゃったんだから」（cf.毛利八十太郎24, 早坂隆a167f.）。

[1039 良い説教]

教会の良い説教というのは、最初と最後が感動的なものでなければならない。そして、その2つの距離が近い方がさらに良い（cf.早坂隆a168,

マギー 71)。

[1040 教会での結婚式]

A：What does the bride think when she walks into the church?「（結婚式で）新婦が教会に入る時に考えることは何か？」

B：Aisle, Altar, Hymn (I'll alter him).「通路、祭壇、賛美歌（私は彼を変えてやるわ）」(cf. 中野清治 53f.)。

[1041 天国へ行く時]

牧師が自分の教会の説教の中で会衆に向かって、「天国に行きたいと思う人は起立してください」と言うと、皆が立ち上がったが、1人だけ座ったままだったので、説教者がこの人に、「天国に行きたくないのですか？」と聞くと、この人は答えた。「今すぐですか？ いやです」(cf. ラントマン b237)。

[1042 復活の日までの眠り]

ドイツ語圏内南部のある墓碑銘には、こう記されている。「ここにミカエル・ヴィースナーが眠る。ただし、復活の日に至るまで」（カンペンハウゼン 21)。

[1043 地獄の親友]

死を身近に感じ始めた男が、つぶやいた。「天国で神様に会えるのも嬉しいけど、地獄で多くの友だちに会えるのも楽しいはず」(cf. エラクレス 173, 外山滋比古 54)。

[1044 天国での神学者]

18世紀のゲッチンゲン大学数学教授ケストナーは、長年ライプチヒでフランス語教育に従事してきた教師が、「パリに来てみて、実際のフランス語と私が教えてきたフランス語はまるで別物なので愕然としまし

た」と言うので、こう慰めた。「多くの神学者たちも、天国で同じようなことを経験するでしょう」(cf. カンペンハウゼン 9)。

[1045 聖書の乱読]
聖書を何度も通読したことのある熱心な信者が、自分に対する神の御心をピンポイントで明快に知りたいと思い、目を閉じたまま聖書を適当に開いて人差し指を置き、目を開けてその箇所を見ると、「ユダは……首をつって死んだ」と書かれていた（マタ 27:5）。この信者はすぐに気分が悪くなり、自分を取り戻そうとして再び同様にして聖書を開いて指先の箇所を見ると、「あなた自身も行って、同じようにしなさい」と記されていた（ルカ 10:37）。

[1046 聖書の引用]
教会の結婚式で、牧師は新郎新婦に向けて行う説教の聖書箇所としてヨハネの手紙一の 4 章 18 節「愛の中には恐れはなく、完全な愛は恐れを追い出します」を選んでいたが、当日になって司会者は間違えて、ヨハネによる福音書の 4 章 18 節を読んでしまった。「五人の夫をあなたは持っていたが、今あなたが持っているのは、あなたの夫ではない」(cf. 山北宣久 35f., ヨハ 4:18, ヨハ一 4:18)。

[1047 牧師になる目的]
たまたまクリスチャンであった男が、サラリーマン人生に嫌気がさし、中年手前でわらをもつかむ執念で神学校に入って卒業後、ある教会に牧師として招聘される前の教会役員会最終面接で、その最長老役員に聞かれた。「あんたは一体、何が悲しくて牧師になるの？ 一体、何が楽しくて牧師になるの？」(cf. テモ一 3:1-7, ヤコ 3:1)。

[1048 最後の食事]
アメリカのある州で老いた死刑囚に対して牧師が、「死刑執行直前の最

後の食事では望むものが出されることになっています。遠慮せずに希望を言ってください」と聞くと、死刑囚は嬉々として答えた。「2050 年もののワインをお願いします」(cf. 加藤尚武 b220, 早坂隆 a198)。

[1049 ルルドの奇跡]
税関で神父が税官吏から、「この瓶の中身は何ですか」と聞かれて、「奇跡を起こすあの聖地ルルドの泉の聖水です」と答えたが、税官吏がふたを開けて臭いをかいで、「うおっ、これはコニャックではないですか？」と尋ねると、すぐさま神父は天を仰いだ。「奇跡だ、奇跡が起こった。ああ、マリア様、感謝します」(cf. 小泉保 23, 野内良三 a92, c210f., 田中紀久子 160)。

[1050 祈祷書とワイン]
ある修道士が修道院長に、「祈祷書を読んでいる時にワインを飲んでもよろしいでしょうか」と尋ねると、「神に祈っている時に他のことに気を散らすべきではない」と禁止されたが、諦めきれず後日、再び修道院長に、「ワインを飲んでいる時に祈祷書を読んでもよろしいでしょうか」と尋ねるとこう言われた。「いかなる時にも神のことを気にかけて祈ることはよいことだ」(cf. 野内良三 a345f.)。

[1051 鐘の鳴る理由]
休暇でアルプスに来た老夫婦が、ペンションに泊まってのんびりしていると、遠くに見える教会の鐘が美しく鳴り始めたので、ペンションのオーナーに、「今あの鐘はなんで鳴っているんですか？」と聞くと、「そりゃあ、下で誰かが鐘の紐を引っ張っているからだよ」と言われた（cf. 田中紀久子 234)。

[1052 裕福な教皇]
ある教皇は高位聖職者というよりも安っぽい世俗人として知られていた

が、彼の所で客となった使節に自分の財宝を展観して薄気味悪い笑みを浮かべ、「もはや私は私たちの先輩たちのように、『銀や金は私にはない』とは言えません」と自慢すると、その使節は答えた。「全くお言葉のとおりです。教皇猊下は、聖ペトロ様のような職務をお続けになることはできません。体の不自由な人に『ナザレの人イエス・キリストの名前において起き上がり、歩きなさい』と命じることもできません」(cf. カンペンハウゼン 122f., 使徒 3:6)。

[1053 実際に働いている人]
教皇ヨハネ 23 世は、ヨーロッパのある外交官から、「バチカンでは何人くらいの人が働いているのですか」と聞かれて、「そうですねぇー。全体の半分くらいでしょうか」と答えた (cf. 長谷川正昭 209, 森浩二 198, 郡司利男 b 90, トーマ 98, 豊田一男 b296, 宮原盛也 53, 早坂隆 d33, 名越健郎 89, 伸井太一 159)。

[1054 教皇の無謬性]
20 世紀スイスのプロテスタント神学者カール・バルト教授は、教皇パウルス 6 世がバルトを現存する最も偉大な神学者であると評したという話を聞いてこう言った。「教皇無謬性の教理は必ずしも完全に間違いではなかろう」(cf. カンペンハウゼン 150f., 宮田光雄 a182)。

[1055 髭を剃る神学者]
カール・バルトはある時、紹介された人から、「あなたは、あなたと同じ名前のあの偉大な神学者と何か関係があるのですか」と聞かれて答えた。「私は彼の髭を毎朝剃っています」(cf. カンペンハウゼン 149, 宮田光雄 a178)。

[1056 顔と鼻の位置関係]
20 世紀の著名な哲学的神学者パウル・ティリッヒは、ナチスの台頭と

共にドイツからアメリカに渡り、ハーバード大学などで教鞭を執ったが、アメリカでもドイツ語訛りが抜けきらない講義で、「信仰は知識の背景である（Faith is the background of the gnosis）」と言ったつもりだったが、「顔は鼻の背景である（Face is the background of the nose）」としか聞こえなかった受講生たちは、ティリッヒ教授の言うことだからというので、その意味の深遠な含蓄について議論を深めた（cf. カンペンハウゼン 151f.）。

[1057 ゴルフボールの行方]
モーセとイエスとペトロがゴルフをしていた。モーセが打ったボールはグリーンの手前の池に落ちたが、池の水は左右真っ二つに割れて、ボールはそのままグリーンにのった。イエスが打ったボールもグリーンの手前の池に向かうと、そのまま池の水の上を転がり、グリーンにのった。ペトロが打ったボールもグリーンの手前の池に落ちたが、池の中で魚に飲み込まれたため行方不明になった。途方に暮れたペトロは、イエスの助言に基づいてそこで釣りを始め、1匹の魚を釣り上げてその口を開くとあのボールが出て来たので、それをグリーンにのせた（cf. 松田道弘 128, 出エ 14:15-22, マタ 14:22-33, 17:24-27）。

[1058 湖上歩行]
イエスが湖面上を歩いたというガリラヤ湖に、ある神父が聖地巡礼の際に訪れると、遊覧船の乗車券の値段がかなり高いので、なるほどと思った。「そうか、だからイエスも湖面上を歩いたんだ」（cf. 井坂清 192, マタ 14:22-33）。

現代アメリカの代表的社会学者であり、プロテスタント・ルター派の信仰者であるバーガーによると、何かをおかしいものとして感じ取る主観的能力であるユーモアは、人間性や人間文化に不可欠な構成要素であり、歴史的、社会的に相対的なものであるものの、その背後には経験する客観的

対象が単純なものから複雑なものに至るまでズレ（incongruity）として存在し、1つの分離された世界を究極的な救済の約束として出現させるという（バーガー iiif., vi, 49, 270）。バーガーは続けてユーモアの具体的表現であるジョークについて、最上のジョークの幾つかのものがユダヤのものであるのは、ユダヤ文化が人類史の中で最も語りに優れた文化であったという歴史的な理由、何世紀にも渡り苦難を経て来たユダヤ人にジョークが救いをもたらしてきたという心理学的な理由、民族史の大半を通じて社会的に周縁化されてきたことで滑稽な（comic）視点が形成されてきたという社会学的理由、ユダヤ人は古来より神を発見した、または神に発見されたという最も重要な神学的理由を挙げている（バーガー 8f., 13, 118, 157, cf. 宮田光雄 a14, 烏賀陽正弘 a9, 加瀬英明 45ff., 226）。

このようなユーモアは一般的に、日常生活の気苦労から魔法的世界へと解放する気晴らしや慰めとして、さらに積極的には社会の制度や慣行という仮面を暴露する機知に基づく知的ゲームや、攻撃を目的とする風刺に基づく武器として機能してきたが（バーガー 174, 205f., 238, 272f., 276, cf. 宮田光雄 a8, 16）、特に近代以降のユーモアの展開はこうまとめられている（バーガー 351）。

> 近代という時代は世界を多元化する。近代は異なった価値観や世界観をもった人間たちを出合わせる。そのことによって近代は自明視されてきた伝統をほり崩す。そして近代はあらゆる変化の過程を加速する。こうしたことの結果、ズレの多元化が生じる——そして滑稽な経験の核にあるのはズレの知覚なのだ。

こうしたズレは、現代においても「至高の現実を相対化する」超越の印としてのユーモアとこの現実の間にも現れ、人々はユーモアをひとしきり笑った後で「冗談はさておき」と言いながら剽軽ならざる現実世界へと帰還する（バーガー 357, cf. 宮田光雄 a19）。この意味でユーモアは、現実を超越した天国を先取りする終末論的様相を呈している（宮田光雄 a20）。

第 2 節　新約聖書のユーモア

第2章　落語のユーモア

　高校時代の授業中だったかと思う。級友が筆者に、「鶴の恩返し」とも題される「鶴女房」の話の続きを教えてくれたことがある（cf. 柳田國男a26f.）。

　人里離れた所にひっそりと暮らしている爺さんが、町に薪を売りに行った帰りの雪道で、またあの時と同じように、猟師の仕掛けた罠に掛かった鶴がいたので、かわいそうにと思い逃がしてやった。すると、その夜、若い女の人が家に訪ねて来て、宿もないので今夜はここに泊めてほしいと弱々しく願った。こうして、その女は家の空き部屋に迎え入れられると、「私が仕事をしている間は、絶対に部屋の中を見ないでください」と頼んだ。爺さんは、あの時と同じだと思い、了解した。しかし、押入れから物を取り出したりしているような妙な音がするので、爺さんは心配になり、「ごめんよ」って言って、部屋の戸を開けると、大きな鳥の姿になっていた女が、押入れの中から取り出した物の幾つかを自分の風呂敷に手際よく包み込んでいた。「いったい、何をしてるんだい」と爺さんが尋ねると、現場を見られた女は観念した。「実は、私はサギなんです」。

第1節　祖型落語のユーモア

　「落語」とは『広辞苑』の簡潔で的確な解説によると、「（初めオトシバナシと読み、明治中期より一般にラクゴと読む）一人の演者が滑稽な話を登場人物の会話のやりとりを主として進め、その末尾に落をつけて聴衆を興がらせる寄席芸能。江戸初期に安楽庵策伝が大名などに滑稽談を聞か

せたのが初めといい、身振り入りの仕方咄(しかたばなし)から発達して芸能化し、江戸・大坂を中心に興隆。上方を中心に『軽口(かるくち)』『軽口ばなし』と呼ばれ、江戸中期より『落し咄』と呼ばれた」ものである（新村出 2923, cf. 延広真治 a38, b232）。

　このように、落語は「滑稽さ」と「落ち」を構成要素とし、『正直咄(しょうじきばなし)大鑑(おおかがみ)』（1687年）で「それ、はなしは、壱がおち、弐が弁説、三がしかた」と定義されたように、第一に、落語の主題、第二に、落語の手法、第三に落語の形式から成り立ち、より具体的に言えばそれらは、世態人情を語り、会話主体として進め、和服をまとって高座で扇と手拭(てぬぐい)のみを小道具とすることである（cf. 山本進 a2ff., cf. 本書序章第2節）。

　歴史的に落語の祖型は、武田信玄や織田信長などの戦国大名が慰安や教養のために抱えていた御伽(おとぎ)衆の話に基づく『戯言養気集(ぎげんようきしゅう)』（16世紀末以降）や『きのふはけふの物語（＝昨日は今日の物語）』（17世紀前半）にも求められるが、より整序された形で編まれたのは『醒睡笑(せいすいしょう)』であり（cf. 山本進 a6）、「落語の源流」とも呼ばれている（暉峻康隆 37）。近世初頭の浄土宗の説教僧で、京都の誓願寺住職であった安楽庵策伝は1628年、京都所司代の板倉重宗に、眠気を覚醒させるような1,000話を超す笑話を収録する『醒睡笑』を献上した（cf. 安楽庵策伝 b15f., 677ff., 686）。策伝は『醒睡笑』を編纂する際、『宇治拾遺物語』などに含まれる笑話や自ら聞知したり創作したりした笑話を盛り込んだのだが、こうした笑話は、彼自身の説教の内容や話法にも活用されていたことだろう（cf. 安楽庵策伝 a277, b676, 687）。『醒睡笑』は後の落語に甚大な影響を及ぼし、宮尾與男(よしお)によると、現存する古典落語のうち、『醒睡笑』を原作とする演題として、「青菜、池田の牛ほめ、犬の無筆、いびき車、いらちの愛宕(あたご)詣(まい)り、浮世根問(ねどい)、絵手紙、近江屋丁稚(でっち)、貝野村、掛けのことわり、かつぎや、かぼちゃ屋、雁風(がんぶ)呂、口入屋(くちいれや)、首すじの虱(しらみ)、子ほめ、権兵衛種、猿後家、三人兄弟、沢庵風呂、たらちね、手水(ちょうず)廻し、てれすこ、鳥屋坊主、二度の御馳走、野辺歌、八五郎坊主、初音の鼓、平林、貧乏神、みかん屋、寄合酒」などが挙げられるという（安楽庵策伝 b702）。これらの意味で、策伝は「落語の祖」で

第1節　祖型落語のユーモア

あり、『醒睡笑』の笑い話を「祖型落語」と呼ぶことができるだろう（cf. 山本進 a6）。

　以下、この『醒睡笑』の中から幾つかの祖型落語を便宜上、【言葉遊び】、【間抜け話】、【夢想の話】、【色恋の話】に分類して紹介しよう。

【言葉遊び】

[2001 童は風の子]

童が風の子だということは、知られているようで知られていない。世間でそう言うのは、どういうことか。それは夫婦の間の子だからだ（cf. 安楽庵策伝 b86f.）。

[2002 諸行無常]

「諸行無常」を「無常諸行」と書いてある卒塔婆(そとば)の脇に、「無常（諸行）とはどんな人の諸行なのか。そとは恥ずかしいので、家の中に置くだけにしなさい」と（いう落書(らくしょ)が）あった（cf. 安楽庵策伝 b102f.）。

[2003 快気祝い]

病が癒えた後に快気祝いの御馳走があった。その酒宴の中である人が、（料理の盛られた）台の鶴の飾りを取り上げて、「鶴の舞を見せたい」などと言って謡い、良い所作で舞い終えた。ある知恵のない女房は立って、床の間に立てられていた矢を手に取って持ち、「矢舞を見せたい」と言って謡い、さらに矢を1つ取って2つの矢の根を合わせて左右に持ち、「長矢舞を見せたい」などと言って舞い終えた（cf. 安楽庵策伝 b121f.）。

[2004 五部の大乗経]

飲酒が禁じられていた八瀬の青竜寺の僧が、指物師に経箱を作らせて上蓋に「五部の大乗経」と書き付けて、酒を買って戻って来ると、人（＝門番）に「それは」と尋ねられたので、「これは五部の大乗経で、経を読むようにと願う旦那が京にいて、度々持って行き来する」と答えた。

ある時、寺の者がそれを持ち帰る途中で酒の良い匂いをかいで、そっと徳利の口を開けていただくことにした。その者が寺に戻り、人に「それは」と尋ねられると、「いつものようにお経です」と言ったが、人は、「それならば、少し見せていただこう」と言い、箱を手に取って振ってみると、「真にお経なのだろうか。中で『ごぶ、ごぶ』という音がする」と言った（cf. 安楽庵策伝 b204ff.）。

[2005 後家の出家]
板倉重宗が京都所司代の頃、京都の上京の家主が20歳過ぎの息子を残して亡くなったが、その継母は、息子に家を渡すことなく自分が跡を治めるというのが夫の遺言であると言うので、息子は怒り、2人は所司代の裁きの場に出ることになった。継母が、「後家と書いて何とお読みになるか」と言うと、所司代から「後の家と読む」と言われたので、「それなら私が治めないわけにはいかない」と言った。一旦、2人は立ち帰るように言われ、家に戻った継母は、「訴訟に勝った。それでは尼になろう」と親類に伝え、後に再び、所司代の結審の場に出た。所司代から、「おまえは髪を剃ったのか」と尋ねられた継母が、「そうです。再び夫を持ち、この世で生きる望みを持つことは、あってはならないと決心し、出家の姿になりました」と言うや否や、所司代は命じた。「それならば、出家は家を出ると書くのであるから、この裁きの場から退き、すぐに家を出なさい」（cf. 安楽庵策伝 b227ff.）。

[2006 柘榴]
柘榴を見て1人は「ざくろ」と言い、もう一人は「じゃくろ」と言い、言い争いがやまず、近くにいた物知りが、「『にゃくろ』が正しい言い方だ」と言った（cf. 安楽庵策伝 b243f.）。

[2007 富士三里]
中風を煩う者が医者から、「薬だけでは治しにくい。風市、三里に灸を

据えなさい」と言われて家に帰り、「いやまあ、間抜けな医者だ。大山の富士の三里の所に灸を据えよとは、どうやって。病気が治るとしても、そもそも、もぐさの量が足りるのか」と言った（cf. 安楽庵策伝 b266f.）。

[2008 腰折れの歌詠み人]
連歌師の宗祇が有馬の湯に入っておられた時に、人々が歌を詠んで楽しんでいたが、宗祇にも詠むように勧めると、宗祇は人々が自分本位に詠んでいたので、『音にきく有馬の出湯は薬にて、こしをれ哥のあつまりぞする（噂にも聞く有馬の出湯は薬であるから、腰折れの歌詠みが集まるのだ）』と詠んだ（cf. 安楽庵策伝 b445ff.）。

[2009 平林]
手紙の上包みに「平林」と書いてある。通りがかった出家に読ませると、「ひょうりんか、へいりんか、たいらりんか、ひらりんか、一八十の木木か、それでもないなら、ひょうはやしか」と言う。これほど細かく読み分けても、「ひらはやし（＝ひらばやし）」という読み方は出てこなかった。まったく推量というものは、何の役にも立たないものだ（cf. 安楽庵策伝 b456ff., 武藤禎夫 a154f., e378f.）。

[2010 仏の毛]
仏には毛があるかないかについて、1人は「ない。むげ光仏というから」と言い、また1人は、「ある。けぶつ菩薩というから」と言う。そこで、坊主に判断を乞うと、「あるのだがない。ないのだがある。『熊野』の謡曲に『末世一代、けうすの如来』と書いてあるから」と言った（cf. 安楽庵策伝 b532ff.）。

[2011 歯抜け話]
「私はこの頃、歯が抜けた」と言って悲しんでいると、「歯が抜けるとは長生きの印だと書いてある」と言われたので、「どの書にあるのか」と

聞くと、「『小町』という謡曲に、『はおちても残りけるは露の命なり』とある」と言われた（cf. 安楽庵策伝 b549f.）。

[2012 釈迦の教え]
食べ過ぎの人に向かって、「あまり飯を多く召し上がるのは困ったことだ。急に米が入用になると、損である。とはいえ薬になるならいいが、大毒であるからよくない」と言うと、「誰の教えか」と言われたので、「釈迦の説明で、『天上天下飯が毒損』」と言った（cf. 安楽庵策伝 b583f.）。

[2013 布引の滝]
摂津の国の布引の滝で、宗祇が詠む。
「近頃、畳んでおいた布を引き出して、今日思い立って、身に着たことだなあ」（cf. 安楽庵策伝 b586f.）。

[2014 月一輪]
食事を知らせる僧が、和尚に膳を据えると、「あっぱれ月一輪かな」と言われたので、「ほしくもないのですね」と言って、膳を下げた（cf. 安楽庵策伝 b616f.）。

[2015 扇子二本]
医師である曲直瀬道三（まなせどうさん）が、信長公に初めてご挨拶に出られる際に、献上物として扇子二本をお持ちになられたのを、御前の人々は少なすぎるという様子で見ていたが、道三は、「これは信長公がお目出たく日本を御手の内に握ってくださるための物である」と言った（cf. 安楽庵策伝 b661f.）。

言葉遊びは、言わば駄洒落である（cf. 本書第3章第1節）。**[2001 童は風の子]** という諺は本来、「子どもは寒い風の中でも元気に戸外で遊ぶも

のだ」という意味であるが（cf. 小学館辞典編集部 1251）、ここでは「風（かぜ、ふう）」の音を「夫婦（ふうふ）」に掛けている。「房事の際の男女の息づかいの音」とも解される（武藤禎夫 a80）。**[2004 五部の大乗経]** の「『ごぶ、ごぶ』という音」も「五部」に掛けられている。**[2002 諸行無常]** の「卒塔婆」は「そと（外は）」に、「諸行」は「所行」に掛けられている。なお、「落書」とは落首のことであり、こうした落首が落語の前身であるという見解もある（cf. 榎本滋民 a308, 関根黙庵 22-37）。**[2003 快気祝い]** の「矢舞」は「病」に、「長矢舞」は「長病」に通じていて、快気祝いには忌み言葉となっている（cf. 安楽庵策伝 b122）。

[2005 後家の出家] の板倉重宗は、『醒睡笑』の献上先であり、彼の教養に満ちた大岡裁判が教訓的に記されている（cf. 列王上 3:16-28）。**[2008 腰折れの歌詠み人]** と **[2013 布引の滝]** は、宗祇の教養に基づくものであり、前者の「こしをれ」は、「腰の曲がった老人」と「腰折れ歌（へたな歌）」を意味し、後者の「身に着た」は「見に来た」も意味している。**[2006 柘榴（ざくろ）]** と **[2009 平林]** は、複数の読み方に関するものである。**[2009 平林]** は後の古典落語では、平林という医者の所に手紙を持って行く間抜けな下男が、「ヒラバヤシ、ヒラバヤシ」と唱えているうちに読み方が分からなくなり、道行く人々に教えてもらった名前をすべて並べて、「タイラバヤシかヒラリンか一八十のモクモク、一ツ八ツの十ッ木ッ木」などと節を付けて口にしながら歩いていると、子どもたちが付いて来て、警官に「お前は気違いか」と咎められたが、「いや、字違いです」と答えたという落ちになっている（武藤禎夫 e 378, cf. 関敬吾 b345ff.）。このような表現について、武藤禎夫はあらかじめ、「今日の人権意識に鑑みて不適切と思われる差別的な記述・表現・語句がみられるが、作品の歴史性を重んじ、原文のまま収録することとした」と断っている（武藤禎夫 ex, cf. 本書序章第 2 節）。

[2007 富士三里] の「風市」と「三里」は灸穴で、前者は、直立して手を真っすぐに下ろして外股に中指の届く所で、後者は、膝頭の下三寸の外側の所である（cf. 安楽庵策伝 b267）。**[2010 仏の毛]** の「むげ」は「無

碍」と「無毛」を、「けぶつ」は「化仏」と「毛仏」を、「けうす」は「教主」と「毛薄」を意味している（cf. 安楽庵策伝 b533）。[2011 歯抜け話] の「はおちても」の「は」は、「葉」と「歯」を意味しており、[2012 釈迦の教え] の「飯(いい)が毒損」は、「唯我独尊(ゆいが)」のパロディーである。[2014 月一輪] とは、椀の形の譬えであり（cf. 安楽庵策伝 b617）、「月一輪」のみなら、他に「星雲ない」ので、『欲しくもない』のですね」という確認がなされている。[2015 扇子二本] において、道三は「二本」で「日本」を意味している。

【間抜け話】

[2016 長い槍]

間抜けな男に海老を御馳走すると、「海老が赤いのは生まれつきなのか。それとも赤く塗ったものなのかと」と聞かれたので、「生まれつきは青いが、釜でゆでると赤くなる」と教えると、男は納得した。ある時、その男は、侍が馬に乗る前に、下僕らが長柄の赤い槍を20本ほど持って走っているのを見て、広い世間、珍しいこともあるものだと感じ、「今の槍の柄が赤いのは、火を焚いて木がむけたものだが、（その槍を入れる）細長い鍋が、よくもまあ、あったことだなあ」と言った（cf. 安楽庵策伝 b40ff.）。

[2017 居留守]

石見(いわみ)の国の板持という侍の家に客が現れ、その家の長老である若狭守(わかさのかみ)が座敷に入れて、「主人は外出しております」と応対したが、主人がふと障子を開けて、「若狭よ、若狭よ、わしは留守であるからな」と言った（cf. 安楽庵策伝 b55f.）。

[2018 空の星]

ある僧侶の弟子が、夜更けに長棹を庭のあちこちで振り回していたところ、僧侶に、「何をしているのか」と問われたので、「空の星が欲しいの

で、叩き落そうとするが、落ちない」と答えると、「間抜けな奴だなあ。そこからでは届くはずがない。屋根へ上がれ」と言われた（cf. 安楽庵策伝 b133ff.）。

[2019 大般若経の転読]
大般若経の転読（＝抜粋読経）を頼む檀那がいて、布施目的の坊主が法衣を来て着座した。皆が大般若経を高声に読むと、この坊主も経典を開き、同じ調子の声を上げて、「大檀那よ、三蔵法師めが不要な物を持って帰って来たから、人に迷惑をかけるよ」と言っても、他の人は聞いていなかった（cf. 安楽庵策伝 b140ff.）。

[2020 値踏み癖]
堺の町に商人から禅門に入った者がいて、高貴な人の大刀や短刀、高貴な女性や男色相手の少年の小袖、帯、袴でも、見るものに値踏みをするのが、生まれつき好きであった。時とともに、それが見苦しくなってきたので、彼の尊敬する住職が、「これから、物ごとに値を示してはならない」と言うと、彼は手を合わせて拝謁し、「それはもったいないお心です。ただいまのお言葉に、100 貫を差し上げたいと思います」と言った。癖は直らない（cf. 安楽庵策伝 b346ff., 武藤禎夫 a103ff.）。

[2021 そこにべ殿]
備前の国、岡山には、「そこにべ」という珍しい魚がいて、国主の浮田直家は、備中の国、笠岡の城に安芸の国の小早川隆景がいらっしゃるというので、そこにべを送った。隆景が家臣に、「夜中に備前の国から、そこにべが来たので、今朝、家老の衆に御馳走する旨、申し上げよ」と命じると、家臣の従者が、「備前の国から昨夜、そこにべ殿がお越しでございます。今朝、御馳走がありますので、お出ましくださいますように」と触れ回った。家老の衆は礼装してお出でなさったが、客はおらず、出された御膳を見れば、そこにべの汁であった（cf. 安楽庵策伝 b458ff.）。

[2022 長談義]
談義が終わっても、そのまま立たない男がいたので、老いた道心者が感心して、「談義の一区切りを聞こうとする人さえ珍しいのに、ありがたい心掛けの人であるよ。呼び入れてお茶でも差し上げようか」と言って、その男に尋ねれば、男は、「余りの長談義でしびれが切れてて、立てないのです」と言った（cf. 安楽庵策伝 b461f.）。

粗忽者の話、つまり、間抜け話は、[2017 居留守] や [2019 大般若経の転読] や [2022 長談義] のように、現代でもありうる話であり、[2019 大般若経の転読] の「三蔵法師」とは、7 世紀の玄奘のことである。[2016 長い槍] は、物事を単純に応用して考える短絡的思考であり、[2018 空の星] は、僧侶と弟子の五十歩百歩の対話である（cf. 山口理 116）。

[2020 値踏み癖] の 1「貫」とは、1,000 文であり、古典落語の [2040 時そば] では、そば 1 杯が 16 文であるから（山本進 a71f., つだかつみ 8f., 立川志の輔 b 235, cf. 本書第 2 章第 2 節）、計算の便宜上、そば 1 杯が現在の 320 円として 1 文が 20 円と仮定すると、1 貫 =1,000 文は 2 万円であり、100 貫は 200 万円ということになる。

[2021 そこにべ殿] について、浮田直家は毛利家との関係を断って信長公の臣下となったため、毛利家から小早川家の養子となった隆景は、直家からの贈り物に緊張感を抱いたはずである。家臣の従者を通して家老にも伝わったと思われるその緊張感が、従者の勘違いと分かり、そこから一気に解放されたという話である（cf. 安楽庵策伝 b460）。

【夢想の話】
[2023 鶴の首]
少し上機嫌になった頃、1 人が言った。「この体を造ったのが神であれ、仏であれ、注文したいことがある。良い酒を飲む時は、静かに飲んで味わおうと思うが、どうにもそのまま造作もなく喉に走り込んでしまうの

で心残りである。鶴の首のように造ったのを持ちたいものだ」(cf. 安楽庵策伝 b326ff.)。

[2024 押し鮨]
夏の暑い日に、僧侶の帰りが遅れ、児(ちご)たちは待ちくたびれて、帯を解いた者たちや解かない者たちが寝ていた所へ帰って来た僧侶が、「いやはや、この児たちの姿は、押し鮨のようだ」と言われると、1人の賢い児が起き出して、「いくらかの鮨を見てきたが、これほど腹に飯のない鮨を見たことがない」と言った (cf. 安楽庵策伝 b374ff.)。

[2025 月見の日]
8月15夜の月見の日に、僧侶や児が集まり眺めていたところ、ある大きな児が、「あれぐらいの餅を抱えてゆっくりと食べたら楽しいだろうなあ」とささやくと、小さな児が、「大きさはあれぐらいでよいが、厚さが分からないとね」と言った (cf. 安楽庵策伝 b377f.)。

[2026 多くの目]
数人が集まって心の望みを話していると、1人が言った。「私は生まれ持つ両眼のほかに、目が3つ欲しい。1つは背中に付けて、予期せぬことや闇討ちの用心のために、もう1つは膝頭に付けて、夜の歩行で怪我をしないように、いま1つは手の中指の先に付けて、能や祭礼などを見る時、人の背を気にせずに手を上げて見るために」(cf. 安楽庵策伝 b507ff.)。

食べ盛りの空腹感を表したのが、[2024 押し鮨] と [2025 月見の日] であり、成長後になおも続く不足感を訴えたのが、[2023 鶴の首] と [2026 多くの目] であり、特に後者は、当時の夜の暗さや、能や祭礼の人気ぶりを表している。

【色恋の話】

[2027 1本の松]
本堂前の1本の松について、老僧がからかって小さい子どもに聞いてみた。「あの松は男松（＝黒松）であろうか。女松（＝赤松）であろうか」。歌詠みの息子が、「女松だろう。月の邪魔になるので」と言うと、百姓の子は、「いや、男松だ。あれほど松ふぐりが付いているのだから」と返した（cf. 安楽庵策伝 b354ff.）。

[2028 大きな鶉]
亭主は女房がよく寝入っていると思い、2階の使用人の女の所へ忍び込むと、亭主をよく知っていた妻も、火をともして上がった。そこで亭主は、着ていた物をかぶり、座敷の角にうつ伏せになった。あまりのおかしさに妻は、「その姿は鶉のようだ」と言うと、亭主は言葉を失い、「ちちくわい」と鶉の鳴き声を出した。度外れな大きさの鶉であったことだろうよ（cf. 安楽庵策伝 b416ff.）。

[2029 蜘蛛の真似]
見た目の良い使用人が奉公に来ると、僧侶がこの男に心を寄せ、いつも慣れ親しんだ若衆が寝入るのを待って静かに起き出した。若衆はその音を聞いて僧侶の後をそっと付けて行った。僧侶は若衆の足音に驚き、壁に両手両足を広げて張り付いた。それを見た若衆に、「何をしているのか」と問われたので、僧侶は、「蜘蛛の真似をして遊んでいる」と言った（cf. 安楽庵策伝 b515f.）。

[2030 猫の真似]
亭主が留守になると通って来る男がいて、女房は、「梯子を掛けておくから、屋根から忍び入り、もし亭主が帰って来たら、猫が鳴く真似をしてほしい」と示し合わせておいた。実際にそのとおりになり、亭主が聞き付けて、「屋根を歩くのは、人のようだ」と言うと、女房は、「いやこ

の頃は大きな猫がいて」と言い、男は驚いて、「にゃう」と言うべきであることを忘れ、細い声で「ねこう」と言った（cf. 安楽庵策伝 b516ff.）。

[2031 股ぐらの神]
陸奥の国に「みてぐら」という名の武士がいて、その館で能の「鉄輪（かなわ）」を演じて、「恐ろしや、みてぐら（＝恐ろしいなあ、みてぐらにおかれては）」というのに行き詰まり、急に言い直して、「恐ろしや、股ぐらに三十番神おわします」と言った。驚くばかりの神の居所だ（cf. 安楽庵策伝 b546f.）。

色恋のテーマは、落語でも冗句でも重要な位置を占めており（cf. 本書第4章）、[2027 1本の松] の「月の邪魔（＝さわり）」とは月経のことであり、「ふぐり」とは睾丸のことである（新村出 2443）。[2028 大きな鶏] の「ちちくわい」は「鶏の鳴声」であると同時に（大野晋 848）、「父（が）食ひ」、または、「乳（を）食ひ」との言葉遊びかもしれない。このように、人は失態を糊塗する際に動物や生物に擬態することは、[2029 蜘蛛の真似] においても同様であり、宮尾與男（よしお）によると、[2030 猫の真似] のほかにも、「のちの小咄に、天井を鼠が歩く音を聞いて、『大きな鼠か、小さな鼠か』というと、天井裏で『ちゅう』というのがある。また狂言の『杭（くい）か人か』は、池に飛び込んだ泥棒を棒で探しながら、『これは杭か、人か』というと、泥棒が『くいくい』という」のがある（cf. 安楽庵策伝 b518）。

[2031 股ぐらの神] の「三十番神」とは、「一か月三十日、毎日交代で、国家・人民を守護すると信じられていた三十の神」である（安楽庵策伝 b547, cf. 大野晋 601）。

第2節　古典落語のユーモア

まずは、祖型落語以後の落語界の歴史を以下に概観しておこう（cf. 山本進 a7-15, 42, 182f., c6-27, 114-140, 興津要 c 上 533-557, 延広真治 a17, 55,

60)。

　1680年代以降、江戸時代の徳川綱吉治世に三都で、主として不特定多数を聴衆として「軽口噺」を演じて代価を得る「落語家の祖」が現れ、このような「辻噺」は、京都では「上方落語の祖」とされる露の五郎兵衛、江戸では「江戸落語の祖」とされる鹿野武左衛門、大坂では米沢彦八によって人気を博したが、1693年の悪疫流行の際に武左衛門の「堺町馬のかほみせ」という小咄を悪用して、悪疫には南天と梅干が効くと馬が語ったという虚言を流した男に連座させられて、武左衛門が島流しの刑を受け、江戸では落語は下火となった。

　江戸では18世紀末に至って、後に「江戸落語中興の祖」と呼ばれる町大工の立川焉馬（＝烏亭馬馬）が自作の小咄を落とし噺の会で演じ、この会に触発された人々の中から三笑亭可楽など、落語を専門職とする人たちが生まれた。上方では18世紀中葉から、中国笑話の訳本や軽口噺本が流行し、座敷噺も盛んになり、18世紀末から種々の流派が現れ、他方、江戸では寄席も始まり、内容も従来の落とし噺のほかに、芝居噺、音曲噺、怪談噺、色物（＝音曲、手踊、手品、曲芸、声色、漫才、漫談）と多様化し、水野忠邦による天保の改革（1841年）による逆境を経たものの、19世紀後半から寄席は再び勢いを取り戻し、前座、二つ目、真打の制度も整った。

　明治新政府下で大きな制約を受けた芸人は、軍談、昔噺などの芸種ごとに団体化されて課税され、概して維新後、聴衆は人情噺より滑稽噺を好み、明治20年代から東京の噺家と席亭は、素噺中心の端正な芸風の三遊派と、音曲や色物を織り交ぜた粋な芸風の柳派が競合して聴衆を魅了し、明治30年代には時代と共に伝統話芸が軽視されていくことを憂慮した落語家たちによって落語研究会が創設された。大正初期、寄席が不振になると、その安定化のために東京寄席演芸会社や睦会などが現れた。大阪では明治以降、素噺中心の桂派が台頭すると、月亭派と笑福亭派と文團治派が浪花三友派を興して華美な芸風を展開し、大正に入ると、花月派を標榜する吉本が演界で支配的になった。

第2節　古典落語のユーモア

東京の寄席の大半を壊滅させた関東大震災（1923年）後の復興期、芸人は落語協会に統一されたが、再び会社派と睦派に分離し、昭和になって落語協会と研成会と芸術協会の三つ巴（どもえ）となり、中断していた落語研究会も復活した。戦時下においても演芸界は難局を迎え、落語家は講談師と共に講談落語協会に統一され（1941年）、禁演落語は浅草本法寺に建立された「咄塚」に葬られ、東京大空襲（1945年）の際にはほとんどの寄席が焼失した。
　戦後、禁演落語は復活祭を通して解禁され、寄席の復興と共に民間放送やホール落語も充実し、古典落語中心の落語協会と新作派に富む芸術協会の二派は、圓楽党と立川流と併せて四派となった。上方演芸界では、吉本の漫才や笑福亭松鶴（五代目）による雑誌『上方はなし』の刊行などが復興に貢献し、中でも笑福亭松鶴（六代目）、桂米朝（べいちょう）（三代目）、桂文枝（ぶんし）（五代目）、桂春團治（はるだんじ）（三代目）は上方落語四天王と呼ばれる。これに対して、東京落語四天王は、古今亭志ん朝（ここんていしちょう）（三代目）、立川談志（七代目）、三遊亭圓楽（えんらく）（五代目）、春風亭柳朝（りゅうちょう）（五代目）であり、こうした四天王の先人として昭和の三大名人である古今亭志ん生（しょう）（五代目）、三遊亭圓生（六代目）、桂文楽（ぶんらく）（八代目）の功績が顕著である。
　安楽庵策伝という仏教僧に端を発する落語の歴史をこのように通覧すると（cf. 本書第2章第1節）、キリスト教の種々の特徴と通底する現象が散見される。例えば、イエスや弟子たちが野外や広場で説教をし、献金を集め、後にキリスト者が礼拝の場を家庭から常設の礼拝場である教会へと移行したように、落語も辻噺から始まり、貴人の席や料理屋の二階を借りるなどして活動の場を広げて代価を得て、常設の演芸場である寄席を確立していった（cf. 山本進a7-10）。キリスト教において16世紀の宗教改革期以降、神の言葉としての聖書を礼拝と教義の中心とするプロテスタントと、教会における絵画や彫像などの芸術的要素や聖書以外の伝統も重視するカトリックが競合したように、落語においても、素噺中心の流派と華美な芸風の流派が競合した。また、プロテスタントに多くの教派が発生したように、落語にも多くの流派が現れ（cf. 山本進a188-192）、戦時下に前者は概

して日本基督教団へと統合され、後者は講談落語協会に統一された。さらに、キリスト教の幾つかの時代にリバイバルと呼ばれる刷新・復興運動があったように、落語にも中興・復興の時期があった。

キリスト教が旧教（カトリック）と新教（プロテスタント）に大別されるように、落語にも古典落語と新作落語があり、前者は江戸から明治期頃に成立したものとして概して作者不詳であり、他方で後者は大正期頃以降のものとして概して作者を特定しうるが（cf. 山本進 a22, 立川志の輔 b244）、現行の落語が「古典」落語を「こてんこてん」にやっつけた訳ではなく、創意に基づいて自由に参照、活用している点を考慮するなら、それらを二分すること自体にそれほど重要な意味はなく（cf. 京須偕充 c262ff.）、現在では「まくら」、まくらや本文に落とし込まれる「くすぐり」、最後の「落ち」という主要構成要素が重視される点に落着している（cf. 山本進 a16-21）。

「まくら」とは、「噺の本筋に入る前にやる短い話」で、本筋に登場する主人公の職業や時代背景を説明したりするものであり（cf. 立川志の輔 b247）、枕詞のように、ものの頭に付く枕に由来する（cf. 山本進 a16）。

「くすぐり」とは、「まくらや噺の中へおり混ぜていくギャグのこと」であり（cf. 立川志の輔 b241）、本書の下記の事例では度々省略されている。

「落ち」とは、「上方落語研究を学問的に考察した最初の本」である渡邊均の『落語の研究』（1943年）によると（武藤禎夫 e474）、次の11点に細分化される（渡邊均 39-99, cf. 加太こうじ 259f., 宇井無愁 a253-261, 立川談志 a15-24, 矢野誠一 a86-96, 内山惣十郎 148-154, 榎本滋民 b75ff., 桂文珍 a210-221, 野村雅昭 a133-281, 山本進 a19, 福井直秀 69-107, 延広真治 a99）。

① **二輪加落ち**。地口落ちとも言われ、いわゆる駄洒落もの。例：貧しい喜六が家主の昆布巻の鍋のお裾分けにあずかるために、宮本武蔵と偉人（＝天狗）の立ち合いを演じる中で、取り上げた鍋の蓋を防具とし、「昆布巻きがあった、あった」と喜ぶと、家主に、「お前は無茶師（武蔵）やなあ」と言われるが、「そう言うあんたは、意地ん（偉人）

第2節 古典落語のユーモア

汚い」と返した（「昆布巻芝居」）。

② **拍子落ち**。拍子木が鳴るようにトントンと調子よく畳み込んでいって終わるもの。例：「死」を連想させる「し」という言葉を嫌う主人が下男に、「先に『し』と言ったら罰金」と約束させ、腹黒く小銭四文を差し出して数えさせると、下男は、「いち、にい、さん……、……よん」と慎重に数え、他の幾つかの方法で試しても「し」と言わないので、主人が思わず、「しぶとい奴だ」と漏らすと、下男はすぐに反応した。「この銭はおらがものだ」（「しの字嫌い」）。

③ **仕込み落ち**。話の途中に落ちの言葉を仕込んでおくもの。例：良助は今戸焼の狐の泥人形の彩色をしていて、かつて千住（＝小塚原）で女郎をしていた向かいの女房もその仕事を回してもらっていたが、ある時、金に困った男が、良助の家では、「狐（＝骨から作られたサイコロ３つで行う博打）ができている（＝開帳されている）」と聞き付けてやって来た。男が、「狐ができているな」と聞くと、良助に、「戸棚の中です」と言われたので、戸棚を開けると、狐の泥人形が並んでいるので、「俺の言ってるのは骨の賽だ」と確認すると、良助に、「千住の妻なら、お向かいです」と言われた（「今戸の狐」）。

④ **逆さ落ち**。話の最初に落ちの内容や理屈を言っておくもの。例：人の真似は、加減が大事である。番頭が新入りの丁稚に、最初は挨拶でも何でも相手の真似をしろと言うので、丁稚は面白いと思い、おかみさんが人と話しているのを見て、その言葉を真似たり、外へ出ても誰かが何かを言うと、その真似をしていた。ある時、丁稚は通りすがりの男の行動まで真似て、雨上がりに欄干にもたれて道頓堀川の増水をのぞき込むので、気持ち悪がった男が橋の上から川に飛び込んで向こう岸まで立ち泳ぎで渡ると、丁稚も川に飛び込んだが、泳ぎを知らない丁稚はそのまま沈んでしまった（鸚鵡「返し」）。

⑤ **考え落ち**。落ちの言葉を言うのではなく、落ちの理屈を聞いている人に考えさせるもの。例：武士が歩いていたら、ちょうど煮売屋の前で腰の印籠が落ちたので、煮売屋の親爺がすぐさま印籠を拾って武

士の前に差し出しながら言った。「お仕度はいかがでございますか」（「お仕度処」）。ここでの理屈は、武士が印籠を落としたのは、帯が緩んだからであり、帯が緩んだのは、腹がすいてきたからだというものである（cf. 渡邊均 58）。

⑥ **回り落ち**。話が一回りして元の所に戻って来るもの。例：もらった猫に強い名前を付けよう。虎がいい。いや虎より強い竜がいい。いやいや、竜を運ぶのは雲……、風と付けよう。待てよ、風を止めるのは障子、障子をかじるのは鼠、鼠をつかまえるのは猫、やっぱり猫がいい（「猫」）。

⑦ **見立て落ち**。話の中のある物を最後に別の物に見立てるもの。例：鳥差しが鳥を差そう（＝鳥黐で捕らえよう）としているところへ、水屋が通りがかって、「その竿を貸してみな。おいらだって、できらあ」と言って見事に鳥を捕らえた。水屋がその竿を失敬したまま水桶を担いで歩いて行くと、通りすがりの男に言われた。「おい、一杯汲んでおくれよ」（「鳥差し」）。水屋や肥汲みが町中を行き来していた時代、差し竿を手にして歩いていた水屋が、肥柄杓を手にした肥汲みに見えたという話である（cf. 渡邊均 65）。

⑧ **間抜け落ち**。浅はかな言動や愚かな失敗で終わるもの。例：泥棒が店に入って物色しているうちに貯蔵用の穴蔵に落ちてしまったが、店の旦那に見つかっても、「降りて来い。股ぐらを食いちぎってやる」と怒鳴っている。そこで、旦那が威勢のいい若い者らを集めて、「誰か、1両やるから降りて、奴を取り押さえてくれ」と言っても、皆が尻込みするので、「2両でどうだ……。3両で……」と言うと、下から泥棒がすぐさま答えた。「3両？　3両だな。なら、俺の方から上がって行く」（「穴どろ」）。

⑨ **とたん落ち**。最後の一言で話全体の筋がうまく結び付くもの。例：商屋の番頭が、主人に内緒で多くの芸者を呼んで花見に出かけて散財していたが、事もあろうに主人に偶然出会って言葉を失い、咄嗟に、「どうもご無沙汰です」と挨拶した。主人が、「毎日同じ家で働いてい

る人間をつかまえて、しかも私に『ご無沙汰です』とは何事か」と激しい剣幕で問い詰めると、番頭は再び弱々しく答えた。「へえ、もう、百年目と思いましたので」(「百年目」)。

⑩ **ぶっつけ落ち**。お互いの言っていることが通じないまま終わるもの。例：道楽三昧の若旦那が、親族から100日間の蔵暮らしという謹慎処分を受け、相思相愛の芸者小糸との関係も絶たれた。100日がたち、若旦那が小糸の店を訪ねると、女将（おかみ）さんが仏壇に案内して、若旦那のことを案じていた小糸は病んで亡くなったと言う。悲嘆に暮れた若旦那が線香を上げて酒を飲み始めると、仏壇に供えてあった三味線がひとりでに鳴り始めたが、線香が立ち切れると、三味線は鳴りやんでしまった（「立（たちき）り」）。芸者の玉代（＝料金）は、線香で計られていたため、その線香が立ち切れる（＝燃え尽きる）までが座敷の時間とされていた習慣に基づく話である（cf. 武藤禎夫 e266, 瀧口雅仁 a171）。

⑪ **しぐさ落ち**。言葉ではなく仕草で終わるもの。例：下記の **[2044 死神]**。この話は、最後の「ああーっ」の所で高座の落語家がそこへ倒れ込むしぐさで落ちとなる（cf. 渡邊均 94, 立川談志 c 283-288）。

実際にはこれらに分類できない落語もあるだろうし、1つの落語に幾つかの落ちが落とし込まれている場合もあるだろう。例えば、金子はこれらを、A 二輪加落ちは、言葉の洒落、B 仕込み落ち、逆さ落ち、考え落ち、回り落ちは、理づめの伏線を張ったもの、C 拍子落ち、間抜け落ち、とたん落ち、ぶっつけ落ちは、人の意表を突くもの、D 見立て落ち、しぐさ落ちは、言葉よりも動作を主としたものという分明な4点に再整理している（cf. 金子登 a184-192）。

桂枝雀（二代目）は独創的な4分類を提示しており（桂枝雀 44-63, 94-125, 255-265, cf. 山口昌男 c95-120, 野村雅昭 a171-192）、まず、笑いはすべて人間の知的、情的、生理的、社会的な部分における緊張と緩和から生まれ、「変」と感じる知的緊張、「困る」と感じる情的緊張、「無理」と感じる生理的緊張、「不公平」と感じる社会的緊張がそれぞれ緩和する時に笑

いが起こるとし、落語においては、下記の「ドンデン」と「へん」に見られる「そんなアホな」という反発と、下記の「謎解き」と「合わせ」に見られる「なるほどなぁ」という納得が相俟(あいま)って、「人間てそんなもんや」という「情」が極めて重要な役割を果たすと説く。そして、専ら聞き手の視点に基づいて、落ちとして次の4分類が提示されている。

① **ドンデン**。予想を覆す新しい状況が現れて落ちとなる。例えば、『愛宕山(あたごやま)』において、幇間(ほうかん)が谷底に下りて旦那のばらまいた小判を拾い集めたが、戻るのに困った挙げ句、竹のしなりを利用して飛び上がって来たものの、肝心の小判を置き忘れて来たという落ちが、代表的なドンデンである（cf. 京須偕充 a17ff.）。

② **謎解き**。不思議な状況の謎を解いた答えがそのまま落ちとなる。例えば、有名な『皿屋敷』において、お菊の幽霊が毎夜、井戸の中から出て来て皿を9枚数えるが、ある夜は18枚数えたことを見物人に尋ねられて、「今夜は2日分数えて、明日は休むねん」と答えるのが、謎解きの落ちである（cf. 武藤禎夫 e179ff.）。

③ **へん**。最初はもっともらしい内容で始まり、最後に奇妙なことが起こり、話全体が嘘になって落ちとなる。例えば、『千両みかん』において、真夏にみかんを所望する若旦那に、番頭が腐らずに残った1つのみかんを1,000両で買って来ると、若旦那がそのみかんをむいて10房のうちの7房を食べて、「残りの3房は自分の両親と番頭に」と言って渡したが、番頭はその3房を手にして、「この3つで300両だ」と思い、そのまま逃げ去ってしまったというのが、「へん」な落ちである（cf. 京須偕充 a178ff., 武藤禎夫 e246f., 立川志の輔 b154f.）。ちなみに、当時の1,000両は現在の約8,000万円に相当するとされている（立川志の輔 b155）。

④ **合わせ**。セリフや趣向を人為的に合わせることで落ちとなる。例えば、下記の［2033 親子酒］にあるように、父親のセリフと息子のセリフは、見事に対応している。

そして、興味深いのは、桂枝雀が指摘していないにもかかわらず、少なくともここでの内容上、知的緊張の「変」は③の「へん」に、情的緊張の「困る」は②の「謎解き」に、生理的緊張の「無理」は①の「ドンデン」に、社会的緊張の「不公平」は④の「合わせ」に当てはまる点である。確かに、「変」が「へん」であるのは明白であり、腰元のお菊が10枚揃いの皿のうちの1枚を割ってしまったために殿様に無慈悲にも殺されたのであれ、横惚れした武士に1枚の皿を隠されて無実の罪で殺されたのであれ (cf. 山本進 a148, c172)、聞き手は情的緊張を余儀なくされる。また、高所恐怖症の人でなくとも、急勾配なら谷底に下りて行くことは生理的に無理であり、旦那のばらまいた小判を拾い集めることも、人目や矜持が気になれば無理である。さらに、往昔の父子の関係は不公平である点で、人間関係における社会的緊張を生んでいたと言えるだろう。

　現在では概して、相手の言葉を別の意味に取る「ぶっつけ落ち」、登場人物の言動が間抜けな結末を迎える「間抜け落ち」、仕込みや洒落もなく最後の一言で決める「途端落ち」、少しひねった表現で考えさせて笑わせる「考え落ち」、本題の内容が最後に逆転する「逆さ落ち」、洒落によって締めくくる「地口落ち」、噺の途中に張った伏線によって面白さが分かる「仕込み落ち」にまとめられており、例えば、下記で取り上げた噺のうち、【2040 時そば】は間抜け落ち、【2042 あたま山】は逆さ落ち、【2045 明け烏】は仕込み落ちであり、【2035 文七元結（ぶんしちもっとい）】は人情噺として、落ちやくすぐりもない落語である（cf. 立川志の輔 b238f., 245）。

　以下、京須偕充『ガイド落語名作100選』（1999年）、武藤禎夫『定本落語三百題』（2007年）、立川志の輔『古典落語100席』（2018年）という主要な文献に基づき、便宜上、【家庭編】、【飲食編】、【空想編】、【遊郭編】に分けて古典落語を堪能してみよう。

【家庭編】

[2032 寿限無]

生まれ来た息子の名前を考えていた父親が、学のある御隠居さんに相談すると、「亀は万年と言うから、亀という字を付けたらどうか」と言われたが、「近所の子が縁日で亀の子を買って来たら、一晩で死んじゃったので、苦情を言ったら、ゆうべが一万年目だったからだって言われた」ということを思い出して、亀はやめることにした。そこで、父親は再び相談して、無量寿経という経文から「寿限無」、つまり、「寿命限り無し」というのを取り、他にも未来永劫を表す言葉や長寿国の王子の名前など、全部入れることにした。すると、「寿限無寿限無、五劫のすり切れ（ず）、海砂利水魚の水行末 雲行末風来末、食う寝る処に棲む処、藪ら柑子藪柑子、パイポパイポパイポのシュリンガ・シュリンガのグーリンダイ・グーリンダイのポンポコピー・ポンポコナーの長久命の長助」という名前になった。息子はすくすく成長して学校へ上がったが、母親が名前を呼んで朝起こすのも一苦労で、腕力も強くなったこの子にぶたれて泣かされた近所の子は、「寿限無……長助にぶたれた」と訴えるので、長助の母親が、「こぶはできていないようだけど」と言うと、その子は強く言い返した。「あんまり名前が長いから、引っ込んじゃったんだよ」（cf. 京須偕充 a163ff., 武藤禎夫 e223f.）。

[2033 親子酒]

酒で失敗ばかりしている息子に酒をやめさせるために、父親も禁酒を宣言したが、我慢できなくなり、制止する女房に、「1杯だけ、息子に内緒で」とすがり付いて、塩辛を肴に冷であっという間に「うまい、うまい」と飲み干した。すると、父親は、「息子と違って自分は悪酔いせずに寝入るだけだから、もう1杯、もう1杯」と飲み始め、「寝ろ」と言う女房に逆らっていたところに、泥酔している息子が帰って来た。父親は、「なぜだ、あれほど言ったのに、馬鹿野郎。お前は酒を飲むから、顔がいっぱいに見えらあ。化け物みたいだぞ。そんな奴にこの家は渡さ

ねえ」と怒ると、息子も負けていなかった。「へへん。俺も、こんなぐるぐる回る家なんかいらねえ」(cf. 京須偕充 a61ff., 武藤禎夫 e89, 立川志の輔 b64f.)。

[2034 藪入り]
盆と正月の二度だけ奉公先から家に帰れるという藪入りの前夜から、父親の熊と女房は息子の亀の帰りを待ちわびつつも、何を食べさそうか、どこに連れて行こうかと慌しかった。そして、亀が返って来ると、熊はすっかり礼儀正しくなった息子にびっくりしたり、風邪をひいた時にもらった便りのことを思い出して泣き出したり、涙で息子の姿が見えなくなり、やっと顔を上げて、「おお、大きくなったなあ。俺の倍はある」と言うと、亀は、「おとっつぁんが座っているからだよ」と優しく声をかけた。しかし、亀が湯に行っている間、女房が亀の紙入れの中に大金を見つけ、2人は小遣いにしては多すぎるから、ひょっとして店の金に手を付けたのではないかと思い、湯から戻った亀に聞くと、悪い病気の元凶の鼠を捕らえては番所へ届けていて、懸賞金がたまったとのことらしい。亀は店の主人に言われて、それを親に渡すつもりだったという。こうして、女房と共に熊は安心した。「へえ、鼠の懸賞金か。これからも主人を大切にしなよ。これもやっぱり忠（チュー）のおかげだ」(cf. 京須偕充 a316ff., 立川志の輔 b66f.)。

[2035 文七元結]
左官の長兵衛は博打好きで、今日も負けて着物まで取られ、法被1枚で帰ると、女房から、長兵衛の暴力と博打に愛想を尽かした娘のお久が昨夜から帰って来ないと聞き、しょげているところに、吉原の大店の使いが来て、お久が家の借金を返せるように身売りに来たと伝えた。大店の女将は、来年の大晦日までは50両貸すが、それを過ぎればお久を一人前の女郎として店に出すと言って長兵衛に金を貸した。その帰り道に長兵衛は、鼈甲問屋近江屋の奉公人である文七が川へ身投げしようとし

ている所に出くわし、集金した50両をすられたと言う文七に、人の命には変えられねえとばかりに借りたての50両をそのままあげてしまった。こうして、文七が自分の店に戻り50両を差し出すと、番頭と主人は別の屋敷からすでに50両が届けられていたので驚いた。それは、すられたのではなく、文七が最後の集金の時に碁の相手をして夢中になり、その屋敷に置き忘れただけであったのである。文七が事の顛末を話すと、主人は感服し、長兵衛の家を探し出し、文七と共に挨拶に訪れ、50両とお酒を差し出し、なんと着飾ったお久も呼び入れた。主人は事情を知って吉原の大店からお久を身請けしたのである。その後、文七とお久は夫婦になり、元結（＝髪を結び束ねる時の紐や糸）の店を開いて幸せに暮らしたという（cf. 京須偕充 a283ff., 立川志の輔 b78f.）。

[2036 厩火事]
髪結いのお﨑が、優しいところはあるものの昼間から酒を飲むような亭主との別れ話の相談に仲人のもとに来ると、仲人は人の本心について2つの譬え話を始めた。孔子の留守中に愛馬が1頭、厩の火事で焼死したが、帰宅後に孔子は、馬については一言も触れず、その馬を救おうとしたが失敗した家来の無事を喜んだ。また、ある屋敷の主人は、妻が高価な瀬戸物を片付ける時に階段でうっかり足を滑らせて瀬戸物もろとも転げ落ちてしまった時に、瀬戸物が割れなかったかどうかだけを気にかけ、妻の体を心配しなかったため、妻は実家に帰ってしまった。お﨑はこの話を聞き、仲人の勧めもあり、同じように瀬戸物にこっている亭主を試すことにした。食事の支度の時に、亭主のお気に入りの茶碗を手にして大袈裟にひっくり返ると、驚いた亭主は割れた茶碗には見向きもせずに、お﨑を抱え起こして、「あぶねえ、体に怪我はねえか」と気遣った。お﨑が、「そんなにあたしの体が大事かい」と言うと、亭主はすぐに答えた。「当たりめえじゃねえか。お前が怪我してみねえ、明日から俺は遊べねえし、酒も飲めねえ」（cf. 京須偕充 a43ff., 立川志の輔 b114f.）。

第2節　古典落語のユーモア

[2037 粗忽の釘]

粗忽者の亭主は引っ越しの当日なのに、朝から荷物１つ担いで出て行き、日暮れになってノコノコと帰って来たので、近所の人に助けられて引っ越しを進めていた女房にひどく叱られた。亭主によると、家を出た後、人だかりがしていたので、立ち寄ると、２匹の犬がいつまでもつるんでいたので見ているうちに日が暮れてしまったという。女房が亭主に、「あとは明日するから、今日は取り敢えず箒を掛ける長い釘だけ打ってくれ」と頼むと、大工の夫は不機嫌になり、１尺（＝30センチ）はある瓦釘を長屋の薄い壁に打ち込んだ。釘が隣の家の壁から飛び出しているはずと心配した女房は、亭主をまたまたひどく叱り、「早く行って、ちゃんと謝っておいで」と言って釘を刺した。ブツブツ言いながら亭主は、隣ではなく向かいの家にいきなり入り、主人から、「藪から棒だな」と言われて、「いいえ壁から釘なんです」と返し、事情を聞いた主人から、「いくら長い釘でもここに届くわけないよ」と言われ、間違いに気づいて隣の家に行った。亭主は、そこの主人からすぐさま、「この仏壇を見てくれ」と怒鳴られて、のぞき込むと、阿弥陀様の喉仏から釘が突き出ていたので、不思議に思い尋ねた。「へえ、長い釘ですな。お宅じゃ、ここに箒を掛けますか」（cf. 京須偕充 a184ff., 武藤禎夫 e454ff., 立川志の輔 b176f.）。

新生児の死亡率の高かった往時、親の思いの丈が込められた名作 [2032 寿限無] は（cf. 京須偕充 a164, 田中敦 60）、現代においても生き残っており、三遊亭円丈が『新・寿限無』として、生物工学の専門家に命名してもらうという設定で、「酸素、酸素、クローンの擦り切れ、細胞壁、原形質膜、細胞分裂、減数分裂、食う寝るところは2DK、窒素、リン酸、カリ、肥料、人間、汗とアルデヒド、アミノ酸、リボ核酸、龍角散、ディーエヌエーのアールエヌエーのヌクレオチドのヘモグロビンのヘモちゃん」という名前を紹介している（cf. 瀧口雅仁 a139）。日本の各地には、「長い名の子が井戸に落ち、その名を呼ぶうちに死んでしまった」という話もある

（柳田國男 a223）。似た者親子の様子は、否定的側面において顕著であることをほほえましく描いたのが、[2033 親子酒]であり、[2034 藪入り]は、その積極的側面を示しているが、「封建臭プンプンたるサゲをかえてやる例も多い。たとえば柳家小三治では、『鼠の懸賞金か。おれは猫ババしたのかと思った』となる」（京須偕充 a319, cf. 瀧口雅仁 a290）。

　三遊亭圓朝の作とも言われている[2035 文七元結]は（cf. 京須偕充 a286, 坪内祐三 151-176, つだかつみ 126f., 中込重明 69-90, 小野幸恵 101, 瀧口雅仁 a256）、「人情噺の傑作中の傑作」であり（立川志の輔 b79）、両親を助けるために身売りした後に買い戻されたお久は、救われて周囲にも幸福をもたらしたのであり、この点でユダヤ・キリスト教の「贖い」の概念とも通底している。この落語は「おちがない」とされるが（立川志の輔 b245, cf. 榎本滋民 b84ff., 山本進 a21）、文七とお久が夫婦として落ち着いた点で、「落ち着き」という落ちがあったとも言いうる。孔子の『論語』に言及している[2036 厩火事]において（cf. つだかつみ 92f., 瀧口雅仁 a25）、亭主の最後の言葉は自己中心的な我儘とも取れるし、照れ隠しとも取れるだろう。[2037 粗忽の釘]は粗忽者の代表作の1つであり、阿弥陀様の股ぐらから釘が出ているという落ちもある（cf. 瀧口雅仁 a159）。この「股ぐらから釘」は、「オチ」というより「サゲ」、いやむしろ、「ブラサゲ」と言えるかもしれない。

【飲食編】

[2038 饅頭怖い]

　友人が集まり、自分の怖いものについてしゃべっていると、松公があれこれを怖がる皆を馬鹿にし始めたので、皆が松公に「怖いものは何か」と詰め寄ると、妙に弱気になって、「実は饅頭が怖い」と打ち明けた。そこで皆は、色々な饅頭の名前を言って松公を怖がらせて笑うと、ついに松公はふとんをかぶって寝てしまった。さらに皆は、饅頭を買って来て、松公の枕元に山と積み上げてにんまりとしていたが、むくっと起き上がった松公は、「怖い、怖い」と泣き出しながらも、うまそうに饅頭

を次々と食べ始めた。騙されたと気づいた 1 人が松公に、「一体、本当に怖いものは何なんだ」と聞くと、松公は言った。「へへへ、ここらでお茶が一番怖い」(cf. 武藤禎夫 e407ff., 立川志の輔 b152f.)。

[2039 長屋の花見]
家賃の滞納が多い貧乏長屋の連中が、大家から一斉に呼び出され、家賃の催促と思いきや、酒も肴も準備するから皆で花見にでも行って景気づけしようと言われて、その気になった。しかし、大家は実は、酒の瓶はあるけれども中身がないから番茶を薄めて入れてあるとか、卵焼きに見えるタクアンや、かまぼこの代わりに大根の漬物も準備していると白状した。一同はあきれつつも、他人の酒にあずかれるかもなどと思って上野に向かい、毛氈（もうせん）がわりの筵（むしろ）を敷き宴会を始めるものの、一向に盛り上がらないので、大家の命令で月当番が酔ったふりをさせられた。大家が「どんな気分だ」と聞くと、その月当番は、「昨年の秋、井戸に落ちた時とそっくりだ。どんどん注いでくれ。……あっ、大家さん、近々長屋にいいことがありますぜ」と言い、皆の視線を集めると、こう続けた。「酒柱（ちゃかばしら）が立ちましたから」(cf. 京須偕充 a231ff., 立川志の輔 b160f.)。

[2040 時そば]
天秤棒を担いで歩くそば屋に口達者な客が来て、そばの出来上がりの速さから始めて、割り箸、丼、香り、熱さ、味を次々とほめた。勘定となって「16 文」だと言われると、客は小銭を取り出してそば屋の手へ、「1 つ、2 つ」と置き、8 つまで数えて突然、大きな声で、「何刻（なんどき）だい」と尋ねて、「へえ、9 つで」と言われると、「10、11、12、13、14、15、16」と銭を渡して立ち去った。この様子を陰から見ていた男は、その客が 1 文ごまかしていたことに気付き、翌晩早速、そばを食いに出かけると、そのそば屋は出来は遅く、何もかも今一で、せめて勘定で元を取ろうと思い、そば屋の手に、「1 つ、2 つ、3 つ、4 つ、5 つ、6 つ、7 つ、8 つ」と渡して、「何刻だい」と尋ねると、「へえ、4 つで」と言われた

ので、そのまま続けた。「5つ、6つ、7つ……」(cf. 武藤禎夫 e310ff., 京須偕充 a225ff., 立川志の輔 b164f.)。

[2041 禁酒番屋]
家中の者が酒で失敗をしたため、殿様が藩内に禁酒令を出して禁酒番屋を設け、酒の出入りを監視することにした。ある日、近藤という大酒飲みの家来が、酒一升を門内の自分の長屋に届けろと番頭に命じたので、困った番頭は菓子屋に扮して御門に来て、番屋の役人に、「菓子の御注文で近藤様の所へ」と説明したが、役人は大酒飲みの近藤のもとにお菓子はおかしいと思い、菓子折りを開けて中の酒を取り上げた。こうして、番頭は次は油の配達だと言ってみたが、やはり酒を取り上げられてしまった。二升も酒を取られて腹が立った番頭は、仕返しを思い立って変装し、番屋の役人に、「私は小便屋でございます。植木の肥やしにするための小便を入れた徳利を届けに参りました」と言うと、役人は味を占めているので、今度もまた酒が入っていると思い、生温かい徳利を取り上げて、その場で飲もうと口を付けた。咄嗟に役人が、「おえっ、けしからん」と言うと、番頭は落ち着いて答えた。「私は最初から小便だと申しました」(cf. 立川志の輔 b216f.)。

余りにも有名な [2038 饅頭怖い] は (cf. 田中敦 60)、饅頭で松公を怖がらせてやろうと思った友人が、一杯食わされたという落語であり、元々は中国の明末、17 世紀前半までに唐以来の笑話を集大成した『笑府』「巻十二日用部」の「饅頭」に由来する (武藤禎夫 e408, cf. 松枝茂夫 a162, b309, つだかつみ 158ff., 村山吉広 54f.)。「お茶をお酒 (おちゃけ) ……に見立てるのは有名」であるから (cf. 立川志の輔 b161)、[2039 長屋の花見] の落ちにおいて、「茶柱 (ちゃばしら)」の代わりの「酒柱 (さかばしら)」に「ちゃかばしら」とルビを振った。[2040 時そば] において、「九刻は二十四時、四刻は二十二時」であるから (京須偕充 a227, cf. 山本進 a 73, つだかつみ 8f., 立川志の輔 b236f.)、そば屋を騙そうとした軽率な

男は気が急って、結果として自分が騙されたことになり、急いては事を仕損じるという教訓落語にもなっている。［**2040 時そば**］が個人に対する戒めとなっているのに対して、［**2041 禁酒番屋**］は権力者に対する戒めとなっており、民草の汗の結晶である現物や金銭を徴収する権力者が暴戻になると、彼らの小便を飲まされる事態を招くという教訓落語である。

【空想編】

［**2042 あたま山**］
けちな男がサクランボを食べ、もったいないと思って種を吐き捨てずに飲み込むと、種は発芽して生長し、男の頭を突き抜けて桜の木となった。春になると、木は花を咲かせ、花見客が集まって騒ぎとなった。男が耐えきれなくなってこの木を引っこ抜くと、頭のてっぺんに大きな穴ができ、夕立の際に水がたまった。けちな男は、もったいないと思ってこの水を捨てずにおくと、そこに様々な魚が増え始め、釣り客や舟遊び客が集まり、大騒ぎとなった。こうして、我慢ができなくなった男は、自分の頭の池の中に身を投げてしまった（cf. 武藤禎夫 e36f., 立川志の輔 b22f.)。

［**2043 ぞろぞろ**］
参詣者の少ないお稲荷さんの近くにあるためか、老夫婦の出していた茶店ははやらず、軒先につるした草鞋さえ1足も売れないので、爺さんは婆さんに勧められて、賽銭を持ってお稲荷さんに行き、老夫婦が安楽に暮らせますようにと懸命に手を合わせて帰って来た。すると、雨になって1人の男が、道がぬかるものでと言って茶店に来て、売れ残りの1足の草鞋を買って行った。そして、また客がやって来て草鞋を求めたが、爺さんは品切れだと断ろうとすると、なんと天井からもう1足ぶら下がっていた。さらにまた客が来て草鞋を買うと、新しい草鞋が天井からぞろぞろ。老夫婦はお稲荷さんの御利益だと喜んだが、これを見ていた床屋の主人が同じようにお稲荷さんに行って手を合わせた。すると、客が

ぞろぞろやって来て、一番客が「髭をやってくれ」と言うので、主人が髭を剃ってやると、そこから新しい髭がぞろぞろ（cf. 京須偕充 a192ff., 立川志の輔 b26f.）。

[2044 死神]
金に困り首をくくる前の男に死神が現れ、金の儲かる仕事を教えてやると言った。死神はまず男に、病人についている死神が見えるようにまじないを掛け、それから、病人の枕元に死神がいたら手遅れだが、足元にいたら助かるから、呪文を唱えてその死神を追い払うことができると教えた。こうして、男が医者の看板を出した後、依頼が来て病人の部屋に入ると、死神が足元に座っていたので、呪文を唱えて病を治した。男は多くの病人を癒して大金持ちになったが、豪遊してしまい再び一文無しになった。そんな時、依頼を受けて江戸の大金持ちのもとに行くと、枕元に死神が座っていたが、金欲しさに一計を案じ、若者らを使って死神が居眠りしている間に寝床をくるっと回して、足元を死神に近づけた。すかさず男が呪文を唱えると、病人は全快した。こうして、男は大金を手にしたが、最初の死神に引かれて穴蔵に行くと、自分の余命を表すろうそくが短く、消えかかっているのを見た。死神は助けを求める男に、ろうそくを急いで継ぎ足すようにと言ったが、男は手がガタガタ震えて、うまくいかず、「ああーっ」（cf. 京須偕充 a148ff., 立川志の輔 b34f.）。

聞き手の想像力を掻き立てるという点で、[2042 あたま山] は「もっとも典型的な落語」であり（立川志の輔 b23, cf. 柳田國男 a200, つだかつみ 104f., 松田哲夫 141-153）、[2043 ぞろぞろ] は [2040 時そば] と同様に、人は他人と同じように試してみても、状況が異なれば同じようにはいかないという教訓落語である（cf. つだかつみ 8f., 46f.）。[2044 死神] は、三遊亭圓朝の作とも言われているが（立川志の輔 b35）、部分的にグリム童話の「死神の名付け親」に由来し（瀧口雅仁 a132, cf. グリム二 38ff.）、したがって、「死神を扱った落語は珍しい」と言われている（京須偕充

a151）。

【遊郭編】

［2045 明け烏］

時次郎という地主の若旦那が余りにも堅物なので、心配した父顔が、遊び人の源兵衛(げんべえ)と太助に内緒で頼み、時次郎をお稲荷様へのお籠もりに連れ出させた。2人に連れられて大門(おおもん)をくぐると、お稲荷様が吉原遊郭のことであると知らなかった時次郎は、花魁(おいらん)を見て騙されたと気づき、帰ろうとするが、2人は「吉原のきまり」で、出入りの数が違っていたら門番に捕まってしまうと脅し、思いとどまらせた。こうして、それぞれが花魁の部屋に入り、2人とは違って時次郎には18歳の絶世の美人が付くと、翌朝、時次郎は様子を見に来た2人になんと、「もう一晩お籠もりしたい」と言った。あきれた2人は、先に帰ろうとしたが、時次郎はすかさず言い返した。「先に帰ってごらん。大門で止められるから」（cf. 京須偕充 a13ff., 立川志の輔 b42f.）。

［2046 首ったけ］

吉原の遊郭の花魁である紅梅(こうばい)が、隣部屋で別の客と盛り上がっていたため、待ちくたびれた辰(たつ)は、若い衆を通して紅梅を呼び出し、文句を言っても、「帰るなら帰ったら」と言われたので、怒って真夜中に店を出た。歩いていると、ある店のくぐり戸が開いているので中に入ると、たまたま辰のことを知っている寝ずの番が、「うちの花魁の若柳(わかやぎ)が辰に岡惚れしている」ことを教え、若柳の部屋へ案内した。こうして、辰は若柳の所に毎晩通い始めたが、ある晩、吉原が火事になり、店から逃げ出してきた花魁のうちの1人が、お歯黒どぶに落ちて首まで泥まみれになってしまった。辰はその人を助けようと手を差し出したが、それはなんと紅梅だったので、「薄情な奴は助けねえ」と言ったが、紅梅は必死に助けを求めた。「薄情じゃないよ。今はこのとおり、お前さんに首ったけだよ」（cf. 武藤禎夫 e148, 立川志の輔 b50f.）。

[2047 五人廻し]
喜瀬川（きせがわ）という花魁が５人の客を取ったが、１人の相手をしている間、待たされている４人のうちの１人は苛立ち始め、通りがかった若い衆をつかまえて吉原のいわれを長々と講釈し、最後には怒鳴り付けた。この話を側聞したもう１人の客は、通人（つうじん）ぶって物分かりのいいことを若い衆に言い出したが、「女が来ないのなら玉代（ぎょくだい）を返せ」と遠回しに迫った。３人目の客は、逃げるような足取りの若い衆に付きまとって威張り散らし、４人目の客は、部屋の畳を上げたり、天井裏をのぞいたりして女を探していた。ところで、金の力で喜瀬川を独り占めしていた田舎のお大尽である杢兵衛（もくべえ）は、若い衆から他の客の事情を知ると、「喜瀬川が俺のそばにいられるのなら」と言って、若い衆に４人分の玉代として４両を渡して返金させることにした。すると、喜瀬川も何を思ったのか１両を所望し、受け取ってから杢兵衛に言った。「もらったらあたしのもんだろ。この１両あげるから、お前さんも４人と一緒に帰っておくれ」（cf. 立川志の輔 b54f.）。

［2045 明け烏］と［2046 首ったけ］と［2047 五人廻し］は、それぞれ意趣返し、言葉遊び、知恵比べとも言うべき遊郭落語である（cf. つだかつみ 24f., 122f.）。「おいらの（もの）という意味に由来するとされる」「花魁」とは（前田富祺 224f.）、「吉原の中で位の高い遊女」のことであり、「お歯黒どぶ」は、「遊郭を囲った遊女の逃亡を防ぐために設けたどぶ。遊女たちが使ったお歯黒を流したことからその名がついたと言われる」（瀧口雅仁 a337）。

ちなみに、種々の性描写を含む「艶笑落語……は、戦前では寄席でさえ演じるのが禁止され、ごく一部のお大尽が個人で噺家を呼んで初めて聞けた」（立川志の輔 b31）。また、「……艶笑落語は戦前では禁演落語として、高座にはかけられなかった。この時代、警官が寄席で監察をしたりして、きわどい噺になるとその場でストップをかけた」という（立川志の輔

第２節　古典落語のユーモア

b183, cf. 立川志の輔 b241, 246f.)。この「禁演落語」は 53 席あり、さらに、戦後の 1947 年には、「連合国軍最高司令官総司令部（GHQ）の民間情報部の指示に応じる形で、今度は軍国主義的、暴力的、敵討や婦女子虐待を描いた作品など 20 演題が新たに『禁演落語』に指定された」ものの「演じられていたようで、その指定はかなり緩いものであったと言われている」（瀧口雅仁 a312f., cf. 延広真治 a153）。

第3章　冗句のユーモア

　筆者が中学生の頃だったと思う。国語の授業で詩を学んでいて、ある生徒が、「紅色の夕日が……」という箇所を「べにいろのゆうひが……」と読んだため、先生が、「ちょっと、ちょっと待って、唇の色なら『べにいろ』でいいけど、夕日なら『くれない』と読んで『くれない』？」と言って教室を突然の大爆笑の渦に巻き込んだことが、いまだに忘れられない。このように学術的にも正確な内容で笑いを取れることは、秀逸な教育方法である。確かに、「くれない」色は、「暮れない」夕日の色として、暮れに泥む夕日の色として最適だろう。

　同じ頃だと思うが、学校で盗難事件が続き、放課後の終わりの会で担任の先生が、みんなの前で、「いいか、学校でお金を取られたことのある者は手を挙げてみろ」と言うと、実際に何人かの生徒が手を挙げた。そこで続けて筆者は、先生の声色を真似て、「では次に、学校でお金を取ったことのある者は手を挙げてみろ」と言ってみた。すると、近くにいた生徒らはくすくすと笑ってくれたことも、楽しい思い出である。

　20代半ばにアメリカに留学した時には、「彼（女）は私を笑わせてくれる（He/She makes me laugh）」という表現がプラスの人物評価であることを知った（cf. 大島希巳江 c57）。ある時、筆者を夕食に招いてくれた日本人家族の夫人が、自分の赤ちゃんを抱っこしたままこう紹介してくれた。「この子はまだ『ママ』としか言えなくて。だから、私は毎日この子に、『この世で最も美しいのはだあれ？』って聞いてるの！」。確かに、この夫人は渡米後間もない私を笑わせてくれた。

　その後20代後半にイギリスで学んでいた時は、日本から一時的にイギリスに来た友人が、ロンドンの地下鉄でプラットフォームから乗車する際に、横に並んでいた見知らぬ人から、「Mind the Jap!『日本人に気を付け

ろ！』って言われた」と笑いながら話してくれた。ロンドンの地下鉄では、プラットフォームと列車の間に場所によってはかなりの隙間があるため、構内放送で Mind the Gap!「隙間に注意！」という低く野太い男性の音声が繰り返し流されている。Jap とは蔑称であるが、これは音声的に似ている Gap と掛けた冗句であり、ロンドンなどの観光地に蝟集する日本人に対する皮肉でもある。このような場合、相手がイギリス人と思しき人なら、OK, UK! と言い返せばいいだろう。こうして、相手がこちらの冗句を笑ってくれたら、新しい世界が始まるかもしれないが、険悪なムードになれば、それは地獄が始まったのである。

第1節　邦語冗句のユーモア

　邦語で「冗句」とは、「ジョークのことではない」とも言いうるが（筒井康隆 209）、「むだな句、不必要な句」であるだけでなく、「(joke の当て字として用いたもの）ふざけた文句、冗談の文句」でもあるから（新村出 1371）、ここではこの広義で使用する。それは、「ユーモア」が「幸福な人だけが笑うもの」とされ、「笑い話」が「自分の身に降りかからない不幸」とされても（筒井康隆 574, 617）、迫害下の不幸な人も、自分の身に降りかかった不幸を笑い話にできる広い料簡を持つのと同様である（本書第1章第1節）。

　確かに、「ジョーク」とは、「冗談、しゃれ」（新村出 1403）、joke とは、「冗談、戯れ、おどけ（jest）、悪ふざけ、いたずら、笑いごと、笑いぐさ、物笑いの種、取るに足りないこと、ばかげたこと、容易なこと、朝飯前のこと」とされているように（高橋作太郎 1273f.）、これらの概念は、日々規則的に反復される生活様式や作業工程を超えた広範囲の遊びを指し示している。したがって、例えば商談や会議など、仕事の最中に冗句が挟まれるなら、それは平日の間に挟まれた祝日のようなものであり、仕事を活性化し、日々必要とされる栄養素や潤滑油の役割も果たすだろう。

　ユーモア学の泰斗であり、『ジョーク・ユーモア・エスプリ大辞典』

(2004年) や『ユーモア大百科』(2004年) などの著作で知られる野内は、愚かさ、権威、体制、自己を対象とする笑いと、日本や特定のエスニック集団を対象とする笑いを含む冗句を通して、「(1) 別の視点で見ることの大切さ (2) 想像力を羽ばたかせることの大切さ (3) 遊び心を持つことの大切さ」を強調している（野内良三 c4, cf. 野内良三 c13-119）。かく言う冗句は、「(1) 状況を設定する（導入部）(2) 思い込みへ誘導する（展開部）(3) 意外性を目撃する（落ち）」からなる比較的短い話であり、「パンチ・ライン」とも呼ばれる「落ち」とは、「滑稽なひねり」のことである（野内良三 c15, cf. 小泉保 45f., 126f.）。小泉が解説しているように、「パンチはボクシングにおける一撃である。ジョークの落ちにはまったとき、思わず『やられた！』と叫ぶのは、パンチ（痛打）を受けて打ちのめされたという敗北の宣言であるが、解放感によるさわやかな笑いを伴うものである」（小泉保 47）。

このような解放的側面を含めて野内は、4つの機能に言及して、冗句には家族、仲間、学校、職場、共同体などの人間関係やその場の雰囲気を和ませるという社会的機能、相手を笑うことによる優越感を感じるという攻撃的機能、自分を笑いものとして相手の攻撃を回避するという防衛的機能、いわゆるテロ、エロ、ゲロといった通常忌避される話題を滑稽化して語るという解放的機能があるとしている（cf. 野内良三 c16ff.）。したがって、「ジョークは道徳や倫理とはいちおう無関係である」と言われる（野内良三 c27, cf. 野内良三 c125f.）。

フランス文学やレトリックを専門とする野内は、フランスのエスプリが、「反省的な笑いであり、意識的、知覚的、理知的である。エスプリは機知、風刺、皮肉、嘲笑に通じる」とするが（野内良三 c135）、ユーモアは逆に、「知性よりはむしろ感性に深くかかわる」ものであり（野内良三 c132）、「ジョークは感性と知性の両方に関わっている。というよりはむしろこの二つの活動を集約する能力、あるいは表現能力だ」としている（野内良三 c136, cf. 野内良三 a8ff., b7ff., c127f., 131）。他方で野内が、ユーモア、エスプリ、ジョークは截然と分類できるものではなく、「便宜のために全

第1節 邦語冗句のユーモア

体をジョーク、あるいはユーモアの名で呼ぶことは許されるだろう」としているように（野内良三 b10）、本書も、この便宜上の広義でこれらの用語を活用することにする（cf. 本書序章第 1 節）。

　野内の本のうち、『ジョーク力養成講座』（2006 年）の大尾で彼が総括していることは、本書にとっても重要な視点である（野内良三 c200）。

> 視点をずらして見るとき物事は違って見えてくる。ジョーク力はアイデアの源である。そしてまた生きる元気の源でもある。ジョーク力は人生への補助線である。苦しい時、悲しい時、辛い時こそ笑いが必要だ。笑いを生み出すジョーク力、それは人生を楽しむ知恵の源である。

　このように「人生を楽しむ」ために、まず各場面ごとに冗句を笑覧し、その都度ユーモアの特徴や構造を分析してみよう。

【家庭】

［3001 入れ歯とお目々］

おばあちゃんが入れ歯を出して洗っているところを初めて見た孫が、驚いて言った。「おばあちゃん、今度は、お目々を出して洗うところを見せて！」（朝日新聞「いわせてもらお」, cf. 加藤尚武 b156）。

［3002 三度目の願い］

おばあちゃんが孫に、「いいかい、おばあちゃんが誰かに同じ話をし始めたら、おばあちゃんにこっそりと教えてね」と頼むと、孫は言った。「おばあちゃん、そのお願いを私に言うの、もう三度目だよ」（cf. おおばともみつ 86f.）。

［3003 1 人逆走］

親族全員からしきりに運転免許の返納を求められていたおじいちゃんが、いつものように愛車で片側二車線の広い道路に入り、猛スピードで楽し

く運転していたが、突然叫んだ。「大変だ。俺の車以外のすべての車が逆走しているぞ！」（cf. 野内良三 b145, 田中紀久子 190, 中野清治 77, 烏賀陽正弘 b42, 松﨑俊道 82, 井坂清 163f., シルバータウン 30f.）。

[3004 髪の毛の数]
10 まで数えられるようになった孫が、おじいちゃんに言った。「これでおじいちゃんの髪の毛が何本か言えるよ」（cf. 野内良三 b84）。

[3005 毛皮の交換]
小学校の理科の授業で、毎年毛皮を取り替える動物がいることを習った孫が、おじいちゃんにそのことを嬉々として教えると、おじいちゃんは孫に小さい声で言った。「そのことをおばあちゃんには絶対に言わないでね」（cf. 野内良三 b84）。

[3006 ロックスター]
子どもから、「僕、大人になったら、ロックスターになりたい」と言われた母は、すぐにこう答えた。「どちらか 1 つにしなさい」（cf. 大島希巳江 e126）。

[3007 扇子の使い方]
節約家の母が子どもに扇子を買ってあげて、厳重に注意した。「あのね。扇子が長持ちするように、扇子を動かさずにじっと持ったまま、顔を左右に激しく動かすのよ」（cf. 東森勲 100, 小泉保 90f.）。

[3008 おなかの中の赤ちゃん]
小さな女の子がたまたま公園のベンチで隣り合わせた妊婦に、「どうしておなかが大きいの？」と聞くと、「大切な赤ちゃんが入っているのよ」と言われたので、さらに聞き返した。「どうして大切な赤ちゃんを食べちゃったの？」（cf. 橘田重男 53, ダヴィッド 39f., 田中紀久子 64,

Johnson15)。

[3009 卵の中のヒヨコ]
幼い娘がテレビを見ていて、母に尋ねた。「ママ、このヒヨコ、卵を割って出て来たけど、初めはどうやって中に入ったの？」(cf. 野内良三 b156f.)。

[3010 保険をかけているパパ]
母親から、「この海は深いから泳いじゃダメ」と言われた子どもが、「じゃあ、なんでパパは泳いでいるの？」と聞くので、母親は正直に答えた。「パパは保険に入っているからよ」(cf. 宮原盛也 189, 丸山孝男 160, 北村元 194, 野内良三 b89, 豊田一男 b85f.)。

[3011 いらないお母さん]
5歳の子がお留守番をしていたら、お母さんの友達から電話がかかってきて、「お母さん、いる？」と聞かれて、こう答えた。「いらなーい」(cf. 葛西文夫 45, 東森勲 64, 松﨑俊道 38)。

[3012 ケーキ3つ]
幼稚園の女の子がケーキ屋さんでお母さんから、「どのケーキにする？」と聞かれて、「これとこれ」と言うので、お母さんが、「2つはダメよ」と言い添えると、その子はすぐに言った。「じゃあ、これとこれとこれ」(cf. 松﨑俊道 39)。

[3013 猿真似]
ある家庭で飼っていた猿が、何でも悉く人の真似をするので、ある日、その家の主人が家族全員と出かける際に、猿のみを部屋に残して扉を閉め、そっとその鍵穴から部屋の中の猿の様子をのぞき込んでみた。すると、猿も鍵穴の向こう側からこちらをのぞき込んでいた（cf. 加藤尚武

b125, 松田道弘 16)。

[3014 電球交換]
ある国の家庭で高い天井の電球を取り替えてもらうために電器屋さんに来てもらったが、取り替える際、1人は手を伸ばして切れた電球をつかみ、後の4人がその人の乗った椅子を持ってぐるぐると回して外し、同様にして新しい電球をはめ込んだ（cf. 小泉保 85ff., 野内良三 c152, 宮平望 a111f., 松田道弘 183, 豊田一男 b139)。

[3015 歯の専門医]
「将来は歯の専門医になるべきか、耳の専門医になるべきか」と悩んでいた息子に母親が助言した。「歯の方にしておきなさい。耳は2つしかないけど、歯は誰でも数十本はあるわ」（cf. 森浩二 134, 丸山孝男 247, 野内良三 a339, c220, 東森勲 99)。

[3016 パパの写真]
夕食後にアルバムを見ていた小さい娘が、1つの写真を指差して、「ねえ、ママ、このかっこいい男の人は誰？」と聞くと、「あなたのパパよ」と言われたので、聞き返した。「じゃあ、いつも家でごろごろしているデブでハゲの男の人は一体誰なの？」（cf. 野内良三 a40f.)。

[3017 パパとゴリラ]
「ママ」としか言えなかった赤ちゃんが、今や「パパ」と言うようになったので、ある日、ママは長期出張後のパパをつかまえてそのことを教えると、パパが「いつ？」と聞くので答えた。「動物園でゴリラを見た時よ！」（cf. 野内良三 b86)。

[3018 猿に失礼]
幼稚園児の息子を休日に動物園に連れて行ったお母さんは、息子が「こ

の猿、パパにそっくりだね」と大声で言うので、「そんなこと、言っちゃだめよ」と注意したが、息子は言い返した。「大丈夫だよ。猿には分からないから」(cf. 野内良三 b154)。

[3019 犬と息子]
父親がサプライズで大きな犬を小さな息子の前に連れて来ると、息子が言った。「ねぇパパ。この犬、ぼくへのプレゼントなの？ それとも、僕がこの犬へのプレゼントなの？」(cf. 野内良三 b157)。

[3020 交通渋滞]
高速道路で渋滞に巻き込まれて、運転していた父親が「やれやれ」と言うと、幼い息子が父を慰めた。「パパ。止まっている車がみんな一緒に動き出すといいのにね」。

　以上の冗句におけるユーモアの成立要件、つまり面白さの原因は、幾つかのグループに分類することができる。[3001 入れ歯とお目々] は、歯から目へと視点を飛躍的に応用する点にあり、[3005 毛皮の交換] も、毛皮を取り替える動物から毛皮のコートを取り替えかねないおばあちゃんへと視点を飛躍的に応用し、[3002 三度目の願い] と [3003 1人逆走] は、それぞれおばあちゃんとおじいちゃんの無知に基づいている。同様にして、[3000 おなかの中の赤ちゃん] と [3009 卵の中のヒヨコ] は、無知な事柄に対する童心的類推や疑問に基づいている。
　[3004 髪の毛の数] は、孫の知的成長という肯定的要素とおじいちゃんの肉体的老化という否定的要素の対比であり、[3017 パパとゴリラ] も、パパと呼ばれた肯定的要素とゴリラに同定された否定的要素の対比であり、ここにロックスターに対する肯定的評価を抱く子と否定的評価を持つ母の対比を描く [3006 ロックスター] を入れることもできるだろう。[3007 扇子の使い方] は、相対的な位置把握に基づく逆転の発想であり、それより大規模な例が、[3014 電球交換] である。ちなみに、[3007 扇子の使

い方］は、古典落語の「しわい屋」に由来する（cf. 興津要 c 上 178, 延広真治 a90, 武藤禎夫 e230）。

　［3010 保険をかけているパパ］や［3015 歯の専門医］が、打算的な大人の事情を記しているのに対して、［3018 猿に失礼］や［3019 犬と息子］は、人間中心の思考方法を持つ大人とは異なり、動物も視野に入れる思考方法を持つ童心が強調されている。［3013 猿真似］も、生物学的に人間に近い猿という動物の視点を取り入れたものである。

　［3011 いらないお母さん］は、「いる（居る、要る）」という多義語の誤解に基づく正直な童心の暴露であり、［3016 パパの写真］は、大人の理解とは異なる正直な童心の暴露である。［3012 ケーキ３つ］は、大人とは逆の発想をする純真な童心であり、［3020 交通渋滞］も、非現実的であるにもかかわらず、純朴な童心を表している。

　さらに、これらの特徴をまとめるなら、論理の飛躍、無知に基づく言動、肯定否定の対比、逆転の発想、大人の下心、動物などの他者の視点、多義語の誤解、大人の常識を打ち破る童心と言えるだろう。

【教育】

［3021 歩き回る男の子］
　娘の小学校で授業中にいつも歩き回っている男の子について、娘のお母さんが気になって、「あの落ち着きのないジミー君は、ジミー・何君なの？」と娘に聞くと、娘が答えた。「ジミー・シットダウン君よ。いつも先生がそう呼んでるよ」（cf. 森浩二 173）。

［3022　8の半分］
　算数の授業で先生が、「8の半分は？」と聞くと、ある生徒が答えた。「水平なら0で、垂直なら3です」（cf. 田中紀久子 97, 豊田一男 b313）。

［3023 残りのハエ］
　算数の授業で先生が、「窓にハエが5匹いましたが、先生が1匹を叩

きました。さて何匹残っていますか?」と聞くと、ある生徒が答えた。「その1匹がつぶれて残り、あとの4匹は飛んで行きました」(cf. 丸山孝男 180, 田中紀久子 98)。

[3024 宿題と罰]
ある生徒が先生に、「僕が何もやっていないのに罰を受けることってありますか?」と聞いて、「もちろんないよ」と言われると、こう答えた。「よかった。僕、宿題をやっていないんだ」(cf. 郡司利男 b91, 加島祥造 b111f., 加藤尚武 b178, 田中紀久子 110, 豊田一男 b397)。

[3025 歴史の授業]
歴史の授業で先生が、「1483 年はルターの生まれた有名な年ですが、では 1487 年は?」と聞くと、ある生徒がこう答えた。「そのルターが4歳になった年です」(cf. 丸山孝男 199, 田中紀久子 115, 豊田一男 b32f., 井坂清 122f.)。

[3026 理科の授業]
理科の授業で先生が、「人間に一番近い動物は?」と聞くと、ある生徒がこう答えた。「ダニと、ノミと、シラミです」(cf. 中野雄一郎 41)。

[3027 遠足の日の朝]
翌日の遠足を楽しみにして床に就いた小学生が、案の定、早起きしてしまい日記に書いた。「今日の朝、起きたら、夜だった」。

[3028 忘れっぽい教授]
老教授が新入生の最初の講義で念を押した。「いいか、私は3つのことをよく忘れる。1つ、学生の名前、2つ、学生の顔、3つ、……3つ目は忘れた」(cf. 加島祥造 b254f.)。

[3029 頭顎骨の年代特定]
大学博物館の学芸員が、「この頭蓋骨は50万3年前の物です」と解説すると、学生から、「どうしてそんな細かい年代まで特定できるのですか？」と聞かれたので、正直に答えた。「私が3年前に前任者から引き継いだ時に、それが50万年前の物だと教えられたからです」（cf. 野内良三 a159）。

[3030 ミロのビーナス]
大学博物館の学芸員が、爪を嚙む癖の直らない小さな娘に、「ミロのビーナス」の複製展示物を見せて、注意した。「いいか、肩の所を見てごらん。爪を嚙んでいるといずれああなるんだ」（cf. 野内良三 a330f.）。

[3031 メス教授]
女性人材活用法のおかげで採用され、今や女性教授となった教員に対して、ある若手准教授が常日頃から陰で「メス豚」と呼んでいることがばれて、ハラスメント委員会の調査対象となり、「女性教授をメス豚と呼んだこと」で降格処分されることになった。調査の中で、その准教授は「メス豚をメス教授と呼ぶことは問題ないのか」と問いただすと、ハラスメント委員会から「問題ない」との回答を得たので、その後、その女性教授を「メス教授」と呼んだ（cf. 野内良三 b360）。

[3032 世界記録]
世界記録を狙う100メートル競走の学生チャンピオンが、試合前日に高熱を出してしまい病院に駆け込むと、医者から、「40度を超えていますので、明日の試合は難しいかもしれません」と言われたので、聞き返した。「高熱の世界記録は何度ですか？」（cf. 永島道男 194f., 宮原盛也 89）。

[3033 中途断念]
ある水泳選手が「学生時代の記念に」と英仏海峡横断遠泳に挑戦したが、

半分まで来た所で力尽きて引き返すことにして、スタート地点に向かって泳ぎ始めた（cf. 野内良三 a94f.）。

[3034 諺の混乱]
小学校で老いた先生が諺を懸命に教えていた。「猿も筆の誤り。弘法も木から落ちる」（cf. 筒井康隆 87）。

[3035 馬の数え方]
普段は競馬にしか興味のない父親が、珍しく子どもに数え方を教えていた。「いいか、馬の数え方は、一着、二着、三着だ」（cf. 松﨑俊道 103）。

これらの冗句も、発想の豊かさを種々の形態で示している。[3021 歩き回る男の子] は、「ジミー・シットダウン（ジミー、座りなさい）」と言われている男の子の名前をそのままお母さんに伝えた娘の話であり、英語圏の学校で「シットダウン」という表現を知らない生徒はいないと思われることを考慮するなら、これは娘による意図的なユーモアとも取れる点で、大人の発想を凌駕する子どもの知恵が記されている。同様にして、算数の時間に図画の視点を取り入れたのが、[3022 8の半分] であり、[3023 残りのハエ] は、生態の視点を取り入れている。こうした冗句は1つの現実には多様な側面があることを示しており、[3035 馬の数え方] は、競馬という大人の視点を交えたものである。

[3026 理科の授業] は、「近い」という多義語の誤解または曲解に基づくものであり、[3025 歴史の授業] も一般史を個人史に誤解または曲解したものであり、常に画一的な正答や正当を求める権威に対する抵抗という側面をここに読み取るなら、こうした抵抗は、[3024 宿題と罰] や [3031 メス教授] にも見られる。[3027 遠足の日の朝] は、「朝」という客観的事実に対して「夜」のような暗さを主観的感覚として表現し、客観に対する主観の優先性を強調する点で、客観的事実を強調する教育に対しては抵抗の表現でもある。

逆に、[3028 忘れっぽい教授] や [3029 頭顎骨の年代特定] や [3034 諺の混乱] は、教育者自身の意図的なユーモアとすれば、権威否定的な事例であり、[3030 ミロのビーナス] は、その乱用である。[3032 世界記録] と [3033 中途断念] は、優秀なアスリートの常軌を逸した熱意ある実力を遺憾なく表現している。

このように、教育という場面では、教育を受ける側である子どもの視点が重要であり、老教師の年相応の現状も興を添えており、優秀なアスリートと共に平均的・客観的な制度に異議を唱えている。

【医療】

[3036 アヒルのおもちゃ]
認知症の老いた父と同居している男が、病院に来て医師に、「先生、父が風呂の中でおもちゃのゴムのアヒルをガーガー鳴かせて遊ぶようになってしまいました」と相談すると、「それくらい大丈夫ですよ」と言われたので、言い返した。「いや、大丈夫じゃないんです。それは私のアヒルなんですから」(cf. 田中紀久子 143)。

[3037 死亡診断書]
医長が助手に注意した。「おい君、この死亡診断書の原因の欄に君の名前が署名されているぞ」(cf. ジップ 23, 松田道弘 30, 田中紀久子 144)。

[3038 外科手術]
医長が助手に注意した。「いいか、外科手術の際に手袋をはめるのは、感染上の理由じゃない。自分の指紋を残さないためだ」(cf. 野内良三 a142, c33f, 松田道弘 29)。

[3039 貧血の治療]
貧血気味の女性が病院で医者に、「朝起きて 30 分ほどは、頭がフラフラします」と言うと、医者はこう答えた。「明日から 30 分遅く起きなさ

い」(cf. 田中紀久子 144)。

[3040 回虫退治]
ある人が薬局に行って虫下しを求めると、「大人用ですか、子ども用ですか？」と聞かれたが、困ってしまってこう答えた。「すみません。おなかの回虫が成虫なのかどうか分かりません」(cf. 田中紀久子 146)。

[3041 初めての手術]
患者が医者に、「生まれて初めての手術で心配です」と言うと、医者もこう答えた。「お気持ちは分かります。私も生まれて初めての手術ですので」(cf. 森浩二 180, 加島祥造 b260, 丸山孝男 215, 田中紀久子 146, 豊田一男 b58)。

[3042 痛みの発端]
体のあちこちに痛みを感じて病院に急行した人が、医者から、「どの辺りから痛みが始まりました？」と聞かれて、こう答えた。「会社を出て電車に乗った辺りからです」(cf. 田中紀久子 152)。

[3043 定期健診]
定期健診を受けた患者に、医者がカルテを見ながら言った。「困りましたね。あなたの体重だと、本来は身長が2.8メートルないといけないんですよ」(cf. 田中紀久子 153f.)。

[3044 お酒で治療]
検診に来た患者に医者が、「お酒を飲みますか？」と聞くと、患者は嬉しそうに答えた。「ありがとうございます。いただきます」(cf. 田中紀久子 156)。

[3045 別の医者]
医者から、「あなたの余命は 3 か月です。会っておきたい方はいますか？」と尋ねられた患者は、すぐに返答した。「別のお医者さんです」（cf. 丸山孝男 214, 野内良三 a286f., 中野雄一郎 44, 松﨑俊道 30）。

[3046 幽霊屋敷]
幽霊屋敷に案内された人が、そこの怪しげなアル中の管理人に、「幽霊はいつごろ出ますか？」と聞くと、こう言われた。「だいたい、強いお酒を 5、6 杯飲んだころかな」（cf. 田中紀久子 249）。

[3047 膝の治療]
医学部の外科の教授が医学生に、ある患者の膝のレントゲン写真を見せながら、「このように片足の膝に水がたまっているから、患者は足を引きずって歩いている。こういう症状の場合、君ならどうする？」と聞くと、医学生はこう答えた。「ぼくもやっぱり片足を引きずっちゃうと思います」（cf. 宮原盛也 136）。

[3048 医学生のカンニング]
医学部の学生が試験の時にカンニングをしているところを見つけられ、停学処分を受けた。試験中に自分の肋骨の数を数えていたからである（cf. 丸山孝男 182f., マギー 69）。

[3049 アル中の蚊]
初夏、ある患者がアル中で入院しても、隠れて酒を飲んでフラフラになっていたが、彼を刺した蚊も、アル中で真っ赤になってフラフラと飛んで行き、やがて力尽きた。急性アルコール中毒である（cf. 豊田一男 b353）。

[3050 食べている所]

パリの歯科医が、高級品を身にまとった女性患者に、「どちらのほうで食べているんですか？」と聞くと、こう返された。「シャンゼリゼのほうです」(cf. 野内良三 a135)。

[3051 肥満のゴルファー]

肥満解消のためにゴルフを勧められた患者が医者の所に戻って来て、苦情を伝えた。「先生、ボールを置いて構えると、おなかが邪魔してボールが見えないんです」(cf. 野内良三 a136)。

[3052 死体解剖]

ベテランの外科医が助手に、「この手術はうまくいったと思うか」と確認すると、助手は驚いて答えた。「えっ、手術だったんですか？ 死体解剖ではなかったのですか？」(cf. 野内良三 b322)。

[3053 睡眠薬]

医者から「その程度の不眠症なら、2週間分のお薬で大丈夫です」と言われた患者が、医者に聞き返した。「先生、私には日々欠かせない仕事があるので、2週間も眠り続けることはできません」(cf. 野内良三 b324)。

　人命を扱う医療機関は、権威や金脈と関係しうる場として冗句の対象となり、医療側においても患者側においても、時として病的なまでに滑稽な状況が揶揄される。
　[3036 アヒルのおもちゃ] は、高齢と思われる親子共通の玩具癖というギャップを示し、**[3037 死亡診断書]** や **[3038 外科手術]**、また **[3039 貧血の治療]** や **[3052 死体解剖]** は、ミスの許されないはずの診断や手術におけるミスや、いい加減な診断の可能性を示唆する点で、権威に対する嘲笑を描いている。セカンドオピニオンを求める **[3045 別の医者]** も、

医者なら誰もが経験する［3041 初めての手術］も同様である。
　このように、権威をまとう医療側と患者との間には、コミュニケーションの齟齬が生じており、［3040 回虫退治］や［3042 痛みの発端］、また［3044 お酒で治療］や［3050 食べている所］は、さらには［3053 睡眠薬］も、二重の意味を持つ表現に対する応答において、両者の関心事の決定的相違を代弁し、［3047 膝の治療］と［3048 医学生のカンニング］は、医学教授と医学生の間にも一段と深遠な格差があることを印象付けている。逆に［3049 アル中の蚊］は、アル中患者と彼によって犠牲になった蚊との大きな懸隔を示している。
　［3043 定期健診］が医者の横柄さを描いているのに対して、［3046 幽霊屋敷］は患者の横柄さを強調しているが、［3051 肥満のゴルファー］は、医者も患者も共に症状に対して無知な笑態が想定されている。
　医療は誰もがいずれ患者として経験する世界であるが、格差構造の中で未知な領域が多い分、人の不安や誤解を醸成し、ユーモアのインパクトもそれに対応している。

【エアライン】
［3054 高さと位置］
　管制塔から、「そちらの高さと位置を教えてください」と聞かれたので、機長は応答した。「高さは1メートル75センチ、位置はコックピット内の左座席です」（cf. 松田道弘 70, 東森勲 98）。

［3055 医者とパイロット］
　飛行中に機長が、「お客様の中にお医者様がおられましたら、至急コックピットまでお越しください」とアナウンスすると、1人の医者がコックピットに向かい、ほどなくしてアナウンスした。「お客様の中にパイロットがおられましたら、至急コックピットまでお越しください」（cf. 米原万里 124f., 田中紀久子 118）。

[3056 私の飛行機]
ある男がタクシーに乗って、「空港まで急いでくれ。飛行機は 14:15 発なんだ」と頼むと、運転手から、「そりゃーもう時間的に無理ですよ」と言われたので、こう告白した。「無理じゃない。私がその飛行機のパイロットなんだ」(cf. 田中紀久子 128)。

[3057 財布のひも]
スリが多いことで有名な地域の空港に飛行機が間もなく到着することになり、機内アナウンスが流れた。「搭乗機は間もなく空港に着陸いたします。シートベルトと財布のひもをしっかりとお締めください」(cf. 田中紀久子 200)。

[3058 荷物だけ無料]
大きな荷物を抱えた男が、タクシーをつかまえて、「空港まで行きたいんだけど、この荷物に料金はかかる？」と聞くと、「荷物にはかかりません」と言われたので、こう頼んだ。「それじゃあ、荷物だけ運んでおくれ。私は走って行くよ」(cf. 丸山孝男 244, 田中紀久子 212, 豊田一男 b166)。

[3059 乗客 2 割減]
家族で旅行計画を立てている時に、父親が皆に提案した。「これからは、飛行機旅行はやめよう。昨年は、どの航空会社も乗客の 2 割を失ったらしい」(cf. 田中紀久子 235)。

[3060 ヘリのプロペラ]
ある家族が初めてヘリコプター遊覧飛行に参加したが、離陸して少したつと、おばあちゃんが声を振り絞って操縦士に頼んだ。「あのー、少し寒いので、屋根の上で回っているあの大きな扇風機を止めてください」(cf. 田中紀久子 235f.)。

[3061 ロンドン便]
国際線飛行機のコックピットで、ハイジャック犯が機長に拳銃を突き付けて、「ロンドンに行け。今すぐロンドンに針路を変えろ」と怒鳴ったが、パイロットは冷静に対応した。「落ち着いてください。この便はロンドン行きです」(cf. 立川志の輔 a25, 51, 大島希巳江 d9, e140f.)。

[3062 スーパーマン]
プロボクサーのモハメッド・アリが、旅客機でCAにシートベルト着用を求められて、「スーパーマンにシートベルトはいらない」と言うと、CAはこう切り返した。「スーパーマンに飛行機はいらないんじゃない？」(cf. ホーリー 97, 井坂清 179f.)。

医療機関が人命を扱うとするなら、同様にしてエアライン業界は人命を預かる緊張感に満ちた場であるが、それゆえに冗句の対象にもなる。
　[3054 高さと位置] は、二重の意味を持つ表現に対する応答において、両者の関心事の決定的相違を代弁しているが、管制塔とコックピットの間のコミュニケーションの機能不全が時として致命的な結末を招来するという深刻な事態を背景にした冗句であり、[3055 医者とパイロット] は、機体の緊急事態を徐々に客席と共有することで、その結末を自己発見的に、事故発見的に類推させている。[3059 乗客2割減] も、航空機事故という深刻な過去があっての冗句である。
　[3056 私の飛行機] は、大型の飛行機を悠揚と操縦するパイロットが、小型のタクシーで慌てて駆け付けるという対比を際立たせており、逆に [3061 ロンドン便] は、慌てるハイジャック犯と冷静沈着なパイロットの姿を対比させている。
　こうした緊張感とは対照的に、能天気な乗客を描いているのが、[3058 荷物だけ無料] や [3060 ヘリのプロペラ] や [3062 スーパーマン] である。特に、[3060 ヘリのプロペラ] は限定的経験に基づく拡大解釈で

あり、[3058 荷物だけ無料] は、前提を無視した結末のみの悪用の試行である。また、[3062 スーパーマン] と [3057 財布のひも] は、逆捩じを食らわす CA の気丈さと、乗客への配慮とユーモアに満ちた CA の仕事ぶりを物語っている。

ある種の非日常を演出するエアライン業界は、人々の日常における隠然とした異常性をあぶり出すこともあり、限界状況における人間の異常性が後日談としてはユーモアにも転換可能であることを示唆している。

【会社】

[3063 遠距離通勤]
両親の介護があって、毎日新居地の京都から新幹線「のぞみ」で新横浜駅前の会社に真面目に遠距離通勤している会社員が、会社のトイレに掲示された健康ニュースのポスターを見てあきれた。「『1つ前の駅で降りて会社まで歩きましょう』って！ 俺に名古屋駅から新横浜駅まで歩けと言うのか！」。

[3064 仕事と余暇]
余暇のために仕事をする人もいれば、仕事のために余暇をとる人もいる。

[3065 上司への思い]
ある会社で無記名の自由記述アンケートがあり、「あなたは、たまたま狭い会議室で、ライオンと、わにと、会うたびに噛み付くようにうるさい上司と一緒になりました。あなたは拳銃を持っていますが、弾は2つしかありません。さてどうしますか？」という問いに、こういう回答があった。「私はその上司を二度撃ちます」（cf. 丸山孝男 227, 早坂隆 a193, d153, 野内良三 c40, 松田道弘 215）。

[3066 不人気な話題]
女性が会話で彼氏からしてもらいたくない話題ワーストスリー。第三位、

野球の話。第二位、会社の話。第一位、会社で野球をした話（cf. 早坂隆 b201f., e183f.)。

[3067 パソコン2台で仕事]
あるサラリーマンがパソコンを買いに行くと、店員から、「このパソコンを使えば、仕事が半分になりますよ」と勧められて、こう言った。「このパソコンを2つください」(cf. ジンベ 110, 丸山孝男 68, 野内良三 a344, 中野雄一郎 111, 東森勲 30, 210, 早坂隆 e51, 松﨑俊道 81)。

[3068 イエスマン]
ある会社の部長が、部下全員を集めて言った。「いいか、私はイエスマンを好まない。私が『ノー』と言った時には、『ノー』と言え」(cf. 松田道弘 170, 田中紀久子 125, 豊田一男 b398, 井坂清 133)。

[3069 会社の都合]
最近、若くして退職した人が、友人から、「なんでやめたんだ？」と聞かれて、溜息まじりに言った。「俺の方は会社に不満はなかったんだけど、会社の方が俺に不満があったみたいだ」(cf. 松﨑俊道 64)。

[3070 新入社員の行方]
4月になって1週間、部長から、「そっちの様子はどう？」と聞かれた課長が、「新しいシステム・エンジニアを探しているんです」と答えると、「えっ、先週雇ったばかりじゃないか」と驚かれたので、こう答えた。「そいつを探しているんです」(cf. 丸山孝男 13, 宮原盛也 54f.)。

[3071 満員電車の効用]
新入社員が同僚から、「君のスーツ、クリーニングでプレスしたみたいにきれいだね」と言われて、ほほえんだ。「満員電車で前後左右からプレスされたからね」(cf. 加島祥造 b254)。

[3072 電気自動車]
ある会社の技術者が史上初めて電気自動車を発明し、10 キロほど走らせることに成功したが、延長コードが 10 キロも必要だった（cf. 加島祥造 b258, トーマ 104）。

良くも悪くも、会社は社会の縮図であり、社会は会社の拡張である。良ければ好循環となり、悪ければ悪循環となる。リモートワークの拡充と共に労働形態の多様性が増す中で、[3063 遠距離通勤] は、そうした時代に遅れを取っている会社組織に抗議しており、[3064 仕事と余暇] は、仕事と趣味が同一の人は別として、個人より組織を優先する会社文化に警鐘を鳴らしている。こうした組織人に対する嫌悪は、[3065 上司への思い] や [3066 不人気な話題] や [3068 イエスマン] に具体化されており、会社員のしたたかな抵抗は、[3067 パソコン 2 台で仕事] や [3069 会社の都合] や [3070 新入社員の行方] で表現されている。

[3071 満員電車の効用] は逆境を順境に転換する発想であり、[3072 電気自動車] は、物事の揺籃期の出来事が、時代を経てユーモアになりうることを示している。

【社会】

[3073 共犯者と弁護士]
犯行中の犯人を助ける人は、「共犯者」と呼ばれる。犯行後の犯人を助ける人は、「弁護士」と呼ばれる（cf. 赤尾泰子 212）。

[3074 スピード違反]
スピード違反で警官に車を止められ、免許証を取り上げられた人が、翌日再び警官から車を止められ、「免許証を見せてください」と言われて、ぶちぎれた。「昨日、あなたたちが取り上げたじゃない。それを見なさいよ」（cf.2 ちゃんねる新書編集部 42）。

[3075 料金不足]
タクシーの運転手が目的地に着いて、「2,500円になります」と言うと、客は財布の中をのぞいて困ってしまった。「あっ、2,000円しかないんですけど、2,000円の所まで戻ってもらえます？」(cf. 野内良三 a168, 松崎俊道 72)。

[3076 購買の理由]
人が不要な物を買う理由は2つある。第一に、誰もが持っているから。第二に、誰も持っていないから（cf. 中野雄一郎 76）。

[3077 鼻くそ戻し]
こざかしい子どもが、鼻くそをほじくっている和尚を見つけて大声で言った。「和尚が鼻くそをほじくっているぞ」。すると、和尚はその鼻くそを元に戻した。

[3078 大きなおなか]
先日、電車に乗って座っていると、目の前に40代くらいと思われる妊婦が来たので、席を譲ってあげたのだが、その方はやや驚いたような、微妙な顔をしていた。今から思えば、おそらく、妊婦ではなかったのだろう。その方は単に……。

[3079 犬好き]
自分のことを犬だと思っている夫を妻が、市役所のカウンセラーのもとに連れて来たが、このカウンセラーから、「いつ頃からですか？」と尋ねられた夫は、こう答えた。「子犬の頃からです」(cf. 森浩二 184, 丸山孝男 119)。

第1節　邦語冗句のユーモア

[3080 図書館の苦情]
ある市立図書館で本を借りるために貸出窓口に行ったところ、数十人もの人が並んでいて、少しも動きがないので、何とかしてもらおうと苦情受付窓口に行くと、もっと多くの人々が列をなしていた（cf. ラーセン 172f.）。

[3081 コンピュータと神]
ついに最新最大の AI コンピュータを完成した科学者たちが、そのコンピュータに「神は存在するか？」と問いかけると、コンピュータは瞬時に答えた。「存在する。ここに存在している私が神だ」（cf. 野内良三 b160f.）。

[3082 カメムシの撃退]
カメムシがマンション周辺で大量発生した時に、ある OL が帰宅途中に薬局でカメムシ撃退用の強力殺虫剤を買い求めると、店員から注意された。「くれぐれも気を付けてください。これはカメムシより臭い匂いでカメムシを殺す薬です」（cf. 野内良三 b184f.）。

[3083 人と時間]
人は時間をつぶし、いずれ時間につぶされる（cf. エラクレス 224）。

社会が二分化されていることを究極的に象徴しているのが、[3073 共犯者と弁護士]であり、こうした対比は、[3076 購買の理由]においては、持つ者と持たざる者という形で穏当に示されている。[3080 図書館の苦情]と[3082 カメムシの撃退]は、いわゆる倍返しであり、このような社会の中でも一段としたたかに生きる姿は、[3074 スピード違反]や[3075 料金不足]に見られる。

[3077 鼻くそ戻し]と[3078 大きなおなか]と[3079 犬好き]は、「子」に焦点が当てられており、誰でも、「子」どもの頃に鼻くそを人前で

ほじくらないようにと注意されたことや、かつてはおなかの中に「子」として生きていたことや、その後には子犬のように小さい「子」として育てられたことに基づく冗句である。

　子どもという視点の重要性は、この大人【社会】という場面においても明白であり、このことが等閑視されたとしても、今や神となりつつあるAIや、誰もが否定しえない自然の力の前にして、人間は自己の無力や無能力を甘受せざるをえない真実を突き付けているのが、［3081 コンピュータと神］と［3083 人と時間］である。

【飲食】

［3084 2人の中毒患者］

病院でアルコール中毒の患者が、ニコチン中毒の患者に、「断酒は簡単だ。俺は何十回も断酒をしたことがある」と言うと、「禁煙と同じなんだ」と言われた（cf. 加島祥造 b212, 松田道弘 261, 右田邦雄 6）。

［3085 アル中患者］

アル中の男が禁断症状で手をブルブル震わせながら病院に行き、医者から、「これは相当ひどいですね。お酒は相当飲んでいますね」と聞かれて、こう答えた。「いや、口に運ぶ前にほとんどこぼしてしまいます」（cf. 北村元 172, 松﨑俊道 18）。

［3086 酩酊による錯視］

中学生の息子が父に、「酔っ払うってどんな感じ？」と聞くので、父が、「いいか、ここの2つのコップが4つに見えたら、酔っ払っている証拠だ」と言うと、息子は言った。「お父さん、ここにはコップは1つしかないよ」（cf. 丸山孝男 84, 大島希巳江 e112, 松﨑俊道 17）。

［3087 酩酊による錯覚］

飲み会帰りの泥酔会社員が夜中、家の玄関で鍵を開けようとして鍵穴を

探していると、懐中電灯を手にした巡回中の警官から、「鍵穴をお探ししましょうか？」と言われて、逆にこう頼んだ。「いや、ただ家が動かないように押さえておいてほしいんだ」（cf. 松﨑俊道 19）。

[3088 健康オタク]
健康オタクが口癖でこう言う。「健康のためなら、死んでもいい（I am dying for my health.）」（cf. 秋田實 a171f.）。

[3089 アル中の父の火葬]
大酒飲みの父親が急性アルコール中毒で突然死した時、家族はつぶやいた。「親父はアルコール漬けだから、火葬は早く終わるはず」。

[3090 2杯目からのコーヒー]
倹約家の男が喫茶店に入ってコーヒーを頼むと、ウェイターから、「2杯目からは無料サービスです」と言われたので、すぐさま付け加えた。「じゃあ、2杯目から下さい」。

[3091 危険な減量]
ある大学院生がアメリカに留学して急に太り始めたので、意を決して1か月に1キロずつやせる計画を立てたが、半年がたったところで危険を感じてやめた。72キロの体重が6年間でゼロになってしまうことに気付いたからだ。

[3092 1日に10キロ走]
メタボ検診で医者から1日に10キロ走ることが必要だと言われた男が、1か月後に窮地に陥り医者に電話した。「先生、家から300キロも離れてしまって、家に帰れません」（cf. 松田道弘 71, 早坂隆 e48f.）。

[3093 同じマグロ]
スシバーの店長に向かって常連客が、「このマグロ、先週のものより味が落ちてるな」と言うと、店主は言い返した。「そんなはずがない。先週と同じマグロなんだから」(cf. 立川志の輔 a51, 大島希巳江 d5, 田中紀久子 260, 早坂隆 c125)。

[3094 2つのペットボトル]
いつも寝室の枕元に、水の入ったペットボトルと空のペットボトルを置いて寝る人がいた。それらは、夜中に喉が渇いた時と、喉が渇かなかった時のためのものである (cf. 早坂隆 d69, e54)。

[3095 ピザの食べ方]
ある人がピザ屋に行ってお気に入りのピザを注文すると、店員から「6つに切りますか？ 8つに切りますか？」と聞かれたので、「8つは多いので、6つにしてください」と頼んだ (cf. 丸山孝男 242, 野内良三 c27, 松田道弘 72, 東森勲 93, 111, 早坂隆 d69, e45, Ritchie65)。

[3096 爪楊枝]
喫茶店で客がウェイターに、「爪楊枝を1本持って来て」と頼んだら、すぐさま返事が返って来た。「少々お待ちください。隣のテーブルの方がお使いですので、空き次第、お持ちいたします」(cf. 田中紀久子 255)。

[3097 スープのハエ]
喫茶店で客がウェイターに、「このスープにハエが入っている」と文句を言うと、こう言い返された。「心配しないでください。皿の裏に隠れているクモがすぐに駆除してくれます」(cf. 田中紀久子 255)。

[3098 スープの髪の毛]
スープの中に3本の髪の毛が浮いていることに気付いた客が、立ち上が

ってウェイターに、「これはどういうことだ」と詰め寄ると、真顔でこう言われた。「すみません。私は占いには詳しくありません」(cf. 松田道弘 36, 田中紀久子 256)。

[3099 コーヒーと睡眠]
兄が弟に、「俺って、コーヒーを飲むと眠れないんだ」と言うと、弟が兄に言った。「俺は逆で、眠るとコーヒーを飲めないんだ」(cf. 田中紀久子 295)。

[3100 鰻の匂い]
ある男が毎晩、隣の鰻屋からの鰻の匂いを嗅ぎながら茶碗一杯のご飯を食べていると、鰻屋の主人が、「鰻の匂い代を払え」と言うので、男は手の中に小銭を持ってジャラジャラ鳴らしながら、こう言い返した。「俺はお前の鰻の匂いを嗅いだだけだ。お前も俺の金の音を聞くだけでいいだろう」(cf. 松田道弘 54, 大島希巳江 d74, e99)。

[3101 魔法瓶]
自分のマグカップを持参すると飲み物が割引になるファストフードで、常連客がある日、自宅で友人5人とパーティーをするために自分の大きな魔法瓶1本を持って来て注文した。「エスプレッソと、カフェオーレと、アメリカンを2杯ずつ入れてください」(cf. 2ちゃんねる新書編集部 39)。

[3102 首になったメイド]
短気な社長夫人が、先月雇ったばかりのメイドを首にすると、メイドは台所に行ってその家の飼い犬の体をなでながら聞こえよがしに言った。「食後のお皿の汚れをいつもきれいになめて取ってくれてありがとうね。おかげで皿洗いの手間が省けたわ」(cf. 井坂清 200)。

[3103 ソーセージの中身]
「【糞】ソーセージの本来の内容物」(筒井康隆 89, cf. 筒井康隆 312)。

　飲食は薬にもなれば、毒にもなりうる。この否定的側面は、[3084 2人の中毒患者] や [3085 アル中患者]、また [3086 酩酊による錯視] や [3087 酩酊による錯覚] が示しているが、[3089 アル中の父の火葬] は、それが遺族のためにもなっているという逆説の真理を強調している。命懸けの健康維持も逆に危険なことは、[3088 健康オタク] や [3091 危険な減量] が指摘しており、[3092 1日に10キロ走] は、無自覚的な体質改善の愚態を描いている。

　酒とタバコより嗜好者の多いはずのコーヒーについて、[3099 コーヒーと睡眠] が普遍的な内容に言及している点で、汎用性に富む。構造上、[3090 2杯目からのコーヒー] は [3058 荷物だけ無料] と、[3101 魔法瓶] は [1025 家族の検尿] と同じである。

　[3090 2杯目からのコーヒー] や [3101 魔法瓶] や [3095 ピザの食べ方] に登場する客に負けていないのが、[3093 同じマグロ] や [3096 爪楊枝] のスタッフであり、数多くのスープネタの中で、[3097 スープのハエ] や [3098 スープの髪の毛] のスタッフは、異次元対応の例である。[3100 鰻の匂い] も、店と仮想客との対比に近いが、[3102 首になったメイド] は、雇用主と被雇用者の対比を描いている。

　[3094 2つのペットボトル] は、応用度の高い冗句であり、例えば、断捨離ができずに破れた傘を温存している人が、「破れていない傘は雨の日用で、破れた傘は晴れの日用」と言うのと同じであり、空のペットボトルが予備または尿瓶として、破れた傘が思い出の品として無用の用の役割を果たしているとも言える。

　衝撃的な事実を明示したのが [3103 ソーセージの中身] であり、腸詰めの商品の存在は、糞尿が肥料とされて植物の成長に使用されることもある点を考慮するなら、それほど驚くべきことでもない。

第1節　邦語冗句のユーモア

【外国】

[3104 パブとパチンコ屋]
イギリスのノリッジには365軒のパブがあり（cf. ノリッジの観光案内ちらし）、日本のある県には365軒のパチンコ屋がある（cf. 日本のニュース番組）。

[3105 困難なミッション]
「Mission Impossible（極めて困難な任務）」という映画がはやっていた頃、日本のあるキリスト教系大学は、教授という職階で就任した我儘な宣教師に手古摺っていた。ほどなくこの宣教師は、「Missionary Impossible（極めて困難な宣教師）」と名付けられた。

[3106 お風呂の時間]
日本の天然温泉旅館に初めて泊まったアメリカ人夫婦が、部屋の机の上の案内ファイルに、「入浴時間は午後3時から午後11時まで」と書かれているのを見て、お互いに困ってしまった。「まいったな。こんなに風呂の時間が長ければ、散歩に行く時間がないよな」（cf. 田中紀久子 252, 早坂隆 c113）。

[3107 言葉の苦労]
東京観光から帰って来たニューヨーカーが、友人から、「東京では言葉に苦労しなかった？」と聞かれて、こう答えた。「僕は全然。けど、彼らは苦労していたよ」（cf. 早坂隆 c160, 松田道弘 277f.）。

[3108 美術館の鏡]
外国から有閑マダムが美術館に来て、ガイドに案内してもらっていたが、ガイドより先に、「これはゴッホね、……これはレンブラントね」と言って簡単な説明を加え、ガイドを困らせていた。ある所でマダムが、「これはピカソね」と言うと、ガイドはすぐに口を挟んだ。「いいえ、こ

第3章　冗句のユーモア

れは鏡です」(cf. 野内良三 a74, 大島希巳江 d48, e105f. 松﨑俊道 80)。

[3109 シェークスピア人気]
シェークスピアの大ファンの日本人が、イギリスのストラトフォード・アポン・エイボンへ向けてレンタカーを走らせていたが、道に迷ってしまい、地元の農夫に彼の生まれた家への道を興奮気味に尋ねると、こう言われた。「この道をずっと進めば大丈夫。落ち着いてね。急ぐ必要はないよ。彼はもう死んでいるから」(cf. 宮原盛也 48)。

[3110 ニーチェの名前]
簡潔達意の名著『博物誌』を著したジュール・ルナールが、ニーチェ(Nietzsche) について質問されると、こう答えた。「彼の名前には余分な文字が多すぎる」(cf. 野内良三 b306, エラクレス 165ff.)。

1 年 365 日に基づいて 365 という普遍的な数字を活用した冗句が、[3104 パブとパチンコ屋]であり、それゆえに応用が利き、映画を通して今や人口に膾炙した「ミッション・インポッシブル」という用語も同様であり、そこから類語への変換で新たな冗句が作られる。

　[3106 お風呂の時間]の天然(ボケ)外国人観光客は、天然温泉に来た客として最適であり、やや類似の能天気な外国人が、[3107 言葉の苦労]で描かれている。しかし、気取り過ぎると、[3108 美術館の鏡]のマダムのように、ピカソのキュビズム肖像画と酷似した自顔が暴露される。

　日本人の典型的な観光旅行の様態は、史跡名勝に急行して集合記念写真を撮ることなど、かねてから外国で有名であり、それに対する皮肉が、[3109 シェークスピア人気]であり、「言われてみれば確かに」という観点から、天才ニーチェにケチを付ける嫉妬が、[3110 ニーチェの名前]である。

【政治】

[3111 容疑者の写真]

米国での9・11同時多発テロの容疑者とされる1人のテロリストを4方向から撮った4枚組の写真が全米の警察に送付されると、何日か後に田舎の警察署から情報提供があった。「テロリストの写真の件。現時点で3人を逮捕、残る1人は目下捜索中」（cf. 早坂隆 a131）。

[3112 最高速度を示す標識]

外交官として日本に来た男が運転中、スピード違反で警察官に車を止められ、「最高速度を示す標識が見えなかったのですか」と言われて、こう答えた。「標識は見えていたんですが、警察官が見えなかったんです」（早坂隆 f127f.）。

[3113 日本の二大政党]

政治学の講義で教授から、「日本国民の安全と財産を守る二大政党を挙げよ」と聞かれた学生が、こう答えた。「自由民主党と共和党です」（cf. 早坂隆 b186, f69）。

[3114 日本とアメリカ]

ある日本人に対してアメリカ人が、「日本なんかアメリカの51番目の州になればいいんだ」と言うと、その日本人は言い返した。「アメリカこそ、日本の48番目の県になればいいんだ」（cf. ビーゲルセン 103）。

[3115 肖像入り切手]

史上最低の支持率で辞任した首相の肖像画入り記念切手が大量に売り出されたが、全国の郵便局には、「糊が付いていなくて使えない」という苦情が殺到した。郵便局員がよく聞いてみると、どうやら、みんな肖像画のほうに唾を付けてしまうらしい（cf. 小泉保 122, 丸山孝男 223, 早坂隆 b192, e33f., 伸井太一 59）。

[3116 フォードとリンカン]
フォード大統領は、大衆からの支持を期待して選挙演説でこう語った。「私はフォード（のような大衆車）です。リンカン（のような高級車）ではありません」（cf. 加藤尚武 b16, ジンベ 16, 東森勲 72f.）。

[3117 パーティー券]
パーティー券という「お食事券」は、「汚職事件」になりえます（cf. 加藤尚武 a103）。

[3118 パパとワシントン]
父親が息子に、「ジョージ・ワシントンがお前と同じ年の頃には、遊び回らずに、軍隊のために使い走りをしていたんだぞ」と諭すと、息子はこう言い返した。「知っているよ。それに、彼はパパと同じ年の頃にはアメリカの大統領になっていたんだよ」（cf. 森浩二 171, 加島祥造 b107f., 宮原盛也 185, 丸山孝男 154）。

　政治の世界には、得てして深刻な状況が付き物であるが、国際的なものなら輪を掛けてそうであるからこそ、冗句にもなりうる。[3111 容疑者の写真]は、捜査の深刻さが冤罪を生み出しかねない状況を皮肉っており、[3112 最高速度を示す標識]は、外交特権を持つ外交官の常態を明示している。[3116 フォードとリンカン]は、車社会アメリカを象徴する冗句である。
　日米関係に基づく皮肉は、[3113 日本の二大政党]であり、[3114 日本とアメリカ]は、逆にその密接な関係を示唆している。[3118 パパとワシントン]にあるように、親子関係の対立にも政治家のエピソードが引用されるのは、キリスト教という宗教国家アメリカにおいて、政治活動・運動が宣教・伝道活動の擬態として代替宗教の役割を果たしているからである。

第 1 節　邦語冗句のユーモア

いずれの国においても、［3117 パーティー券］にあるような政治家は、いずれ［3115 肖像入り切手］のような取り扱いを受けるだろう。

第2節　英語冗句のユーモア

　戦後の日本において、かなり早い段階で英語冗句に取り組んだ貴重な書の1つに、毛利による『ジョーク集成』（1957年）があり、これは英語の新聞や雑誌などから、「卅年くらい前に筆者が切りぬき保存していたもので、何かの拍子で偶然戦災を免れたもの」に基づいてまとめられた点で（毛利八十太郎 59, cf. 毛利八十太郎 108f.）、天災や戦争や疫病を乗り越えるために、またはくぐり抜けるために著された本書と軌を一にする。ハードルが高ければ高いほど、その上を乗り越えるよりも、その下をくぐり抜ける方が簡単である。ユダヤ人の諺にも、「飛び越えられないのなら、下に潜れ」というものがあるらしい（烏賀陽正弘 a50）。

　現代でも充分に通用する毛利の冗句解説の一部をパン、ブル、ボウナー、コナンドラム、リメリックの順に紹介しよう。

　パン（pun）とは、日本語では駄洒落や語呂合わせのことであり、形式としては、同語異義、同音異義、同音異語、類音異語、類音反復などがあり、当時の日本語の代表例としては、「ミカン、キンカン、酒の癇、親の折檻、子がキカン」が挙げられている（cf. 毛利八十太郎 37-41）。現代なら世間の耳目を集める「テロ、テロ、ゲロ」、戦前なら「ミソ、クソ、ヤソ（味噌、糞、耶蘇）」といったところだろう。

　ブル（bull）とは、非論理的だが、意味の通じるものであり、例えば、指名手配犯の公示において、Age unknown; but looks older than he is.「年齢不明。ただし実際の年より老けて見える」と記すようなものであり（cf. 毛利八十太郎 41-46）。ボウナー（boner）とは、ハイスクールの生徒の珍答案によくあるように、例えば、Where are the Kings of England crowned?「イギリスの国王はどこで戴冠されるか（どこに王冠を載せられるか）？」に対して、On their heads.「彼らの頭の上」と答えるようなものであり、

ロンドンの Westminster Abbey「ウェストミンスター寺院」という本来の期待される正答とは異なるものの、一理あると言わざるをえないもののことである（cf. 毛利八十太郎 46-51）。

コナンドラム（conundrum）とは、日本語では謎々のことであり、例えば、What is the strongest day of the Seven?「七日間のうち、最強の日は？」に対して、答えを Sunday, because the others are week days.「日曜日。他の日は弱い日だから」とするようなものであり、ここで week「週」が同音の weak「弱い」と引っ掛けられている（cf. 毛利八十太郎 51-54, 東森勲 48, 157, 221）。この答えで Saturday「土曜」が省略されていることは、戦後の日本における社会的意識の揺曳かもしれない。ボウナーの例文から Queens「女王」が省略されているのも、同様である。

リメリック（limerick）は、19世紀初頭からイギリスで始まった5行の詩形によるユーモアとして押韻があり、例えば、次のようなものがある（cf. 毛利八十太郎 54-56）。

> A wonderful bird is the pelican!
> His mouth can hold more than his belican.
> He can take in his beak
> Enough food for a week.
> I'm darned if I know how the helican!

この5行詩は、1、2、5行目の文末と、3、4行目の文末で韻を踏んでおり、belican は belly can の省略、helican は hell he can の省略である。毛利は日本語訳を示していないが、押韻を含めて次のように訳せるだろう（宮平望訳）。

> 素晴らしい鳥とは、あのペリカン**だ**！
> 彼の口は彼の腹以上の物を頬張ることができる**んだ**。
> 彼が嘴で取り込める**量**が、

第2節　英語冗句のユーモア

1 週間分を**凌駕**。

一体、どうやったら彼にそんなことができるのか、私には分からない**ん**だ！

毛利は、同語異義（＝多義語）から始まってさらに詳細な解説を例文と共に開始するが、次の例は、女性、お酒、外国、法律に関して戦後の人々の自由な感覚を彷彿させる。

[3119 観光客へのメモ]

Notes for Tourists: The beauties of this country must be studied closely to be appreciated. Not merely whistled at.「観光客へのメモ：当地方の美観を堪能するためには、口笛を吹いて眺めるだけでなく、綿密に研究しなければなりません（＝当地方の美人を堪能するためには、口笛を吹いて眺めるだけでなく、親密に研究しなければなりません）」(cf. 毛利八十太郎 63f.)。

[3120 おじいちゃんの眼鏡]

A：My grandfather is 80 years old and never used glasses.「私のおじいちゃんは 80 歳だけど、眼鏡（＝グラス）は使ったことがない」。
B：A straight-from-the-bottle man, eh?「ラッパ飲みする人なの？」(cf. 毛利八十太郎 67)。

[3121 ニューヨーク離れ]

A：Why did you leave New York?「どうして、ニューヨークを離れたの？（＝置いて来たの？）」
B：I couldn't bring it with me.「持って来れなかったからだよ」(cf. 毛利八十太郎 76)。

[3122 半年の消息]

A：I haven't seen you for half a year. What have you been doing?「半年も見なかったけど、何してたの？」

B：Doing six months.「6 か月服役していたんだ」(cf. 毛利八十太郎 76)。

　これらは、それぞれ beauties（美観、美人）、glasses（眼鏡、グラス）、leave（離れる、残す）do（する、服役する）という単語が多義語であることに基づく冗句である。

　ちなみに、毛利は言及していないか、あるいは不明であるとしているが、pun はイタリア語の puntiglio（微細な点）に、bull はラテン語の bulla（泡）に、boner は bone（犬を喜ばす肉の付いた骨）のように人をちょっと喜ばせるようなものに、conundrum は quoniam（なぜなら）に、limerick は一説によるとアイルランドの町名 Limerick に由来するとされている（竹林滋 286, 336, 543, 823, 1433, 1993, 高橋作太郎 267f., Glare267, 1726）。

　現代において英語冗句を組織的に研究・紹介しているのが、豊田によるハンディーな『英語しゃれ辞典　Punctionary』(2003 年) と重厚な『ジョークで楽しむ英文法再入門　English Grammar through Jokes』(2015 年) である。中学高校時代にこの辞典と文法書を使っていたなら、受験勉強がどんなに楽しかっただろうかと思う。特に、冗句で勘違いネタとして頻用される多義語は入試でも頻出であり、面白く学べれば、無機質な暗記とは異なり、自然と記憶が定着するからである。

　この文法書は、pun, bull, boner, riddle（=conundrum）などの解説だけでなく、英語圏では日本のように妻とその夫の母との関係よりも、夫とその妻の母との関係の方が確執を孕んでいること、ユダヤ人の母が教育ママであること、教授が absent-minded「心ここにあらず、上の空」であること、doctor「医師」や lawyer「弁護士」や politician「政治家」が社会的地位を占めていて冗句の対象となり易いこと、教会の説教の時間は睡眠不足の解消の場であることなど、文化的背景にも丁寧で明快な解説が施されてい

る（豊田一男 b26, 39, 46, 56, 64, 72, 97, 118, 139, 153, 169, 187, 199, 229, 249, 266, 305, 312, 320, 329, 345, 361, 375, 395, 412, 422）。

豊田の『英語しゃれ辞典』は冒頭の「記号一覧」で、専門的見地から pun を多義語（「演説」や「住所」などの意味を持つ address など）、同音異綴語（sun と son など）、語頭音転換（haste と waste など）、語尾音転換（bliss と blister など）、異分析（a nice day と an ice day など）、類似音（dance と dunce）、対照語（life と death など）、縁語（collar と shirt など）に細分化しているが（豊田一男 a181f.）、特に言語学的にも重要なのは「異分析（metanalysis）」である。

例えば、友人同士でアイスを色々と食べ歩いていて、1人が It's an ice day today!「今日はアイスの日だ！」と言って、もう一人が、Yes, it's a nice day today!「そう、今日は素敵な日だ！」という冗句で返したとする。しかし、この2つの文章は発音においても近似しており、この文章を英語で聞いて書き取る場合、an ice day と書き取る人もいれば、a nice day と書き取る人もいるだろう。実は歴史的にこうした曖昧さに基づいて、元々の an ekename が誤って a nickname（ニックネーム）と記され、同様にして、a napron は an apron（エプロン）に、a nadder は an adder（毒蛇）に、an ewte は a newt（イモリ）になった（竹林滋 28, 121, 1555, 1670, cf. 中野清治 116, 豊田一男 b375）。

本書では便宜上、概して異分析と同音異綴語を同音異字に含め、謎々や語頭音転換や単語位置転換を言葉遊びに、ボウナーを多義語に含めて、英語冗句を検討するが、その前に英語冗句の種々の書に掲載されたもので、日本語訳においても達意のものを紹介しよう。これらはある意味で、どこでも通じる「ユニバーサル・ユーモア」とも言うべき冗句である（cf. 小西丹 10）。

[3123 酒を飲む時]

I never drink unless I'm alone or with somebody.「私は1人ぼっちか、誰かと一緒じゃなければ、決して酒を飲まない」（cf. 丸山孝男 243, 豊

[3124 パブにいる時]

Men stay at the pub all night for two reasons. Either they have got no wives to go home to or they have.「男が一晩中パブにいるのには2つの理由がある。帰宅しても妻がいないか、いるかだ」(cf. 豊田一男 b318)。

[3125 女を理解しない時期]

There are two periods in man's life when he never understands a woman: Before and after marriage.「男には女を理解しない時期が生涯に2つある。結婚前と結婚後である」(cf. 森浩二 108)。

[3126 塩入れ]

Mother: Suzie, have you finished putting the salt into the salt shaker? 母「スージー、お塩を塩入れに入れ終わったの？」
Little Suzie: Not yet. It's hard work pushing the salt through all those little holes. スージーちゃん「まだよ。お塩をあの小さな穴から押し込むのは大変な仕事よ」(豊田一男 b251)。

[3127 駅近のホテル]

The hotel we stayed in was only a stone's throw from the station and easy to find. All the windows were broken.「私たちが泊まったホテルは、駅から石を投げて届くほどの近距離だったので、見つけ易かった。そのすべての窓が割られていたからね」(cf. 丸山孝男 37)。

[3128 ホテルの雨漏り]

A：Does water always come through the ceiling in this hotel?「このホテルでは、いつも天井から水が滴り落ちるのですか？」

B：No, sir. Only when it rains.「いいえ、雨が降った時だけです」(cf. 毛利八十太郎 103, 郡司利男 b84, 丸山孝男 43, 東森勲 186)。

　これらの冗句はいずれもブルに分類されうるもので、**[3123 酒を飲む時]** と **[3124 パブにいる時]** と **[3125 女を理解しない時期]** は、論理的に同じ構造をしており、結局、常にそうであることを説明するために、特定の事柄によって時間を二分しているだけである。**[3126 塩入れ]** は、家事に疎い天真爛漫な性格を描き、**[3127 駅近のホテル]** は、英熟語の直解に基づく非現実的な冗句である。**[3128 ホテルの雨漏り]** は、相互に承知しているはずの前提を一方があえて無視していることで成立している。

　さて、まずは【英語と（遭遇した）日本人】という場面から始めて、英語でしか表現できない冗句を【言葉遊び】、【多義語】、【類似語】、【同音異字】の順に堪能しよう。ただし、これらの分類は便宜上のものである。

【英語と日本人】

[3129 中学生と英語]

　日本の中学校での英語の試験で、「He drinks を未来形にしなさい」という問いに対して、こういう回答があった。「He is drunk」(cf. 郡司利男 b32, 豊田一男 b18)。また、「I go to Tokyo を過去形にしなさい」という問いに対しては、「I go to Edo」(cf. 中野雄一郎 122f., 早坂隆 c162f.)、「John shot the dog を受身形にしなさい」という問いに対しては、「The dog shot John」という回答があった (cf. 郡司利男 b34, 豊田一男 b65)。

[3130 多くの切符]

　英語の苦手な日本人大学教授が、ニューヨークからシカゴへ列車で行くために切符売り場の窓口で、「トゥー・シカゴ（To Chicago）」と言うと、切符が2枚出て来たので、通じなかったと思い、「フォー・シカゴ（For

Chicago)」と言い直すと、4枚出て来たので、困って「ええと……」とつぶやくと、8（eight）枚の切符が出て来た（cf. 織田正吉 a124, 上田明子 165, 烏賀陽正弘 b172f., マギー 91）。

[3131 さらにビール]
同じく英語の苦手な日本人大学教授が、ロンドンのレストランで何とかディナーを注文して食べ終えると、勘定（bill）を済ませようとしてウェイターに、「ビル、プリーズ」と言うと、さらにビールが差し出された（cf. 烏賀陽正弘 b116）。

[3132 フルート好き]
ある日本人が知り合ったアメリカ人に自己紹介で、「私はフルート（fruit）がとても好き」と言うと、「フルート（flute）をよく演奏するの？」と聞かれたので、こう答えた。「いいえ、食べるのが好きなんです」（cf. 東森勲 116）。

[3133 アメリカ買収]
ニューヨークの半日デモ行進で人々は、「Buy American!（アメリカ製品を買え！）」というプラカードを掲げていたが、その中には日本人もいて、自分のプラカードに最後の「n」を書き忘れて、「Buy America!（アメリカを買収せよ！）」と記していた（cf. 早坂隆 b73, 中野雄一郎 105, 名越健郎 163）。

[3134 ジャパニーズとヤンキー]
国際線の機内で日本人が、隣の席にいたアメリカ人から突然、「君は何ーズだい？ Chinese（中国人）か？ Japanese（日本人）か？ Vietnamese（ベトナム人）か？って聞いてるんだよ」と問われて、「Japanese」と答えてから問い返した。「そういう君は何キーだい？ Yankee（アメリカ人）か？ Monkey（サル）か？ Donkey（ロバ

か？」(cf. 外山滋比古 84, 早坂隆 b186f., 中野雄一郎 117, 東森勲 227)。

[3135 バターとサンドウィッチ]
英語の苦手な日本人が、アメリカでゴルフをしていて窮地に陥り、キャディーに、「パター（putter）とサンドウェッジ（sand wedge）持って来て」と頼むと、「バター（butter）とサンドウィッチ（sandwich）」が届けられた（cf. 早坂隆 c156）。

[3136 具合はいかが？]
日本人がアメリカの病院で医師から、「How are you?（具合はいかがですか？）」と聞かれて、「I'm fine, thank you. And you?（大丈夫です、どうも。で、あなたは？）」と聞き返した（cf. 早坂隆 c161）。

[3137 少々お待ちください]
英語の苦手な日本人がニューヨークで仕事を始めて間もない頃、旅行会社に電話をして、「ニューヨークからボストンまで飛行機でどのくらいかかりますか？」と尋ねると、「Just a minute（少々お待ちください [= たったの1分です]）」と言われて電話を切り、その驚きを同僚と分かち合った（cf. 丸山孝男 38, 豊田一男 a71, 立川志の輔 a71, 大島希巳江 d11, e26, 東森勲 95f., 豊田一男 b268, 永島道男 168）。

日本の中学校で英語の授業の最初に習う会話文として日本人に浸透していることに基づく冗句が、[3136 具合はいかが？] であり、[3129 中学生と英語] はボウナーの日本版である。[3130 多くの切符] や [3135 バターとサンドウィッチ] は、英語の表現や発音の問題であるが、[3131 さらにビール] と [3132 フルート好き] は、LとRの発音を混同する日本人特有の冗句であり、英語学では lallation「Lの不完全発音」や rhotacism「Rの不完全発音」という専門用語まである（cf. 郡司利男 b188, 竹林滋 1379, 2111）。

[3134 ジャパニーズとヤンキー]は、米国人以外が使えば蔑称とも取られかねないヤンキー、猿のような滑稽な人も指すモンキー、頓馬という意味も持つドンキーを活用したパンである（cf. 竹林滋 734, 1597, 2860）。こうした復讐心は、[3133 アメリカ買収]にあるように、深層心理的にはnというたった一字を忘れることにも露呈しており（cf. 本書結章第1節）、同様にして[3137 少々お待ちください]の多義表現であるJust a minute をたった1分と理解することには、アメリカの航空産業に対するコンプレックスが反映されている。

【言葉遊び】

[3138 ストレスの対義語]

ストレス（stressed）の逆は、デザート（desserts）である（cf. 大島希巳江 e156f.）。

[3139 かび臭いレタス]

A：What is the difference between a moldy lettuce and a dismal song?「かび臭いレタスと陰気な歌の違いは？」

B：One's a bad salad and the other's a sad ballad.「まずいサラダと悲しいバラード」（cf. 豊田一男 a8）。

[3140 精神と物質]

大学教授が自問自答によって講義を開始した。「What is mind?（精神とは何か？）。それは物質ではない（No matter.［どうでもよいことだ］）。What is matter?（物質とは何か？）。それは精神ではない（Never mind.［気にするな］）」（cf. 橋本宏 189, 中野清治 129）。

[3141 老化の問題]

Aging is a matter of mind. If you don't mind, it doesn't matter.「老化は気持ちの問題だ。気にしなければ、問題ない」（cf. 豊田一男 a71）。

[3142 本の表紙のヒロイン]

That's a book with a heroine on the jacket and no jacket on the heroine.「その本の表紙にはヒロインがのっていて、そのヒロインはジャケットを着ていない」(cf. 毛利八十太郎 90, 豊田一男 a59, b290)。

[3143 空腹の少年]

A hungry boy longs to eat; a greedy boy eats long.「空腹の少年は食べたがり、強欲な少年は長時間食べる」(cf. 豊田一男 a67)。

[3144 宝石商と看守]

What is the difference between a jeweler and a jailer?「宝石商と看守の違いは何か？」One sells watches; the other watches cells.「一方は時計を売り、他方は独房を監視する」(cf. 中野清治 152, 東森勲 139)。

[3145 得恋と失恋]

An accepted lover kisses his miss, but a rejected lover misses his kiss.「得恋した恋人はミスにキスをし、失礼した恋人はキスをミスする」(cf. 東森勲 206)。

[3146 最小のアリと最大のアリ]

A：What is the smallest ant in the world?「世界で最小のアリは？」
B：Infant.「子アリ」。
A：What is the biggest ant in the world?「世界で最大のアリは？」
B：Giant or elephant.「巨人か象」(cf. 豊田一男 a45f., 57, b390)。

[3147 のこぎり]

I never saw a saw saw a saw.「私はのこぎりがのこぎりをのこぎりで切るのを見たことがない」(cf. 豊田一男 a94, b225f., 中野清治 144)。

[3148 That の使い方]

I think that that 'that' that that teacher used in that sentence is wrong.「あの先生があの文で使ったあのthatは間違っていると私は思う」(cf. 東森勲 219, 豊田一男 b330)。

[3149 概してお喋り]

Woman, generally speaking, is generally speaking.「女性は、概して言うと、概してしゃべっている」(豊田一男 b248, cf. 毛利八十太郎 126f., 中野清治 5f.)。

[3150 下痢の悩み]

A：Are you ever troubled by Diarrhea?「下痢に悩まされることある？」

B：Only when I try to spell it.「その綴りを書こうとする時だけはね」(cf. 東森勲 136, 豊田一男 b259)。

[3151 目のない鹿]

A：What do you call a deer with no eyes?「目のない鹿は何て呼ぶ？」

B：No eye deer.「目のない鹿（No idea［分からない］)」(cf. 丸山孝男 47, 東森勲 192f.)。

[3152 進歩の反対]

A：What is the opposite of progress?「進歩の反対は何？」

B：Congress.「国会」(cf. 丸山孝男 49)。

[3153 一番長い単語]

A：What is the longest word in English?「英語で一番長い単語は？」

B：Smiles. Because there is a mile between the first and last letters.

「Smiles。最初と最後の文字の間に1マイルあるから」(cf. 丸山孝男 50, 東森勲 136, 216)。

　英語には「綴り換え」とも「逆綴り」とも訳される anagram「アナグラム」という言葉遊びがあり（cf. 竹林滋 87)、[3138 ストレスの対義語] にあるように、stressed を逆から綴ると desserts になり、意味まで逆になる。[3139 かび臭いレタス] の bad salad と sad ballad は、spoonerism「スプーナリズム、語頭音転換」と呼ばれるもので、この種の言い間違いをよくしたオックスフォード大学ニューコレッジの学寮長スプーナー（W. A. Spooner, 1844-1930) の名前に由来する（cf. 豊田一男 a8, b422, 竹林滋 2378)。単語自体を入れ替えた単語位置転換が、[3140 精神と物質] や [3141 老化の問題]、また、[3142 本の表紙のヒロイン] や [3143 空腹の少年]、さらには、[3144 宝石商と看守] や [3145 得恋と失恋] である。

　謎々は英語圏では初等教育から馴染み深いものであり、その代表的なものが、[3146 最小のアリと最大のアリ] や [3151 目のない鹿] や [3153 一番長い単語] である。文法的にやや複雑なのが、多義語に基づく [3147 のこぎり] や [3148 That の使い方] であり、前者の saw は、1番目が動詞 see の過去形、2番目と4番目が名詞「のこぎり」、3番目が1番目の感覚動詞 see の過去形の目的格補語としての原型不定詞 saw「のこぎりで切る、引く」である。後者の that は、1番目が名詞節を導く接続詞、2番目と5番目が形容詞、3番目が名詞、4番目が関係代名詞である。

　日本語にも、「にわにはにわにわとりがいる（庭には2羽鶏がいる）」や「はははははははとわらった（母は『ははは』と笑った）」や「すもももももももものうち（李も桃も桃のうち）」という言葉遊びがある。嵯峨天皇の命によって学者らから、「『子子子子子子子子子子子子』を読んでみよ」という難題を吹っ掛けられ、「子子子子子子子子子子子子（猫の子の子猫、獅子の子の子獅子）」と見事に答えた漢詩人かつ歌人の小野篁が示した頓才については、『宇治拾遺物語』の記録が『昨日は今日の物語』にも採録されている（武藤禎夫 a81f.)。相互に似ていることを示す「已己巳己」

第3章　冗句のユーモア

を覚えるための「巳は上に、已でや已む已中ほどに、己己下につくなり」という古い歌もある（三省堂編修所 13）。

女性や政治に対する皮肉が、反復表現を入れた [3149 概してお喋り] や類似音を使った [3152 進歩の反対] であり、[3150 下痢の悩み] は、Diarrhea「下痢」が症状としてもスペリングとしても、二重に認識できることに基づく冗句である。

【多義語】
[3154 右手左手]
「私の右手（right hand）はまだ痛むけど、ほかは（on the other hand）、全く元気だよ」(cf. 大島希巳江 e25f.)。

[3155 パイの右側]
If we eat the right side of the pie, the other side is the left side.「もし、私たちがパイの右側を食べれば、もう片方は左側だ」(cf. 郡司利男 b188, 豊田一男 a63)。

[3156 死亡確認]
森の中にいた 2 人の狩人のうち 1 人が、突然意識を失って倒れたので、もう 1 人が救急センターに電話して指示を仰ぐと、「Calm down. First, let's make sure he is dead（落ち着いてください。まず、彼が死んでいるのかどうか確認してみてください）」と言われた。その後、銃声が聞こえた。彼は電話に戻って報告した。「オーケー。それで？」(cf. 大島希巳江 d32f., e56f.)。

[3157 パスワード]
大文字（capital）1 つを含む最低 8 個の文字（character）で作る必要のあるパスワードの中には、MickeyMinnieDonaldDuckSnowWhiteBambiCinderellaPeterPanTinkerBellTokyo というものがあったらし

い（cf. 大島希巳江 e13f.）。

[3158 演説と住所]

A：Do you know Lincoln's Gettysburg Address?「リンカンのゲティズバーグの演説を知ってる？」

B：His address? I didn't know he had moved.「彼の住所？ 彼が引っ越したことは知らなかった」（cf. 豊田一男 a2）。

[3159 株価下落]

When the stock market falls, millions lose their balance.「株価が下落すると、何百万もの人が残高を失う」（cf. 豊田一男 a8）。

[3160 教授になるには]

A：Is it difficult to get to be a professor?「教授になるのは難しい？」

B：No. You can do it by degrees.「いいえ。徐々になれますよ」（cf. 豊田一男 a30）。

[3161 道路標識]

Road Sign: Fine for parking.「道路標識：駐車OK」（cf. 中野清治 31, 豊田一男 a39）。

[3162 まれな才能]

My boyfriend is a man of rare gifts, and hasn't given me a gift.「私の彼氏はまれな才能の持ち主で、一度もプレゼントをくれたことがないのよ」（cf. 豊田一男 a46）。

[3163 産児制限]

Birth control: No kidding!「産児制限：冗談じゃない！」（cf. 豊田一男 a61）。

[3164 静粛に]

The professor said, 'Order, please.' A student replied, 'Order? Hamburger, please.'「教授が『静粛に』と言うと、ある学生が『注文？ ハンバーガー』と答えた」(cf. 豊田一男 a79)。

[3165 婚約指輪]

A：If we become engaged, will you give me a ring?「婚約したら、指輪をくれる？」

B：Sure. Give me the phone number.「もちろん。電話番号を教えて」(cf. 豊田一男 a91, b31)。

[3166 兵役で亡くなった方々]

A：Let's pray for those who died in the service.「兵役で亡くなった方々のために祈りましょう」。

B：Which service? Morning service or evening service?「どっちの礼拝？ 朝の礼拝か夕方の礼拝か？」(cf. 豊田一男 a98)。

[3167 ソロモンの神殿]

A：Where was Solomon's Temple?「ソロモンの神殿はどこにあった？」

B：His temple? It was in the side of his head.「彼のこめかみ？ 彼の頭の側面」(cf. 豊田一男 a111)。

[3168 1時5分前]

A：Wake up! It's five to one.「起きて！ 1時5分前よ」。

B：Five to one! In whose favor?「5対1! どっちが勝ってるの？」(cf. 豊田一男 a113)。

[3169 ポルトガルの首都]

A：What is the capital of Portugal?「ポルトガルの首都は？」
B：The capital? It is P.「大文字？ Pです」（cf. 郡司利男 b40, 中野清治 148, 東森勲 189, 豊田一男 b46）。

[3170 タクシーを呼ぶ]

A：Call me a taxi.「タクシーを呼んでくれ」
B：Call you a taxi? Okay, you are a taxi.「君をタクシーと呼ぶ？ 承知しました。君は『タクシーだ』」（cf. 郡司利男 b64, 丸山孝男 193, 中野清治 24, 東森勲 49f., 112f., 豊田一男 b47）。

[3171 将来の問題]

May all your future troubles be little ones.「将来問題があれば、すべて小さなものでありますように」（cf. 中野清治 17）。

[3172 集合名詞]

集合名詞（collective noun）を3つ記しなさいという英語の問題の回答に、こういうものがあった。「flypaper（蠅取り紙）、waste-basket（屑籠）、vacuum cleaner（掃除機）」（cf. 森浩二 110, 郡司利男 b32, 丸山孝男 197, 中野清治 61）。

[3173 水の3つの状態]

A：Name three states in which water may exist.「水が存在しうる3つの状態を挙げなさい」
B：New York, New Jersey and Pennsylvania.「ニューヨーク、ニュージャージー、ペンシルバニア」
A：No! They are solid, liquid and vapor (ice, water and steam).「いいえ、固体と液体と気体（氷、水、蒸気）です」（cf. 郡司利男 b36, 豊田一男 b46）。

[3174 彼の目的]

The objective of 'he' is 'she'.「『彼』の目的格は『彼女』だ」(cf. 郡司利男 b32, 中野清治 122)。

実に 2,000 年以上も前から、「両義性(の部類)に含まれる言辞はまさしく最も機知に富むと考えられている」と言われている(cf. キケロー a [下] 24, 28f., フロイト第 8 巻 37ff., 43ff.)。

会話の中で、[3158 演説と住所] や [3164 静粛に]、また、[3166 兵役で亡くなった方々] や [3167 ソロモンの神殿]、さらに、[3168 1 時 5 分前] や [3169 ポルトガルの首都] は、多義語または両義語の存在が日本語訳で明示されている。特に、[3170 タクシーを呼ぶ] はこの手の冗句の中で、[3137 少々お待ちください] と共に最も人気がある。

[3154 右手左手] の on the other hand は、直訳すると「もう一方の手は」となって左手を表し、[3155 パイの右側] の the left side は、食べた右側から見て、食べ「残された側だ」とも訳せる (cf. 郡司利男 b188, 豊田一男 a63)。

[3156 死亡確認] は、銃社会アメリカを象徴する有名な冗句であり、First, let's make sure he is dead の make sure には、「確認する」という意味だけでなく、「確実にする」という意味があるため、「まず、彼が死んでいることを確実にしてください」、つまり、「まず、彼を確実に殺してください」という会話内容にもなることから生まれたものである。

以下、多義語をそのもう 1 つの意味と共に列挙しておこう。[3157 パスワード] capital「首都」、character「キャラクター」、[3159 株価下落] lose their balance「心のバランスを崩す」、[3160 教授になるには] by degrees「学位(を取得すること)によって」、[3161 道路標識] Fine「罰金」、[3162 まれな才能] a man of rare gifts「プレゼントのまれな人」、[3163 産児制限] No kidding!「子ども禁止!」、[3165 婚約指輪] ring「電話」、[3171 将来の問題] May all your future troubles be little ones.「将来問

題があれば、子どもさんのことだけでありますように」、[**3172 集合名詞**] collective noun「集めることに関する名詞」、[**3173 水の３つの状態**] state「州」、[**3174 彼の目的**] objective「目的」。これらのうち、多くはボウナーとも言えるだろう。

【類似語】

[3175 中国発]
中国から広がったとされるコロナは、パンデミック（pandemic）だが、中国から広がったパンダは、パンダミック（pandamic）だ（cf. 名越健郎 23）。

[3176 歴史区分]
イエス・キリストの登場によって歴史は、BC（Before Christ ＝ キリスト以前）と AD（Anno Domini ＝ 主イエスの年によると）に分けられたが、今や新型コロナウィルスによって歴史は、BC（Before Coronavirus ＝ コロナ以前）と AD（After Distancing ＝ ソーシャル・ディスタンス以後）に分けられるようになった（cf. 名越健郎 30）。

[3177 双子の名前]
双子の兄弟が産まれて名前に困ったなら、兄をピーター（Peter）とし、弟をリピーター（Repeater）とするとよい。双子の姉妹が産まれて名前に困ったなら、姉をケイト（Kate）とし、妹をデュプリケイト（Duplicate）とするとよい（cf. おおばともみつ 119f.）。

[3178 嬉しい時と悲しい時]
When you are happy: Cheers! When you are sad: Tears!「嬉しい時には、『乾杯！』。悲しい時には、『涙！』」（cf. 豊田一男 a23）。

[3179 ショパンとバッハ]

On the door of a music store: Gone Chopin. Bach in a minuet. 楽器店のドア：「ショパンに行ってます。メヌエットでバッハします」（cf. 豊田一男 a24）。

[3180 閉店セール]

On the door of a clothes shop: Clothing Sale! ある洋服店のドア：「衣類閉店セール！」（cf. 豊田一男 a25）。

[3181 3つのリング]

Marriage is a three-ring circus: engagement ring, wedding ring, suffering.「結婚は3つの舞台を使うサーカスだ。エンゲージリング（婚約指輪）、ウェディングリング（結婚指輪）、サファリング（苦難）だわ」（cf. 丸山孝男 133, 豊田一男 a108, 東森勲 137, 218）。

[3182 投票権]

In my family I have the vote but Dad has the veto.「私の家では私に投票権があるが、父には拒否権がある」（cf. 豊田一男 a118）。

[3183 洒落の強さ]

The pun is mightier than the sword.「洒落は剣より強し」（cf. 豊田一男 a167）。

[3184 病気の4段階]

4 stages of sickness: ill, pill, bill, will.「病気の4段階。病気、薬、治療費、遺言」（cf. 豊田一男 b48）。

[3185 彼女は賢い]

She is wise, but he is otherwise.「彼女は賢いが、彼はそうではない」

(cf. 郡司利男 b117)。

[3186 感謝祭]
11月の感謝祭（Thanksgiving Day）を終えたアメリカ人が、春になって確定申告の日を楽しく迎えることができるように、新たな祭りとして「納税祭（Taxgiving Day）」と命名した（cf. 丸山孝男 18）。

　類似語の中でも一字違いのものは、それが造語であっても見事なものである（cf. キケロー a［下］24, 29f., フロイト第8巻 34, 51, 89, 298）。そのようなものとして、[3175 中国発] や [3183 洒落の強さ] や [3184 病気の4段階] がある。[3183 洒落の強さ] は、The pen is mightier than the sword.「ペンは剣より強し」の変形であるが、pen を word にすれば、The word is mightier than the sword.「言葉は剣より強し」となり、word と sword の対比が一段と際立つと思われる。[3184 病気の4段階] は、語頭音転換のオンパレードでもある。これらは、[3178 嬉しい時と悲しい時] や [3180 閉店セール]（closing と clothing）や [3186 感謝祭] もそうであるように、発音的にも類似している点で極めて印象的である。

　[3176 歴史区分] や [3185 彼女は賢い] は、応用の利く冗句であり、前者はCとDから始まる同趣旨の単語を入れることによって、後者は同じ語尾を持つ単語を用いることによって新たな冗句が創作できる（本書結章第2節）。[3177 双子の名前] は、Repeater「反復する者」と Duplicate「複製する」という単語に基づく見事な冗句であり、[3179 ショパンとバッハ] の Gone Chopin. Bach in a minuet は Gone shopping. Back in a minute.「ショッピングに行ってます。すぐにバックします）」のパロディーである。[3181 3つのリング] は、ring に「円形舞台」と「指輪」という意味があり、さらに ing には動名詞を作る接尾辞という機能があることに基づいている。

　[3182 投票権] の vote「投票権」と veto「拒否権」の対比も秀麗である。In democracy your vote counts, but in aristocracy your counts vote!「民主主義

ではあなたたちの投票が大事だが、貴族社会ではあなたたちの伯爵が投票する！」という冗句を思い出す。

【同音異字】

[3187 高級デパート]

高級デパートで妻が夫に、「ねえ、このバッグ、10 万円なら good buy（お買い得）よ」と言うと、夫はこの店の方を向いてこう言った。「この店とは good-bye（さようなら）だ」（cf. 井坂清 47, 豊田一男 a47）。

[3188 どっちのサンド？]

日本で仕事をするアメリカ人が、アメリカにいる父にラインで、「こっちではサンドウィッチが気に入ってる（I like sandwiches here）」という近況報告をしたところ、父は驚いて、「そっちの砂が気に入ってるのか！（Do you like the sand which is there!）」と返した（cf. 豊田一男 a94, b375, 厚切りジェイソン）。

[3189 急性虫垂炎]

Doctor：Miss Smith, you have acute appendicitis. 医者「スミスさん、あなたは急性虫垂炎です」。

Miss Smith：A cute appendicitis? スミス嬢「かわいい虫垂炎ですって？」（cf. 豊田一男 a2）。

[3190 矢 1 本の差]

A：The first archery contestant won by an arrow margin.「最初のアーチェリー競技会の出場者は、矢 1 本の差で勝ったよ」。

B：By a narrow margin!「僅かの差だね！」（cf. 豊田一男 a4）。

[3191 攻撃の定義]

A：What is the definition of 'attack'?「『攻撃』の定義は何？」

B：A tack? A small nail.「1本の鋲？ 小さな釘でしょ」(cf. 豊田一男 a6)。

[3192 4人にプロポーズ]

A：I have proposed to four different men without avail.「私、4人の人にプロポーズしたけど駄目だったの」。

B：Without a veil? Next time try wearing a veil.「ベールなしで？ 次は、ベールをかぶってトライしてみたら」(cf. 豊田一男 a6)。

[3193 交通安全標語]

A safety slogan: Awake or a Wake.「交通安全標語：目を覚ませ。さもなくばお通夜だ」(cf. 豊田一男 a6)。

[3194 村の楽団]

A：What do you think of our village band?「うちの村の楽団をどう思う？」

B：It ought to be banned.「禁止されるべきだよ」(cf. 豊田一男 a8f.)。

[3195 退屈な役員]

Board members are often bored members.「役員はしばしば、退屈している人たちだ」(cf. 豊田一男 a15)。

[3196 鼻は顔の中心]

A：Why is our nose in the center of the face?「なぜ私たちの鼻は顔の中心にあるのか？」

B：Because it is the scenter.「匂いを嗅ぐものだから」(cf. 豊田一男 a22)。

[3197 ヒロインとチャプレン]
That heroine is like heroin and that chaplain is like Chaplin.「あのヒロインはヘロインのよう（に中毒性があり）で、あのチャプレンはチャップリンのよう（に面白い）」。

[3198 利己的な人]
A selfish man tries to sell fish, but not to buy fish.「利己的な人は魚を売ろうとするが、買おうとしない」(cf. 豊田一男 a97, 中野清治 145)。

[3199 キスの思い出]
A：What flowers make you think of a kiss?「キスで思い出す花は何？」
B：Tulips (two lips).「チューリップ（2つの唇）」(cf. 豊田一男 a114)。

[3200 フォード車の車]
I can't afford a Ford.「私にはフォード車を買う余裕はない」(cf. 豊田一男 b173)。

[3201 二輪自転車]
A bicycle cannot keep standing by itself, because it is two-tired (too tired).「自転車がそれ自体で立っていられないのは、二輪だから（疲れすぎているから）」(cf. 東森勲 220)。

[3202 マンゴー]
Man can find mangoes wherever man goes.「人は行く所がどこであってもマンゴーを見つけることができる」(cf. 豊田一男 b357)。

このように、種々の場面で発せられる音声は、多義語や類似語や同音異

語の存在のゆえに、意図した意味とは異なる形で理解されたり、逆に意図した内容を意図しなかったにもかかわらず修飾、増幅、誇張した形で伝達されたりする場合があるため、冗句が成立する。この点で音声は、中心的役割を果たしている。

『ジョーク哲学史』（1983 年）や『ジョークの哲学』（1987 年）の著者としても知られる哲学者の加藤は、このことについて、「フランスの精神分析学派でラカンに率いられる一派は、シニフィアン（能記）のシニフィエ（所記）への優位ということを語っている。潜在意識を支配するのは、合理的な概念ではなくて、非合理的な素材としての言葉である」と道破している（加藤尚武 b28ff.）。ラカン自身は、「言語学はソシュール……の登場を待ってはじめてひとつの区切りを、すなわちシニフィアンとシニフィエとのあいだを隔てる横線を確立するのです。この横線によってシニフィアンがそれとして絶対的に構成されていることが明示されるのです。そればかりでなく、実質的にクリスタル現象［音素の結合から構成される同音異義的きらめきなどの現象］にひとしい自律性を秩序づけているという、他方のシニフィエとの差異を際立たせることにあるのです」と述べている（ラカン 46f., cf. ボルク＝ヤコブセン 268ff., 立木康介 182f.）。

ちなみに、スイスの言語学者ソシュールは、言葉を 2 つの要素、つまり、音声（シニフィアン＝記号表現、能記、意味するもの）とその意味（シニフィエ＝記号内容、所記、意味されるもの）に分け、この両者の結合が恣意的であることを指摘していた（ソシュール a100ff., cf. ソシュール b95ff., マウロ 86ff.）。例えば、東の空に毎朝昇るものは、日本語では taiyou「太陽」という音声と結合しているが、英語では sun という音声と結合しており、こうした対応は時代と地域によって異なる。逆に、taiyou という音声を聞いて、その意味として「太陽」を想起する人もいれば、「大洋」を想起する人もいる。また、sun という音声を聞いて、son を想起する人もいる。

こうした観点を冗句の文脈に応用すると、例えば、「アドレス（address）」という音声を発して、それを「演説」という意味で使うか、「住所」とい

う意味で使うかは、語り手の自由な恣意に基づくということであり、また、会話の前後関係から特定されえない場合、[3158 演説と住所]にあるように、「アドレス（address）」という音声を聞いて、それを「演説」という意味に取るか、「住所」という意味に取るかは、聞き手の自由な恣意に基づくということである。

さらに、西洋思想史に通暁している加藤によると、イエス・キリストの受肉において神という内なるものが肉からなる人という外なるものと１つになっており、「内と外、身体と霊魂、客観と主観などの二元論の統一」の観念の原型をなしているが、この「『異次元の同一』（ダブル・バインド）という観念がジョークの中にも含まれていて、さまざまの形となって噴き出して来るのである」という（cf. 加藤尚武 b110ff.）。確かに、アドレスの２つ意味である「住所」と「演説」は相互に異次元の内容であり、これが相互の会話の中で統一されることにより冗句が成立している。すると、父なる神と共に天にいた「神の言葉」と呼ばれる神の子が、人の住む地上という場に下りて来て肉をまとい、イエスとして誕生したという出来事は（ヨハ 1:1-14）、冗句にほかならない。それは神の冗句である。神のユーモアである。実に、人の住むこの世を「住所」とし、神の言葉として説教と言う「演説」をしたイエスにおいて、神は最高のユーモアを啓示したのである。

このように、ユーモアを世俗神学の一形態として位置付けることは特異なことではない。野内が、「大手の靴メーカーがアフリカの奥地に二人の社員を派遣した。数日後、社長のもとに二通の電報が届いた。悲観主義の社員からは《明日帰る。商売は見込みなし。現地人は素足で生活》。楽観主義の社員からは《支社を設立。有望な市場。現地人は素足で生活》」という冗句に言及して（野内良三 b135, c139f., cf. 宮原盛也 52）、次のように、冗句を「創造的な行為」や「再創造」と解釈する時、やはりユーモアの神学的機能を感じずにはいられない。

　　視点を変える。斜に構える。そのためには心の余裕（遊び心）が必要で

ある。心の余裕、それはなんなら自由な想像力と言い換えてもよろしい。ジョークは作者が仕掛けた落ちを『発見』しなければならない。ジョークは解するにはしかつめらしい常識や通念はひとまず捨て去ることだ。ナンセンスのなかにも『意味』を見つけ出す。というよりか『意味』を作り出すと言うべきだろう。ジョークは作者と一緒になって笑うのだといえる。『作品』に働きかけなければおかしみは感じ取れない。ジョークを楽しむということは、案外にも創造的な行為なのだ。いや、ジョークを理解し楽しむとは『再創造する』ことにほかならない（野内良三 c140, cf. 野内良三 c200）。

　悲観主義者なら天災と疫病と戦争の現今、駄洒落を聞けば冷笑するかもしれないし、場合によっては不要だと思うだろう。しかし、楽観主義者は駄洒落さえ楽しみ、それこそ必要だと思うだろう。それは、この世に新たな視点を導入することによって、原初に神が創造した世界に新たな意味を見いだし、世界を新たな世界へと再創造することができるからである。この点で駄洒落はこの世を御洒落にする。実に、駄洒落は御洒落である。

第4章　色恋のユーモア

　20代半ばに筆者がアメリカに留学するに際して、大阪のアメリカ領事館に学生ビザを取りに行ったついでに、そこで開催されていた留学オリエンテーションに参加した。期待と不安に満ちた何十人もの学生が集まる中、領事館のアメリカ人職員がアメリカでの学生生活の指針を丁寧に英語で説明してくれたのだが、度々ユーモアで会場を和ませてくれた。最も受けていたのは、真面目な日本人ビジネスマンの話である。
　かつて、ある日本人ビジネスマンが、長期間アメリカの支社に出向することになり、ビザを領事館に取りに来たのだが、その職員は氏名、生年月日、性別と続く彼の申請用紙を確認していて、笑いをこらえきれなくなったという。当時、性別は英語でsex「性別」という欄にmale「男」かfemale「女」を書き込むことになっていたのだが、その申請書には、Once a week「週に一度」と記されていたという。
　筆者がアメリカ領事館のあるビルに入る時は、まず一階で屈強な躯体の警備員による荷物検査を経るなど、空港の保安検査場のような場所を通ってから会場に上がったので、このギャップには驚いた。それは、期待が不安を吹き飛ばしてくれるような出来事であった。
　ユーモアの研究家が指摘するように、ユーモアにおいて性的示唆は不可避であり（cf. 小泉保75）、当然「艶笑もの」が少なくないという（cf. 野内良三 b417）。それは、社会における抑圧からの解放的機能を持つユーモアの性質でもある（cf. 本書序章第1節, 第3章第1節）。本章の「色恋のユーモア」は、第3章「冗句のユーモア」の言わば色恋編である。それをさらに青春編と成人編に分けて検討してみよう。

第 1 節　青春色恋のユーモア

『広辞苑』によると「青春」とは、「年の若い時代、人生の春にたとえられる時期」であるから（新村出 1543）、春夏秋冬の春に相当する人生最初の 4 分の 1、つまり、仮に人生 80 年なら 20 歳までとすることもできる。この「春」に「青」という字が充てられているのは、水火木金土を人間の生活に必要不可欠の 5 要素とする中国古代の五行説において、「青」が「春」の色だからであり、「春」という漢字には、「四季の第一」や「若くて元気な時期」という意味だけでなく、「若さや精力」や「男女の慕い合う心」、さらには、「男女の情欲」という意味まである（藤堂明保 787f., 1943ff., cf. 廣松渉 511）。

ここで、世界の現実を 3 つの観点から解釈して人間関係論を構築した 20 世紀スコットランドの哲学者マクマレーの議論を応用すると、色恋ユーモアの性質を検討する際の参考になるだろう（cf. 宮平望 b52, 79, 86）。3 つの観点とは、material「物体、物質」と living「生物、有機体」と personal「人間、人格」であり、物体はその内に生物的要素も人間的要素も含まず、動植物などの生物はその内に物体的要素を含むが人間的要素は含まず、人間はその内に物体的要素も生物的要素も含むが、それ以上の存在である。すると、例えば男女が慕い合い、引かれ合うのは、第一に、物体的要素を含む人間として相互の体重の間に発生する物理的な引力のためであり、第二に、生物的要素を含む人間として相互に備えられた動物的本能のためであり、第三に、人間として相互に育まれた人格的魅力のためである。この人格は、微小な引力は言うまでもなく本能を人間的な自由において抑制することができるが、本能は概して社会規範の中で抑圧されているという側面がある。そして、この抑圧の言語的解放も人間的な自由であり、色恋ユーモアの本源である。

本節「青春色恋のユーモア」の「青春」とは、登場人物や状況設定が概して若年層であることを示す。前章と同様に、まず各場面ごとに色恋ユー

モアを笑覧し、その特徴や構造を分析してみよう。

【家庭】

[4001 新婚旅行に同行]
小さな息子が母に、「ねぇママ、ボクはパパとママの新婚旅行に一緒に行ったの？」と聞くと、母は息子を優しく見つめて答えた。「ええ、そうよ、行きはパパと一緒で、帰りはママと一緒だったのよ」(cf. ダヴィッド 40, 松﨑俊道 7)。

[4002 僕の出所]
小さな息子が母に、「僕はどこから生まれて来たの？」と聞くと、母は少しびっくりしつつも、コウノトリが運んで来たなどという嘘は良くないと思い、事実を教えることにした。「頭からだよ。頭と足が逆になっちゃう逆子じゃなかったのよ」。

[4003 二役の父]
「サンタクロースは、実はお父さんだったんだよ」と父親から聞かされた娘は、こう答えた。「知っているよ。コウノトリだってお父さんだったんでしょ」(cf. ラントマン b159, 田中紀久子 71)。

[4004 コウノトリの親子]
コウノトリの雛が親鳥に聞いた。「ねえ、ぼくはどこから生まれてきたの？」(cf. 加島祥造 b255)。

[4005 少子化の原因]
社会の授業で「少子化の原因を調べてくること」という宿題を出された娘が、その日の夜、手っ取り早く父親に聞いてみると、こう言われた。「それは簡単だよ。コウノトリの数が急に減ったからだよ」。

[4006 案ずるより産むが易し]
思春期の娘が心配性の父親に、「お前、男でもできたんか？」と聞かれて、こう答えた。「そんなの、産んでみなきゃ分かんないでしょ」（cf. 松崎俊道 54）。

[4007 駐車に注意]
娘が彼氏からドライブに誘われたので、母親は、「彼の運転には注意しなさいよ」と言ったが、父親はすぐに付け足した。「いや、むしろ駐車した時に注意しなさい」（cf. 田中紀久子 75）。

[4008 誰もいない家]
付き合い始めた彼女の家に遊びに行くことが夢だった男の子が、思い切って、「今度の日曜に遊びに行ってもいい？」と聞くと、彼女は、「日曜は誰もいないからダメよ」と断ったが、諦めきれずに彼が何度も頼むので、彼女は、「もうっ。仕方ないわね。好きにして」と答えた。当日、彼は意気揚々と彼女の家に向かったが、果たして家に着くと、本当に誰もいなかった（cf. 丸山孝男 48, シルバータウン 36）。

[4009 夜から朝まで]
朝の登校時から放課後遅くまで娘にまとわり付く男の子に向かって、娘の父親が、「うちの娘に朝から晩までまとわり付くのはやめなさい」と一喝すると、すぐに男の子は言い返した。「わかったよ。じゃあ、晩から朝までならいいんだろ」（cf. 劇団四季『クレイジー・フォー・ユー』）。

[4010 木登り]
小学校帰りの女の子が帰宅してお母さんに、「今日、休み時間に男の子たちが『木に引っかかった風船を取ってよ』って言うから、木によじ登って取ってあげたよ。すごいでしょ！」と自慢すると、母は、「馬鹿だね、あなたは。男の子たちはあなたのパンツを見るためにそう言ったの

よ」と注意した。しかし、この娘は平然と言い返した。「そんなこと分かってるよ。大丈夫よ、ママ。木に登る前にちゃんとパンツを脱いでおいたから！」（cf. 野内良三 a94）。

　子どもの純真な疑問に対して、はぐらかすことなく、しかも正確に答える方法として、［4001 新婚旅行に同行］の「母」による返し方は鮮やかであり、別の視点を示した［4002 僕の出所］もある意味で事実であるが、子どもの疑問は残る。［4003 二役の父］のように、コウノトリ神話はやがて通用しなくなるが、冗句で活用できることを示したのが、［4004 コウノトリの親子］や［4005 少子化の原因］である。
　親たちは得てして子どもの成長（＝性徴）を［4007 駐車に注意］のように危惧するが、実際には子どもが親の想像以上に進んでいることは、「男ができる」と「男の子ができる」という二重の意味に基づく［4006 案ずるより産むが易し］が示唆している。ちなみに、江戸時代以降流行した地口の1つで、この諺から作られたのが「アンズより梅が安し」である（北原保雄 685）。［4010 木登り］は構造上、娘のパンチラを心配する親の常識的な注意を超越する娘の返しにパンチ・ライン（＝落ち）がある（cf. 本書第3章第1節）。
　頼もしいのは、［4008 誰もいない家］の女の子や［4009 夜から朝まで］の男の子のように、自分よりも強い相手にユーモアで対等に臨む子たちである。

【学校】
［4011 好き同士］
　小学校の放課後、女の子が男の子に、「あなたのこと、大好きよ。あなたは？」と聞くと、男の子も同様にして答えた。「僕も同じだよ。僕も僕のことが大好きなんだ」（cf. 野内良三 b66）。

[4012 妊娠と避妊]
小学校高学年の男の子2人がひそひそ話をしていて、1人が、「ぼくは、どうやったら赤ちゃんができるかを知ってるよ」と言うと、もう1人が続けてささやいた。「ぼくは、どうやったら赤ちゃんができないかを知ってるよ」(cf. 野内良三 a64, 宮原盛也 152)。

[4013 教室運営]
過疎地の別々の小学校に務める若い女性の先生2人が、生徒用のタブレットなどの品定めをするために、一緒に大都会に出て来て、地下鉄の電車内でお互いの教室運営について話していた。先輩の先生から「あなたの子どもの数は何人だったっけ？」と聞かれた後輩の先生が、「20人です」と答えると、先輩は「それは多いわね。私は12人よ」と驚くので、後輩は「助手を使ってやってるんです」と説明した。2人の話を側聞していた周りの乗客は、2人が教員であることを知らず、子育ての話だと思っていたので、もっと驚いていた（cf. ラントマン a104）。

[4014 はい、ストップ！]
小学校3年生のクラスのある担任教師は、生徒たちに対して、授業開始のチャイムが鳴ったら、着席して静かにしているようにと注意していたが、一向に直らないので、ある方法を案出して終わりの会で説明した。「いいか。先生が教室に入って来て、『ストッノ！』と言ったら、何をしてても、その場で止まれ！ まず口を閉じて、そして手足含めて全身動かすな！ いいか、絶対にそのまま動くなよ。動いたら、げんこつだぞ！」。翌朝、朝の会の時間になり、先生が職員室を出て教室に向かうと、早速、教室から騒ぎ声が漏れ聞こえて来たので、忍び足で歩き始め、教室に飛び込むと、「はい、ストップ！」と叫んだ。こうして、歩き回っていた生徒たちは、その場で凍り固まったように立ちすくみ、その頭には先生のげんこつが次々と振り下ろされ、横や後ろを振り向いている生徒たちの頭も平手ではたかれた。数日間は効果があって、教室は静か

であったが、しばらくたつと元通りになり、こんなことが何度も繰り返された。ある日、昼休みが終わってチャイムが鳴り、先生が教室に向かうと、やはり教室は立ち騒ぐ生徒らの声で溢れていたので、先生も負けじと教室に飛び込み、「はい、ストップ、動くな、止まれ！」と叫んだ。その時ちょうど、数名の男子はスカートめくりをしていた。

[4015 初めてのキス]
中学校の放課後、体育館の裏で男の子が女の子にキスをして、「僕が初めてだよね？」と聞くと、女の子は言った。「もちろんよ。でも男の子って、なんでみんないつも同じことを聞くの？」(cf. 田中紀久子 53)。

[4016 クリスマス・カード]
少年がクリスマス・カードの売り場に来て悩んだ挙句、「愛する唯一の乙女へ」と記されているカードを見つけて、「これ、ください」と言うと、「1枚だけでいいですか？」と聞かれたので、再び悩んで答えた。「5枚ほどください」(cf. 加島祥造 b49f.)。

[4017 保健の授業]
中学の保健体育の授業で先生が、「人間の器官で興奮すると何倍にも大きくなる部分はどこか？」と質問すると、何人かの生徒が答えにくそうにしていたので、先生は落ち着いて言った。「瞳孔だ」(cf. ラントマン a115, 小泉保 16, 野内良三 a61)。

[4018 道徳の授業]
中学校で道徳の授業中に先生が、こっそりとエロ本を見ている男子生徒を見つけて、「こらーっ。そこのお前、立ってろ！」と怒鳴ると、生徒が言った。「先生っ！ もう立ってます」(cf. 松﨑俊道 40)。

[4019 1分間に1ミリずつ]

高校からの帰り道、2人の少年がいつもの喫茶店に入ったが、目当てのウエートレスは遠くで仕事をしていたので、1人が提案した。「おい、いいか。1分間に1ミリずつ、このテーブルと椅子を座ったまま静かにゆっくり動かしていけば、誰にも気づかれずに、あの子に確実に近づけるぞ！」。

[4020 映画館での停電]

教室で休み時間に男の子が友人に、「夕べ、彼女と行った映画館で突然停電になって、辺りは真っ暗！」と言うと、「パニクった？」と聞かれたので、こう答えた。「うん、10分後にまた突然明るくなった時にね」(cf. 田中紀久子 55f.)。

[4021 首はすべて回せ]

高校の男子体育の授業で、暴力教師がいつものように朝礼台の上から生徒らを見下して、偉そうに叫んでいた。「準備体操！ 首を回せ。さっさと回さんかー。しっかりやらんと、今日の器械体操で首が折れて死んでまうぞ！……手首ーっ。しっかりほぐしとけ！……こらーっ。ぼーっとすんなっ。首、手首と来たら、次は何だ。足首に決まっとるやろ。アホーッ。しっかり回しとけ……。首っちゅうもんは、すべて回すんや。ボケーッ」。いつものことと思いつつも、1人の生徒がたまりかねて、周囲だけに聞こえる声で、教師の声色を真似ながら言った。「足首の次は何だ。乳首に決まってるやろ。アホーッ。しっかり回しとけ……。首っちゅうもんは、すべて回すんや」。

相手の予想の逆を行く構造をしているのが、[4011 好き同士] と [4012 妊娠と避妊] だが、前者は天然で後者は知的である。天然かつ知的な例は、[4016 クリスマス・カード] の少年であり、単に無知であるために、または先入観のために驚く状況を生む例が [4013 教室運営] や [4015 初

めてのキス］である。［4019 １分間に１ミリずつ］と［4020 映画館での停電］は、多くの小さな段階を丁寧に踏むことと、暗闇を活用することが、恋の正攻法であることを示唆している。

　［4017 保健の授業］は、複数の知識を活用して生徒を戸惑わせる例であり、同種のものに、「【問い19】男性が舐められるとすぐにたっちゃうものな〜んだ？　答え19 腹（舐められた態度を取られると腹が立つ）」というのがある（紺野ぶるま 190f.）。逆に、［4014 はい、ストップ！］や［4018 道徳の授業］は、教室の予想外の状況で先生を戸惑わせる例である。［4021 首はすべて回せ］は、教師を知的に上回る生徒による静かな逆襲である。このような級友たちは結束して、「竹馬の友」となる。いや、「乳首の友」となる。

【大学】

　［4022 時間とお金の節約］
　大学生同士が互いに一目ぼれして付き合うことになり、男の子が女の子に、「一目ぼれってどう思う」と聞くと、女の子がこう答えた。「お互いにお金と時間の節約になって良かったと思うよ」（cf. 加島祥造 b26）。

　［4023 バスケットの選手］
　女子大生が、笛を持って初デートに行く理由を友人に聞かれて、こう答えた。「今度の彼氏はバスケットの選手なの」（cf. 森浩二 87f.）。

　［4024 手ぶらで飲み会］
　酔うとよく忘れ物をする学生が、またもや財布と携帯のみをポケットに突っ込み、それ以外は何も持たずに飲み会の会場に登場した。身軽な彼を見て友達が、「今日の飲み会も手ぶら？」と聞くと、彼はこう答えた。「そう、手ぶら、それにノーブラだよ」。

[4025 体脂肪率]
大学の器械体操部の男子学生が、数名の女子マネージャーを探していて、入学式後、キャンパスでのオリエンテーション期間中、鍛え上げた肉体を誇示しながら、通りすがりの新入生に声をかけていた。「僕の体を見てください。ごらんのとおりです。体脂肪率がマイナス10％なので、部活の活動日に僕に少し抱き付くだけで、脂肪吸引が始まり、無理なく痩せることができますよー」。

[4026 抱きしめたい]
ある教授は毎学期、4回目の講義中に小さい裏紙を配って中間アンケートを取る時間を持ち、「1.これまでの講義の感想、2.講義担当者への要望、3.一押しの歌手とその曲」を書かせて学生の様子を窺い、次の講義で応答していた。ある学期の4回目の講義中、教授はアンケートを自由に積極的に書いてもらおうと、自分の一押しがミスター・チルドレンで、「抱きしめたい」という曲が大好きだと熱く語った。そして、講義が終わって研究室に向かう途中、回収したアンケートを読んでいて「フフフッ」と笑みがこぼれた。そそっかしい学生が、1と2の質問を1としてまとめて書き、3はなく、2と記された所にこう書いていた。「……2.『抱きしめたい』！ 好きです」。次週の講義で教授は、このアンケートの記入者の名前を伏せたまま内容紹介をし、一言付け加えた。「最初は、＜お友達から＞だよ」。

[4027 谷間の反対]
ある教授は、講義で日本思想の「間」の概念を説明するために、二字熟語のうち「間」という漢字で終わるものを学生に答えさせて板書していった。仲間、世間などの人間概念、期間、瞬間などの時間概念を列挙した後、空間概念として、居間、谷間と出たところで、教室の前方で突っ伏して寝ている学生に気付いて、彼を起こし、一番多いはずの空間概念の例をほかにも挙げるように求めた。しかし、彼がぼーっとしていた

め、教授は空間概念として「谷間」が出たことのついでに、「君ね、いいか、『谷間』が出たでしょ。例えば、この『谷間』の反対語は何？」と言って回答を誘導した。おまけに、両手首を合わせてVの字を作って自分の胸元に持っていき、『谷間』の形を示し、「これの反対だよ」と丁寧に説明した。すると、ようやく学生は気付いたようで、明るく答えた。「股間！」。

[4028 腰を落ち着けて]
ある大学から専任講師として採用の内定をもらった研究者が、所属することになる学部の何人もの老教授らから何度も、「学生のためにも、腰を落ち着けてじっくりと頑張ってください」というようなことを言われた。間もなく新年度4月上旬、オリエンテーション期間が始まり、この専任講師は、教員紹介の時間に自分の番が回って来ると、新入生数百人の前でマイクを握り、こう言った。「……皆さんのために、腰を押し付けてじっくりとやります……」。

イメージの広がる冗句は高品質であり、例えば、[4022 時間とお金の節約]は、逆に、このようなカップルは直ぐに別れるなら、更なる時間とお金の節約にもなるだろうという突っ込みを招来しうるだろう。[4023 バスケットの選手]も、スポーツの種類を変えれば、それだけ冗句が作れる（cf. 本書第4章第2節）。[4024 手ぶらで飲み会]の言葉遊びも、頻出フレーズの類似語を活用することで別バージョンができるだろう。[4025 体脂肪率]という近年有り触れた用語も、プラスをマイナスに転換して、やはり同じ分野の有り触れた脂肪吸引という用語を活用すると冗句ができる。

文脈が異なる時、1つの文章が別の新たな意味を帯びてくることを示しているのが、[4026 抱きしめたい]と[4027 谷間の反対]であり、前者は記入欄を間違えたことが、後者は谷間と山間という自然概念を谷間と股間という人体概念に取り違えたことが、ユーモアを作り出している。

[4028 腰を落ち着けて] は、「腰」など、ある特定の用語は使用時に要注意であることを示している。加えて、「オチツケル（落ち着ける）」と「オシツケル（押し付ける）」という音声上たった一文字の違いが笑いを生む。こうしたことから、ある放送業界では、「ベニス」を「ベネチア」に、「ファックス」を「ファクシミリ」に、「本腰を入れる」を「本格的に取り組む」に言い換えているという（小林昌彦 36, cf. 中村明 b149）。それなら、「精を出す」や「精根尽き果てる」という表現も、「精」に種々の意味があるため（cf. 藤堂明保 1345）、要注意だろう。これは、『醒睡笑』の若道噺の1つを想起させる（cf. 本書第2章第1節）。若い僧が一夜の宿を借りると、同じ座敷に 11、12 歳の少年が寝ていて、夜中に、「お母さん、尻に火がついた」と声を上げたところ、母が灯りを手にしてやって来て、「心配ないよ、御坊様の精の力が尻の中に入って、火を消してくださりましたよ」と言ったという（安楽庵策伝 b410, cf. 村山吉広 126）。

第2節　成人色恋のユーモア

　前節の「青春色恋のユーモア」よりも、本節の「成人色恋ユーモア」の方が、「色」が深まり、「色濃い」と言わざるをえない。「色」という漢字は、『説文解字注』によると、顔の気配、顔色を意味するとされているが（許慎／段玉裁 431, cf. 尾崎雄二郎 b171, 本書序章第1節）、「かがんだ人と人の形で、男女の情交・性愛の意を表す」象形文字であり、「かかんた女性と、かがんでその上に乗った男性とがからだをすりよせて性交するさまを描いたもの」とも解説されている（藤堂明保 1458）。この象形文字は裏返すと、69 と字形が似ていることを考慮するなら、「sixty-nine」、つまり、「69 シックスナイン（相互性器舐啜）」のことかもしれない（cf. 高橋作太郎 2196）。

　「恋」という漢字の旧字体は、「言」という字の両側に「糸」という字を書き、これらの下に「心」という字を書いたもので、「もつれた糸にけじめをつけようとしても容易に分けられない」ように、「心がさまざまに

乱れて思いわび、思い切りがつかないこと」を意味する（藤堂明保 620）。『広辞苑』によると、これらの2字から成る「色恋」とは、「色情と恋愛」のことであり、「男女の情愛」も意味する（新村出 210）。確かに、「色」や「恋」という漢字は、「男女の情愛」の性質を物語っていると言えるだろう。以上のようなことから、本節では、登場人物や状況設定、さらには意味内容が成人向けとなる（cf. 赤尾泰子 16-59）。前節と同様に、幾つかの場面に分けて検討しよう。

【結婚】

[4029 離婚の原因]
アメリカで離婚の原因についてのアンケート結果が公表された。第三位、暴力。第二位、浮気。第一位、結婚（cf. 毛利八十太郎 48, 森浩二 96, 加島祥造 b91, 宮原盛也 206f., 丸山孝男 135, 葛西文夫 112, 東森勲 190, 赤尾泰子 38, 大島希巳江 e50, 早坂隆 d94）。

[4030 結婚の時]
新入りのOLが同期となったOLに、「私は30になるまで結婚しないつもり」と言うと、「私は結婚するまで30にならないわ」と言い返された（cf. 馬場実 69f.）。

[4031 プロポーズ]
アラフォーの女性が友人に、「私、毎晩のように2人の人から『結婚してくれ』って言われてるの」と言うと、友人は言った。「2人って、あなたの両親でしょ」（cf. 加島祥造 b47, 加藤尚武 b164f., 宮原盛也 207, 馬場実 71, 豊田一男 b71f.）。

[4032 前の夫と次の夫]
金持ちの未亡人と結婚した男が友人に、「今はうまくいってるけど、彼女には前の夫の話をしてもらいたくないな」とこぼすと、友人はあきれ

第2節　成人色恋のユーモア

た。「何を言ってるんだ。俺の女房なんか、次の夫の話をしてくるぜ」（cf. 馬場実 161）。

[4033 同い年]
40歳の実業家が20歳の女性と結婚して冷やかされまくったが、彼は周囲にはいつも同い年だと言い張るので、ある時、友人が実際のところを聞くと、彼はこう答えた。「彼女と1つになる時、私は10歳若返り、彼女は10歳成長しているように感じるんだ」（cf. トケイヤー a118f., b90f., ラントマン b122f., ミルトス編集部 54f.）。

[4034 結婚後の後悔]
夫が、「結婚したての時は、君を食べてしまいたいほどだった」と言うと、妻が、「今はどうなの？」と聞くので、正直に答えた。「そうしなかったことを心から悔やんでいるよ」（cf. 野内良三 b346, 中村明 b31）。

出来事の近因と遠因について考えさせられるのが、[4029 離婚の原因] であり、結婚という原因を通り越して究極的に遡及するなら、神が天地創造において男と女を引き合わせたことが原因とされるだろう（創世 2:22-24）。[4031 プロポーズ] は、結婚の原因を親に責任転嫁するタイプの例である。[4030 結婚の時] と [4032 前の夫と次の夫] は、結婚の話題に限らず、相手の発言内容を逆にしたり、転倒させたりすることで冗句ができる例である（cf. [3099 コーヒーと睡眠]）。

[4033 同い年] と [4034 結婚後の後悔] は、発想が似ており、前者の夫が妻の10歳分を食い物にして自分がその分、若返っているのに対して、後者の夫は、妻のすべてを言わば食い物にできたはずなのに、しなかったという後悔である。

【夫婦】

[4035 出生統計]
ある日本人家族で妻は４人目の子を身ごもっていたが、新聞を読んでいてパニックに陥り、夫に叫んだ。「あなた、大変よ。生まれて来る子の４人に１人は中国人だって書いてある」(cf. 郡司利男 b182, 早坂隆 c153f.)。

[4036 協力夫婦]
演劇の上演直後、妻が夫に、「あっ、家のガスオーブンの火を消し忘れたわ」と言うと、夫は落ち着いて答えた。「偶然だね。俺も風呂の水を止め忘れたから、火事になっても大量の水で鎮火するはずだ」(cf. 加島祥造 b253f., 野内良三 a346, c215, 豊田一男 b236, 井坂清 102)。

[4037 夫婦の悩み]
９年間に９人の子どもを次々ともうけた人が妻を伴い、ラビに生活費の逼迫について相談して、「ラビ、私たちはいったい何をしたらよろしいでしょうか」と聞くと、ラビは答えた。「何もしないでください」(cf. トケイヤー a117)。

[4038 年齢計算]
ある婦人は、厚かましく年を聞いてくる友人にこう答えた。「19で結婚した時、夫は25で、夫は今、倍の50だから、私は今、38よ」(cf. 森浩二 25, 野内良三 a69)。

[4039 骨董趣味]
若い青年実業家が骨董趣味にはまり、手始めに古民家を買い取ってリフォームし、続いて古箪笥などを集め、最後には大年増の後家さんと結婚した (cf. 野内良三 b85f.)。

第２節　成人色恋のユーモア

[4040 夫婦の役割]
結婚前は、彼女が話をして僕は聞き役だった。結婚後は、僕が話をして彼女は聞き役だった。しかし、何年もたつと、僕と彼女がお互いに大声で怒鳴り合い、隣近所が聞き役になった（cf. トケイヤー a124f., b234, 豊田一男 b48, 井坂清 100f.）。

[4041 夫婦喧嘩]
夫婦喧嘩をして互いに口をきかなくなったため、夫は居間のテーブルに、「明朝は7時に起こして！」とメモを置いたが、明朝、寝坊してしまい、居間のテーブルのメモを見ると、「7時よ、起きて！」と書き添えられていた（cf. 田中紀久子 20）。

[4042 浮気の現場]
夫の浮気に耐えかねた妻が、夫の浮気の現場をとらえて2人の背後から忍び寄り、準備していた包丁で夫の背中を刺して殺したという事件の裁判で、裁判長がこの妻に夫のみを刺し殺した理由を尋ねると、彼女は答えた。「殺人は一回犯すだけで、たくさんです。夫のほうを殺していなければ、あと何人もの女を殺さなければなりません」（cf. トケイヤー a110, 田中紀久子 185）。

[4043 毛髪鑑定]
夜中にこっそりと帰宅した夫の服に茶色の長い髪の毛が付いていることに気付いた妻は、「きっとモデルと浮気したんだわ」と思ったが、翌日、夜中にこっそりと帰宅した夫の服に何も付いていないことに気付いた妻は、「きっと丸坊主の尼さんと浮気したんだわ」と思った（cf. 赤尾泰子 57, 馬場実 157）。

[4044 喪服の日々]
夫を亡くして4年もたつのに、まだ喪服を着ている未亡人が、友人から

「なぜまだ喪服を着ているの？」と聞かれて、こう答えた。「だって夫はずっと死んだままだよ」（cf. エラクレス 117）。

[4045 納骨後の夫]
毎晩、色々な女と遊び歩いていた夫を亡くして納骨を済ませた未亡人が、ある晩つぶやいた。「やっとこれであの人が毎晩どこにいるか、分かるようになったわ」（cf. エラクレス 118）。

妻のキャラクターによって分析するなら、[4035 出生統計] は、びっくり女房、[4036 協力夫婦] は、うっかり女房、[4037 夫婦の悩み] は、おっとり女房、[4038 年齢計算] は、しっかり女房、[4039 骨董趣味] は、しっとり女房と言えるだろう。
　[4040 夫婦の役割] と [4041 夫婦喧嘩] の夫婦は、まだ関係が維持できているが、[4043 毛髪鑑定] は関係破綻の兆候を示し、[4042 浮気の現場] は、破綻後に幾多の最悪の中から最善を選択したという辛辣な冗句である。
　未亡人の様子によって、生前の夫との関係を生き生きと伝えているのが、[4044 喪服の日々] と [4045 納骨後の夫] であり、前者は、今や喪服に象徴される亡き夫が妻を依然として包み込んでいるという連続性を示し、後者は、各所で床遊びをしていた夫が、今や死の床に封印されたという対比を描いている。

【色事】
[4046 無色の過去]
中年の女性が若い頃を振り返って友人に、「あの時のことは思い出したくもないわ」と言うと、「何かあったの？」と言われたので、こう答えた。「何もなかったのよ」（cf. 加藤尚武 b174, 宮原盛也 144）。

[4047 生きる目的]
検診に来た患者が、医者から、「お酒は飲みますか？」と聞かれて「いいえ」と答え、「煙草は吸いますか？」と聞かれて「いいえ」と答え、「いわゆる精力はありますか？」と聞かれて「いいえ」と答えたので、医者はさらに尋ねた。「あなたは一体、何のために生きているのですか？」(cf. 丸山孝男 65, 野内良三 a278f. 松田道弘 121, 大島希巳江 e75, 松﨑俊道 24)。

[4048 コオロギの鳴き声]
夏の終わりの夜、川岸の木々の茂みのあちこちで若いアベックが抱き合っていた。1人の娘が彼氏に、「ロマンチックな場所ね。あちこちでコオロギが鳴き始めたわ」とささやくと、彼氏は首をかしげた。「あれはコオロギじゃなくて、ファスナーの音だよ」(cf. 野内良三 b71)。

[4049 予知能力]
予知能力を持つという無口の赤ちゃんが、ある時、「おじいちゃん！」と言うと、その翌日おじいちゃんが死に、数日後、「おばあちゃん！」と言うと、その翌日おばあちゃんが死に、周囲を驚かせた。さらに数日後、その赤ちゃんが、「お父さん！」と言うと、翌日お父さんは死ぬことなく、隣の家のおじさんが死んだ（cf. 加藤尚武 b186, 立川志の輔 a30f., 大島希巳江 d31, 馬場実 166)。

[4050 乙女とラビ]
乙女がラビを訪れるなら、ラビはラビであり、乙女は乙女である。ラビが乙女を訪れるなら、ラビはもはやラビではなくなり、乙女は乙女ではなくなる（ラントマン a117)。

[4051 少女と船長]
冒険好きな少女の日記にはこう記されていた。「月曜日、船長から食事に招かれた。火曜日、船長室で1日遊んだ。水曜日、船長に無理なこと

を求められた。木曜日、船長は私がそれを断れば、船を沈めると言った。金曜日、1000 人の命を救った」(cf. 加島祥造 b117, 野内良三 a225, 松田道弘 248, 葛西文夫 81f.)。

[4052 聖母マリアへの祈り]
社会人になっても間違いばかり犯す OL が、聖母マリア像の前で祈った。「マリア様、あなたは罪を犯すことなく懐妊されました。どうか私に教えてください。懐妊することなく罪を犯す方法を！」(cf. 野内良三 a332)。

[4053 会社の宴会]
宴会も酣(たけなわ)となりなり、部下が泥酔した上司に、「お子さんは何人ですか？」と聞くと、上司は天を見上げて、こう答えた。「はーぁ、把握している限りでは、2 人かな」。

[4054 近所の評判]
感極まった夫人が新しい恋人に、「あー、あなたは私の夫よりずっといい」と言うと、この恋人は感動して言った。「お隣の奥さんも同じ意見です」(cf. 野内良三 b48)。

[4055 選挙の記憶]
アメリカ人の新聞記者から英語で、「一番最近の election（選挙）はいつでしたか？」と聞かれた日本人の政治家は、「一番最近の erection（勃起）？ 今朝かな」と答えた (cf. 早坂隆 b132, 永島道男 202)。

[4056 最強の武器]
「ペンは剣より強し」を英訳しなさいという問題に対して、こういう解答があった。「The penis mightier than the sword.（ペニス、剣より強し）」(cf. 永島道男 204, [3183 洒落の強さ])。

第 2 節　成人色恋のユーモア

[4057 古代ギリシャの謎々]
古代ギリシャでは、上半身が女で下半身がライオンの姿をした有翼怪物スフィンクスがテーベ辺りで粋狂なことに、「朝は4本足、昼は2本足、夜は3本足の生き物は何か？」という謎を民草にかけて、答えられない人々を食い殺していたが、オイディプスが、四つん這いの赤ん坊、直立二足歩行の人間、杖を付いた老人を思い付き、「人間」と答えて謎を解いてしまったため、スフィンクスは谷間へ投身自殺した（cf. 三浦一郎 34ff.）。その後、オイディプスは勇躍、謎を改変して人々に迫った。「夜に背面飛行をするものの上で、五足歩行する生き物は何か？」

[4058 リサイクル合戦]
ヨーロッパのサッカー観戦で、たまたまライバル国同士の観客が隣り合わせてしまい、そのうちの1人が、「俺の国の果物の皮と屑はジャムにして、お前の国で売っている」と言うと、相手も負けじと奮起して言った。「俺の国の男性用避妊具は使用後、リサイクルでチューインガムにして、お前の国で売っている」（cf. 赤尾泰子 188f.）。

[4059 生娘の印]
白雪姫が7人の小人たちを従えながら天国の門に来て、「どうぞ私の生前の不幸にもかかわらず真面目な生涯を調べてください。そして天国に入れてください」と言うので、道徳に厳格な聖ペトロは天使たちに、「この生娘の印を調べて報告せよ」と命じると、天使たちは戸惑いながら報告した。「あのう、どういたしましょうか。そこには7つの小さな穴が開いておりましたが……」（cf. 北村元 192f., 野内良三 b167, 米原万里 171, 筒井康隆 94）。

[4060 忘れ物]
若い女性が産婦人科に電話して、「すみません。今朝一番で受診したも

のですが、私、ピンクのパンティーをそちらに忘れていませんでしたか?」と聞いたが、「ない」とのことで、電話を切って1人呟いた。「あれっ、ひょっとして歯科医の所で忘れてきたのかも……」（cf. 野内良三 a390）。

人生に色事がなければ、無色、無目的になるという警告が、**[4046 無色の過去]** と **[4047 生きる目的]** であり、色があっても無粋な彼氏の例が、**[4048 コオロギの鳴き声]** である。ここでは、雄のコオロギが雌に求愛しているという生物学的解説の方向に話を進められない「若気の祟り」が冗句になっている。**[4049 予知能力]** から **[4054 近所の評判]** までは、すべて禁断話であり、**[4055 選挙の記憶]** から **[4059 生娘の印]** までは、すべて男根話である。**[4059 生娘の印]** との関連かどうかは不分明だが、近代哲学の祖であるデカルトの「コギト・エルゴ・スム（我思う、故に我あり）」は、「コビト・オルガズム」と解説されている（筒井康隆 128）。本章最後の言わばパンチ・ライン（＝落ち）でもある **[4060 忘れ物]** は（cf. 本書第3章第1節）、「パンティーを脱ぐ必要のない所で脱ぎ落としてきちゃったかも？」という「パンチ・ライン」が、「パンチラ・イン」だったという冗句である。

色恋沙汰は聖書と無関係ではなく、例えば聖書の冒頭、創世記には、後のオナニーという用語の語源であるオナンという男が、兄エルの死後に当時の習慣（＝レビレート婚）に従って兄の妻タマルのもとに入り、子孫を残すことを父ユダに命じられたにもかかわらず、子孫が自分のものにならないと分かっていたため、タマルのもとに入るたびに自らの精液を地に流したという記事がある（創世 38:1-11, cf. 申命 25:5-10）。

また、旧約聖書の雅歌には性的描写があふれており、冒頭から若い男女の関係が記されている（宮平望 e203, cf. 雅歌 1:1-17）。

若者と乙女の「寝床は緑の茂み」であることは、寝床にいる若い2人の恥部の茂みを、2人の家の梁や垂木は、シーツの中で組み合わされた2

人の腕や脚を示唆し（雅歌 1:16-17）、乙女にとって「王」である若者が「宴席に着く」とは、その寝床で乙女に対して自らの体勢を整え、こうして自らの恥部の「没薬の匂い袋」の一部を奮い立たせ、最終的に「一夜を過ごす」ことを意味している（雅歌 1:12-14）。没薬は、カンラン科の木から滲出する白色系のゴム樹脂であり（雅歌 1:13, 5:1, 5, 13, cf. 創世 38:9）、乾燥すると褐色になる。

さらに、乙女の「谷間のゆり」や「茂みに咲く花」という表現は、乙女の恥部を（雅歌 2:1-2）、「干しぶどう」と「りんご」という表現は、乙女の胸を表し（雅歌 2:5, cf. 雅歌 1:13）、乙女がりんごの実に見立てられた若者の恥部を座って口にする情景も描かれている（雅歌 2:3, 6）。逆に、若者が乙女の恥部を示す園に来て蜜やぶどう酒を楽しむということは（雅歌 5:1, cf. 雅歌 4:12, 16）、若者がそこに垂らした蜜やぶどう酒を楽しみ嗜むことを意味している（雅歌 7:3）。聖書において、このような色恋は成人の生の一部として、特定の人間関係においては否定されることなく表現されている（cf. 創世 2:24）。

結　章　人生を楽しむ7法則

　コンタクト事件という有名な事件がある。正確にはコンタクトレンズ事件と呼ばれ、筆者もその被害者の1人であり、この事件は数十年前から何度か発生している。いまだ本件は、世間一般には周知されていないかもしれないが、それもそのはず、かつて筆者が名付けて以来、そう呼んでいる事件名だからである。

　筆者は学生の頃からコンタクトのお世話になっており、起床とともにコンタクトをはめて1日が始まる。ある時、目覚まし時計がまだ鳴ってもいないのに、夜中に目が覚めてしまい、再び寝ようとしても眠れないので、いっそ起きて、眠気を誘う無味乾燥な辞典でも読もうと思い立ち、コンタクトをはめるために洗面台に向かった。人は疲れている時はよく眠れるものだが、ひどく疲れている時は、かえって眠れない。洗面台に行くと、明かりがつけっ放しで、どうやら消し忘れて寝落ちしたらしい。それだけでなく、コンタクト容器の蓋も開けっ放しで、そこにはコンタクトはなく、さらには洗面台に水が張りっ放しであった。

　そして、なんとその水面上に1つのコンタクトが浮かんでいたのである。コンタクトは落とした時に見つけ易いように、大抵は薄い色が付いているが、筆者のコンタクトは薄い青色である。夜中に1人仰天したのは、そのコンタクトが大きく膨張していて、直径数十センチのお皿くらいの大きさになっていたことである。そこで、それを目に入れようと右手で静かにすくい、なんとか持ち上げ、まぶたを引っ張りつつ、自分の顔と同じくらいの大きさのコンタクトを右目に入れようと、必死でもがいていたのだが、一体どの方向から目に入れたらよいのか分からなくなってきた。普段は人差し指に載せてさっと入るのに、今や手からはみ出るほどの大きさになったのである。おまけに重くなったコンタクトを支える右手も疲れてきて、

最後には右手を洗面台にかけたまま力尽きて、その場に座り込んでしまった。ちょうどその時に筆者は意識を失ったらしく、目を覚ました時には布団の中で、右側を下に横向きに寝ていて、右手が目の前でその大きなコンタクトを支えているような形で硬直していたのが、やはり、つけっ放しの机の蛍光灯の明かりで見えた。また、コンタクトが右手の上にないことにも改めて気付いた。

この時、筆者は、この布団の中で目を覚ますまでのことが夢だったことに気付き、おかしくて1人真夜中にフフフと笑ってしまった。特に、あるはずもないコンタクトを支えたような形で硬直している右手が愉快で、夢を思い返すとさらにおかしくて、特異な夜中であった。筆者は疲れていた夜、単に机の蛍光灯を消さずに布団に寝落ちし、「夜中に起きた後にコンタクトをはめられずに意識を失う」という夢を夜中に見て起きたのである。

この夢分析は難しくない。コンタクトをはめる時は、何かを見たり読んだりするなど、大抵は言わば仕事の開始時間であり、外す時は、そこから解放される時間である。つまり、コンタクトは仕事の象徴であり、それをはめることは仕事モードに入ることを、それを外す時は休憩モードに入ることを示している。労働モードと余暇モードと言い換えることもできるだろう。そして、コンタクトが大きくなったということは、やるべきだと考えている仕事が多くなったということであり、コンタクトが目に入らないということは、仕事量が自分の許容範囲を超えるほど多くて無理だということである。多少の変型版も含めて、この夢は何度か見てきたが、その時は、意識的に自分の仕事を減らす必要のある時であり、そのまま継続すれば病むことになる。筆者からこのコンタクト事件を聞いたことのある方の中には、「私も同じ被害にあったことがある」と証言してくれた人が何人もいる。聖書においても、複数の証人による証言は真実なものと見なされている（申命 19:15、マタ 18:16、ヨハ 8:17、コリ二 13:1、テモ一 5:19、ヘブ 10:28、黙示 11:3）。ただし、調査によって判明した悪意の偽証者には哀れみの目をかけることなく、その者を取り除かなければならないという厳しい罰則も定められている（申命 19:15-20, cf. 出エ 20:16、23:1-9、申命 17:6-

9)。

第 1 節　ユーモアの法則

　この第 1 節では、これまでに取り上げたユーモアの個別例が、どのような性格のもとに分類できるかを抽象的に検討する。読者の方々は、本書の他の章で紹介されたユーモアが、下記の 7 法則のどれに相当するかを検討していただきたい。第 2 節では、実際にどのようにすればユーモアを具体的に創作できるかを実演する。つまり、この結章の課題は、ユーモアの理論と実践である。筆者はユーモアの法則を、普遍の法則、逆転の法則、誇張の法則、類似の法則、転位の法則、破綻の法則、天然の法則という 7 法則に集約するが、その前に、主な先行研究例を参照しておこう。
　モリオールは、滑稽さのテクニックについて形式的な一般原則を第一に、相手の関心を引き付けて思考過程をコントロールすること、第二に、日常的な思考や予期パターンの撹乱あるいはリアリティ図式の動揺を含むこと、第三に、独創性と新鮮さを兼ね備えていることとしている（cf. モリオール 151-154）。
　文体論や表現論の代表的な専門家である中村は、笑いのレトリックとして具体的に、相手がおやっと思うことを述べてから説明をして納得させる奇先法、表現を徐々に強めながら最高潮に持って行く漸増法、同じ言葉や内容を繰り返す反復法、無駄口・減らず口、軽口を付加する技法、意図的に遠回しに述べる間接化の技法、比喩表現、擬人法、パロディー・洒落、矛盾と逆説の技法、誇張法を挙げている（中村明 a53-102, cf. 中村明 e8-11）。
　森下は、ユーモアには主として、相手の固定観念や世界観をずらして、「ええっ、どういうこと？」と思わせる「異化」作用や、落語の落ちのように、「なあるほど」と思わせる「同化」作用、さらにはそれらの複合形態があるとし、ユーモアを作り出すために何よりもまず、「物知りになること」、つまり、種々の視点や思考方法を身に付けることを勧める（cf. 森

下伸也 b131-141)。

　野内は、ジョークのおかしみを表現するために、「(1) 言葉で遊ぶ (2) ナンセンスを楽しむ (3) 意表に出る (4) 類推する (5) ほのめかす (6) 誇張する」という6つのテクニックを紹介している（野内良三 c141, cf. 野内良三 c154, 189）。あえて筆者の7法則との関係で言えば、それぞれ「(1) 言葉で遊ぶ」は類似の法則に、「(2) ナンセンスを楽しむ」は破綻の法則に、「(3) 意表に出る」は逆転の法則や天然の法則に近く、「(4) 類推する」は破綻の法則と、「(5) ほのめかす」は下記で言及する批判の法則と重なる部分があり、「(6) 誇張する」は誇張の法則そのものである。

　烏賀陽はユダヤ人のジョークを分析した上で、その一般的な特徴を4法則にまとめている（cf. 烏賀陽正弘 a31-45）。

　第一は、洒落や語呂合わせと地口である。例えば、「一面が黒くて白く、それに赤いものはなぁに？（What is black and white and red all over?）」という謎々に対する「新聞（Newspaper）」という回答は、「赤い（red）」という発音が「読まれる（read）」という発音と同じであることに基づくものであり、「一面が黒くて白く、それに読まれるものはなぁに？（What is black and white and read all over?）」と言われれば、「新聞」になるというわけである（cf. 松田道弘 191, 東森勲 213, 235, Ritchie30）。このような洒落や語呂合わせは、日本語では、「下手なシャレは、やめなシャレ」とか、「台所はキチンとしてね」とか、「あなたは家の敷地に新しい壁を造ったんでしょ。ヘェー（塀）カッコイイ（囲い）」という形で知られている。「地口」とは日本では江戸時代に流行した言葉遊びであり、「案ずるより産むが易し」を「杏子より梅が安い」と言い換える類いである（cf. 秋田實 a111, 中村明 b23, [4006 案ずるより産むが易し]）。英語圏では、日本人がLとRの発音の区別ができないことに基づくユーモアがあり（cf. [3131 さらにビール]、[3132 フルート好き]）、日本人自身、「日本人は米を毎日食べる（Japanese eat rice everyday）」と正しく発音しにくいことから、「日本人は虱を毎日食べる（Japanese eat lice everyday）」らしいというものや、「最近の選挙（election）はいつでしたか？）という質問を、「最

近の勃起（erection）はいつでしたか？」と聞き違えた日本人が真面目に「明け方です」と答えるジョークがある（cf.【4055 選挙の記憶】）。

　第二は、どんでん返しであり、これは予想外の返答をするユーモアである。例えば、普段から時間に厳格なことで評判のサラリーマンが、会社の始業時刻に一時間ほど遅刻して上司に、「すみません、地下鉄の階段で数段下まで滑り落ちて大怪我をして遅れてしまいました」と弁解すると、その上司が、「階段を数段落ちるのに1時間もかかったのかね？」と聞き返す類いである（cf. 早坂隆 b136）。

　第三は、矛盾があっても平気という姿勢である。例えば、ある人が、雨が降り出したのに傘を差さない友に理由を聞くと、「傘が穴だらけだから」と言われ、さらにそのような傘を持って来た理由を聞くと、「今日は雨が降るとは思わなかったから」と言われたというジョークがあり、論理の矛盾が意図的に活用される（cf. 三浦靭郎 111f., ミルトス編集部 99）。

　第四は、しっぺ返しである。例えば、終業時間近くになってボスから山ほどの書類の整理を命じられた秘書が、「たった一日でいいから、私がボスになり、ボスが秘書になったらと思います」と言うと、ボスは、「無理だ。僕にはあれだけのコーヒーはとても飲めないから」と言い返すというのは、しっぺ返しの1つで、ここでは秘書が勤務時間中に頻繁にさぼってコーヒーを飲んでいることを揶揄しており、特に重要なのは、暴言や暴力による復讐を回避する役割を果たしているという点である。また、しっぺ返しの有名なパターンは、ある国の議会で審議が難航して苛立った議長が、「議員の半分はバカだ」と怒鳴ったことに対して、与野党双方から抗議が怒涛のごとく畳み掛けられた時、議長が、「心よりお詫びして前言を撤回する。議員の半分はバカではない」とやり返したというものであり、ここでは前言を撤回したように見えて、依然として残りの半分はバカであると示唆している。このパターンは、ジョークの本ではイスラエル国会（クネセト）やパレスチナ議会の例として挙げられている（cf. トケイヤー b245f., 野内良三 a208f., 烏賀陽正弘 a58f., 早坂隆 e51）。

　上記の4法則は、筆者による7法則との関係で言えば、「洒落や語呂合

わせと地口」と「矛盾があっても平気」は、それぞれ筆者の類似の法則と破綻の法則に相当し、「どんでん返し」や「しっぺ返し」は、逆転の法則に近いだろう。「どんでん返し」の「階段を数段落ちるのに1時間もかかったのかね？」という引用例は、誇張の法則でもある。

　さて、筆者による下記の7法則は、原則として順不同であり、実際の1つのユーモアに幾つかの法則が重複したり、逆にどれにも当てはまらなかったりすることもあるだろう。しかし、最初の普遍の法則はある意味で、残りの6法則と重複するものである。つまり、ここで普遍と言うのは、ユーモア発生の現場の規模が、世界全体であれ、地域であれ、少人数であれ、その場では、ユーモアが通じるための言語が一定程度同じであり、その内容が相手や聞き手に一定程度通じる必要があるという意味である。ここで、一定程度同じとか、通じると言うのは、ある言語の単語や会話が無知や誤解によって通じないからこそユーモアが発生する場合がありうるからである。要するに、ユーモアは一定程度のコミュニケーション能力を持つ人々の間で成立する。

　第一、普遍の法則とは、明白なことだが、ユーモアが発生するには、その現場で普遍的に共有されている情報や情況があると効果的だというものである（cf. 大島希巳江 c41ff., 185f.）。それは、「滑稽なものは普通の日常生活のなかに遍在している」からであり、「滑稽なものはただ人間のみに生じる現象である。また人間に普遍的に見られる現象でもある」ことに基づく（バーガー 15f., 33）。情報と情況は、言葉と文脈でもあるから、英語でならTextとContextまたはTextとTextureとも言えるだろう。言葉に関して日常生活で普遍的に周知されているものの具体例は、古いものなら諺や昔話であり、新しいものならニュースや流行語であるが、話し手がユーモアをパンチ・ラインで終えるまで長々と語ることは逆効果であり、聞き手は途中で飽きてしまうから、短い諺や名言はユーモアの材料として最適である。おまけに、これらはニュースや流行とは異なり、ほぼ全世代に渡って周知されている。

　誰にも失敗はあるということを言ってあげたい時には、「猿も木から落

ちる。弘法も筆の誤り」という同趣旨の有名な 2 つの諺を部分的に転位させて、「猿も筆の誤り。弘法も木から落ちる」と言うなら（cf. 筒井康隆 87,［3034 諺の混乱］）、図像的にも愉快であり、相手に慰めを与えるだけでなく、笑いも添えてあげられることだろう。札幌農学校教頭のクラーク博士による「少年よ、大志を抱け」という激励は、「青年よ、妻子を抱け」と言い換えるなら（cf. 筒井康隆 92, 251）、少子化時代の政策キャッチフレーズになる。これらはそれぞれ、下記の転位と類似の法則も活用している。

　第二、逆転の法則とは、時間や空間の中で 2 つのものの位置を逆にするとユーモアが生まれるというものである。例えば、「コーヒーを飲むと眠れなくなる」と言う人に対して、飲む時間と眠る時間を逆転させて、「自分は眠るとコーヒーが飲めなくなる」と真面目に言うなら（cf.［3099 コーヒーと睡眠］）、誰であっても当たり前の事実がユーモアとなる。同様にして、次のユーモアも時間的前後の対比が鮮明である。トイレで小用をした後にファスナーを閉め忘れるのが、高齢化の最初の兆しであり、高齢化が進むと、小用をする前にファスナーを開けるのを忘れる（cf. おおばともみつ 44, 加瀬英明 121, 場崎洋 159, 烏賀陽正弘 b76, 松﨑俊道 24, 井坂清 115）。

　フロイトの引用した例とその分析は、秀逸である。かつて、オーストリアの国会の議長は、議会の開会にあたりこう言った。「議員諸氏の出席者数が、議会成立の定足数を超えましたので、議会の閉会を宣言します」（cf. フロイト第 7 巻 72）。これは、「議長は、大した成果も期待できないこの会議をできれば早々に閉会したいと欲していた」という無意識の表れである（フロイト第 7 巻 72）。フロイトによると、無意識の存在は、日常生活における瑣末な間違いや度忘れの存在、夢の存在、神経症を含む心の病の存在がその証拠である。

　空間的逆転は例えば、お金に困った男が、友人から 1 万シェケルほど借りる際に、「年利 9 パーセントでどう？」と言われたので、「ユダヤ人仲間で利子を付けるのは良くないよ。神様がご覧になったら、どう思うだ

第 1 節　ユーモアの法則

ろう？」と返すと、「神様が天からご覧になれば、6に見えるはずだ」と友人は続けて言ったというものである（cf. ラントマンa130f., 出エ22:24, レビ25:35-37, 申命23:20-21）。古くはイエスが、逆転や逆説という手法で数々の教えを説いたことで知られており、次の誇張についても同様である（本書第1章第2節，cf. 宮田光雄a108f., 116ff.）。比喩的な意味での逆転は、例えば、「大学附属中学校」を「中学校附属大学」にしてしまうという手法があり（cf. 中村明e354）、靴の片方をなくして片足だけ靴下のままの状態を友人から、「靴の片方をなくしたの？」と心配された時に、「いや、片方だけ見つけたんだ」と言うのも逆転の発想である（cf. 北村元205）。これは、コップには水がもう半分しか入っていないと考えるのではなく、まだ水が半分は入っていると考える発想と同じである（cf. マギー170f.）。

　第三、誇張の法則とは、拡大や縮小や反復などによって話の内容を強調するというものである。かつて筆者は、研究旅行でイスラエルの各地をタクシーで回っていた時に、ある陽気な運転手から、「自分は1日に25時間も働かせられている」とか、種々の冗句を教えてもらい、大いに笑わせてもらったことがあるが（cf. 宮平望d134）、これは日をまたぐ連続勤務でなければ、1日に24時間以上も働くほど重労働だという誇張であり、下記の破綻の法則にも当てはまる。

　第四、類似の法則とは、類似の言葉や表現を活用する方法である。本書における落語の【言葉遊び】や冗句の【類似語】は、この類似の法則の具体例である（cf. 本書第2章第1節，第3章第2節）。「私は昼夜問わず、働かせられている。昼は馬車馬のように、夜は種馬のように」という冗句や（cf. 明石家さんま）、勤務前に一緒に食事をしている副操縦士から、「機長！規則により勤務12時間前から禁酒のはずですよ」と言われた機長が、「お前、何を言ってるんだ。それは『勤務1、2時間前から禁酒』と読むんだ」と言い返して飲み続けたという笑話は、言葉や表現の類似に基づくユーモアである。「12（じゅうに）」の「1」と「2」の間に読点を1つ入れなくても、それを「12（いち、に）」と読むだけで、意味は実に深刻な変貌を遂げる。

結　章　人生を楽しむ7法則

次のユダヤ人冗句は、その後の情況も想像させてくれる。店主から、「客の求める商品がなくても、手ぶらで帰すことなく何か代わりの物を必ず売りつけるのだ」と叩き込まれていた新入り店員は、ある時、客から「トイレットペーパーはありますか？」と聞かれて、在庫がなかったので、こう答えた。「柔らかくて薄いサンドペーパーでいかがでしょうか？」（cf. ラントマン a164）。

　第五、転位の法則とは、話題の言葉や表現、文脈や位置を別の場に置き換える手法である。例えば、英語冗句として言及した「語頭音転換」や「単語位置転換」もこれに相当し（cf. 本書第3章第2節）、上記の普遍の法則に基づいて、世界的に著名な名前「マイケル・ジャクソン」を部分的に転位すると「ジャイケル・マクソン」となり、音楽の話題の中で、「私の一押し歌手は、ジャイケル・マクソン！」とぼければ、笑いを取れるだろう。

　葬式の話題に関して、身体部位の転位を活用した冗句がある。夫を亡くした婦人が葬儀屋に、棺の中の亡夫のスーツを彼の好きだったブルーに変えてほしいと頼むと、「承知いたしました。すぐに取り替えますので、控室でお待ちください」と言われたが、婦人は待つや否やすぐさま呼び戻されて驚き、「どうしてこんなに早く着替えさせられるんですか？」と尋ねると、葬儀屋は答えた。「簡単なことです。頭を付け替えりゃ済むことです」（cf. バーガー 112）。

　料理から衣服へと転位した冗句が、次のものである。治安の悪い町のレストランに客が入り、コートをボーイに預けてミートスパゲティを頼むと、しばらくしてからボーイが戻って来て、「申し訳ございません。もうなくなりました」と言うので、その客は仕方なくイカスミスパゲティを頼んだが、再びしばらくしてからボーイが戻って来て、「真に申し訳ございません。イカスミスパゲティもなくなりました」と言った。ついに怒った客は、「もういい、帰るからコートをすぐに持って来い」と命令すると、ボーイは戻って来て言った。「本当に申し訳ございません。コートもなくなりました」（cf. ラントマン a145, 野内良三 b365）。

子どものズボンを洗ったら、縮んでしまって子どもがはけなくなってしまったと嘆く母親に対して、「子どもも洗ってしまえば？」と言う返し方があるが（cf. 中村明 e16）、これはズボンから子どもへの転位であり、ズボンでなく逆に子どもも洗うという逆転でもあり、子どもを洗っても縮むわけがない点では破綻でもある。

　第六、破綻の法則とは、論理や道理が異常であるために、ユーモアとして受け取られるしかないことを示す。ユダヤ人冗句から3例ほど示そう。ケチな兄弟がいて、万年筆のインクがなくなったことに気付き、兄は黒インクを求めて黒海に行き、弟は赤インクを求めて紅海に行った（cf. トケイヤー b229）。ここで、黒海の水を黒インクとして使うだけでなく、それを求めてわざわざはるばる黒海まで行くという発想は、破綻している。

　ある村人がラビに、「月と太陽とでは、どちらが大切ですか？」と尋ねると、ラビは答えた。「月に決まっているではないか。月は暗い夜に私たちを照らしてくれるが、明るい昼に私たちを太陽が照らす理由は何もないではないか」（cf. ミルトス編集部 104）。これは、雲隠れで太陽の見えない日が多いことに基づく冗句とも考えられる。

　ラビの教えによると、犬が尻尾を振るのは、尻尾の方が体より軽いからであり、もし逆なら、尻尾が体を振ることになるだろう。また、他の動物とは異なり犬だけが小便をする時に片足を上げるのは、両足を上げるとひっくり返るからではなく、大昔、ある犬が四つ足を地にしっかりと付け、大木に向けて小便をしていた時に木に落雷し、その木が倒れて犬が大怪我をしたことがあり、以後、すべての犬は片足で木や電柱を支えながら小便をするようになったからだという（cf. カンペンハウゼン 98、トケイヤー b122ff.、加瀬英明 139f.）。人が睡眠中に漆黒の深淵に落ちる夢を見るのは、かつて人が猿だった頃、木から落ちた時の記憶が遺伝的に継承されているからだという笑話を想起させる。

　ついでに、ユダヤ人であったフロイトの引用した冗句がある。結婚適齢期の青年が親戚から、「結婚相手に何を望むか」と聞かれて、「第一に、美人であること、第二に、金持ちであること、第三に、教養があること」と

答えたので、親戚は呆れてこう答えた。「それならあなたは、3人の人と結婚しないといけないね」(cf. フロイト第8巻129,**[1026 4人の墓標]**)。いや、むしろ誰とも結婚できないだろう。

　第七、天然の法則とは、複雑で邪気に満ちた社会の中で、単純で無邪気な言動を実践することによってユーモアが成立するというものである。小学校に入ったばかりの息子に母親が、「学校にはいつも必ず置き傘を置いておくのよ」と言っていたにもかかわらず、ある雨の日にその子が、ずぶ濡れになって帰って来たので、理由を尋ねられると、「だったママが、『いつも必ず置き傘を学校に置いておくのよ』って言ったじゃない。傘は学校に置きっぱなしだよ」と答えたという実話がある（cf. 朝日新聞）。キリスト教ならこの話は、律法主義の卑近な実例として使えるだろう。律法主義を果敢に克服するユダヤ人冗句もある。仕事をしてはならない安息日に、「当店全品半額セール」と言って自分の店に呼び込みをしている商人がいたので、同胞の敬虔なユダヤ人が、「安息日なのに商売をしているのかい？」と聞くと、その商人は答えた。「商売だって？　全品半額セールが商売になると思いますか？」(cf. ラントマンa157f., 三浦靱郎207f., 出エ20:8-11, 31:13-17, 35:2, レビ23:3, 申命5:12-15)。

　さらに幾つかの天然のユーモアを箇条書きで示そう。

- ひいおばあちゃんから毎日、「いないいないばあ」とあやされて元気一杯に育った女の子が幼稚園に入り、ひいおばあちゃんの葬式を迎えた時には、ひいおばあちゃんの棺桶の覗（のぞ）き窓を何度も開け閉めして遊んでいた。「いないいないばあ、いないいないばあ、いないいないばあ……」(cf. バーガー111, 114)。
- ある母が子どもにマッチを買いに行かせたが、買って来たマッチには1本も火がつかないので、母が尋ねると子は答えた。「おかしいな。さっきは全部ついたんだけど」(cf. ラントマンa191, ジッブ18, 小泉保12f., 豊田一男b292)。
- 父がまだ小さい息子に、「いいか、この世ではお金がなくては何1つ

第1節　ユーモアの法則

できない」と教えると、息子は言った。「でも、借金はできるよ」（cf. ラントマン b164)。

- 小学校一年生の算数の授業で先生が、「あなたは兎を2匹もらいました。そして、次は3匹もらいました。さて、全部で何匹になりましたか？」と聞くと、1人の生徒が嬉々として、「7匹です」と答えたので、先生が「なんで？ 指で数え直してごらん」と言うと、その生徒が言った。「もらう前から家には2匹いるんです」（cf. ラントマン b160, 宮原盛也 177, 中野雄一郎 39)。

- ニューヨークのマンハッタンを観光できょろきょろしている若者から、「コロンビア大学に行くには、どうしたらよいでしょうか？」と尋ねられたラビは、答えた。「その大学に入るのは難しい。こんな街をぶらついていないで家に帰って勉強しなさい」（cf. トケイヤー b147, 宮原盛也 93f., 烏賀陽正弘 b170)。

- 20代半ばと思われるカップルが高級レストランに入って来たが、彼女の方は都会育ちらしく、田舎育ちの不慣れな彼にコース料理の作法を細かく解説し、「とにかく私の真似をすればいいのよ」と言った。すると、すぐにタキシードを着たウェイターが来て、彼女が「まずグラスワインを2つ」と言うと、続けて彼も言った。「僕もグラスワインを2つ」（cf. トケイヤー b167)。

- 機内で乗客のおばあさんから「耳がツーンとするんだけど」と言われたCAは、すぐにチューインガムを持って来て渡し、「これでよくなりますよ」と言った。おばあさんは、飛行機が無事に目的地に着くと再びCAを呼んで尋ねた。「よく効いたみたいだわ。ありがとう。ところで、チューインガムはどうやったら耳の穴から取り出せるのかしら」（cf. トケイヤー b153, 加島祥造 b255, 田中紀久子 236, ミルトス編集部 239f.)。

- 息子から、破産によって友人を半分失ってしまったということを聞いた高齢の父は、心配して残りの半分はどうしているかと尋ねると、息子は言った。「ぼくが破産したことをまだ知らないんだ」（cf. トケイ

ヤーb106，ミルトス編集部 111)。
- 妻から「こんな安アパートじゃ友達に恥ずかしいし、子どもたちも学校で肩身が狭いんじゃない？何とかしてよ」と言われた夫は、こう言い返した。「じゃあ、家主の所に行って、家賃を上げてもらうよ」（cf. トケイヤー b236)。
- デパートでミンクの毛皮コートを手にした婦人が、担当の店員に、「このコートは雨の日でも大丈夫ですか？」と聞くと、店員は答えた。「もちろん、大丈夫です。私は雨の日に傘を差しているミンクを見たことがありません」（cf. トケイヤー b232)。
- 著名な画家が右下にサインをするのは、所有主がそれを上下逆に掛けないようにするためである（cf. 三浦靱郎 252)。
- ある書店で客が、「『男が女を支配する』という本はどこにありますか？」と聞くと、店員は言った。「幻想文学のコーナーです」（cf. 松田道弘 190)。
- 大きな荷物を重そうに背負って歩いている行商人がいたので、馬車引きの男が自分の車に乗せてあげたが、行商人は荷物を降ろそうとしないので、「どうぞ荷物を降ろしてください」と勧めると、行商人は申し訳なさそうに言った。「私を乗せただけでも馬は大変でしょうから、荷物は背負っておきます」（cf. ラントマン a186f.)。
- 街道を歩いていた男が、通りがかった馬車引きに自分の目的地の村の名前を言うと、「半時間ほどだ」と言うので乗せてもらったが、半時間たってもその村に着きそうにないので馬車引きに尋ねたら、「あと一時間ほどかかる」と言われて驚くと、馬車引きは言った。「この馬車は反対方向に向かっていたからね」（cf. ラントマン a187f.)。

フロイトによると、「無邪気なものが成立するのは、ある人にとって制止するものが存在しないために、その人が制止を完全に踏み越えている場合、要するに、ある人が何の苦もなく制止を克服しているようにみえる場合である。無邪気なものが効力を発揮するための条件は、その人がこの制

第1節　ユーモアの法則

止にとらわれていないということがわれわれに知られているということである。さもなければ、われわれは彼のことを無邪気とは呼ばずに、むしろ無遠慮と呼び、彼のことを笑うのではなく、むしろ憤慨することだろう」（フロイト第 8 巻 214f., cf. フロイト第 8 巻 268）。

　上記では便宜上、7 つの法則にまとめたが、最初の普遍の法則の中に、批判の法則と下心の法則を入れることもできるだろう。人々が暴戻な政治権力に対して反感を抱くことや、プライベートな領域で色欲を抱いたり、心の内で野心を抱いたりすることは、程度の差はあれ普遍的なことだからである（cf. 本書第 1 章第 1 節、第 2 章第 1 節【色恋の話】、第 2 節【遊郭編】、第 3 章第 1 節【政治】、第 4 章）。

第 2 節　ユーモアの創作

　ユーモアを実践するには、第一に、本書を含む種々のユーモア本の具体例を暗記して実際にそのまま活用することや（cf. マギー 67ff.）、また第二に、そうしたユーモア先行例に基づいて新たに応用すること、さらには第三に、自ら創作して試行することが必要とされる。つまり、既存のものの活用、その応用、独自の創作である。以下に、この第二と第三の点を上記の 7 法則に従って検討してみよう（cf. 本書結章第 1 節）。

　第一の普遍の法則で示した「猿も筆の誤り。弘法も木から落ちる」というユーセアは（cf. 筒井康隆 87,【3034 諺の混乱】）、もう一工夫して、「猿も木から落ちる。弘法も筆の誤り」と同趣旨の「河童の川流れ」を入れて応用するなら、「猿も筆の誤り。弘法の川流れ。河童も木から落ちる」となる。ここからさらに応用すると、同趣旨の「猫に小判」と「豚に真珠」と「馬の耳に念仏」は、「猫に真珠、豚に念仏、馬の耳に小判」となる。しかし、興味深いことに、実際に『故事・俗信　ことわざ大辞典』には、「猫に念仏」や「馬に銭」、また「犬に小判」や「犬に念仏」という諺も記載されている（小学館辞典編集部編 111, 151, 886）。

　普遍の法則に基づく創作にも、諺が有用であり、すでに地口というもの

があるように（cf. 本書結章第1節）、有名な諺のごく一部を改変して類似の音声を維持すれば、ユーモアはいくらでも作れるだろう。ユーモアや笑いの古典的研究書である秋田の『笑いの創造』（1972年）は、地口の例として、「三人寄れば文殊の知恵」に基づく「三人酔えば文句の声」などを挙げている（秋田實 a81, cf. 秋田實 a95-105, 107-111）。最近では、「蛙の子は蛙」は「蛙の子はおたまじゃくし」に、「泣きっ面に蜂」は「泣きっ面にハンカチ」に言い換えられている（よだ きみく 17, 22）。ほかにも例えば、「善は急げ」は「便は急げ」に改変して、トイレに向かう人に言ってあげられる。「果報は寝て待て」と言われるように、「阿呆は寝て待て」と言えるだろう。「犬も歩けば象に当たる」から危険である。「石の上にも三年」だが、「石の下なら残念」だろう。これ以上続けると、「身からカビ」になりかねないから、これぐらいにしておこう。

　旧来の標語や近年の流行の表現を使うなら、例えば、天然の法則と破綻の法則を加味して、「乗るなら飲むな」を単純に「飲むなら飲むな」に改変して、飲み過ぎの人に自制を勧めることができる。「リサイクル」社会では、「そのゴミはリサイタルに出せる」と言い間違えることもできる。「塵も積もればゴミとなる」からである。これらは類似の法則の範疇でもある。「いじめ」が問題となっている現代社会では、「いじめ」の「い」の所に「あ」から「ん」まで順に入れ替えていけば、成立する単語は、「けじめ」と「まじめ」と「みじめ」の3つのみであり、これらを有意義に組み合わせるなら、「いじめはみじめ、まじめにけじめ」となる。普遍の法則に含まれる下心の法則を生かすなら（cf. 本書結章第1節）、醜聞の多い世の中では、「穴があったら入りたい」は「穴があったら入れたい」に、受賞式のニュースに言及する際には、「スタンディング・オベーション」を「スタンディング・マスターベーション」に改変してユーモアを創作できるだろう。何かと「爪跡を残して」おきたい人は、「足跡を残して」悪行がばれないように注意が必要だろう。

　いずれにせよ、何であっても普遍的に共有されている情報や情況に基づいてユーモアは創作できるのであり、例えば、朝日新聞 be on Saturday の

第2節　ユーモアの創作

「いわせてもらお」は、日常の普遍的なユーモアの習熟に資する貴重な読者投稿欄である。日常的に新聞を読む環境にない人でも、ネットで例えば諺ベスト100や流行語などを検索して、それぞれの諺や語句を部分的に別の似た発音のものと入れ替えていくなら、必ずユーモアを創作できるだろう。

　第二の逆転の法則における応用例としては、例えば、下の口から出る物と上の口から入る物の強烈な対比である「【糞】ソーセージの本来の内容物」というユーモアを（筒井康隆89, 312, cf. [3103 ソーセージの中身]）、さらに極限化して、「『味がカレーとそっくりなウンコと、味がウンコとそっくりなカレーのどちらかを食べなければ、殺す』と恐喝されたら、どちらを食べる？」と聞くようなユーモアがある。かつて、幼稚園児参加型のテレビ生番組で、司会のお姉さんが、尻取りゲーム中に偶然、「う」終わりの言葉を言った園児の次の園児から「ウンコ」と言われてしまい、慌てて、「もっときれいな物を言いましょう」とフォローすると、今度はこの同じ園児から、「きれいなウンコ」と言われたということがあった（cf. 北村元239）。これは「汚いウンコ」を「きれいなウンコ」に逆転させた逆転の法則の例であると同時に、園児による天然の法則の例でもある。これは昭和の笑話である。

　普遍の法則を意識しながら、最近よく聞く言葉を想起するなら、「バズる」が思い付く。この表現を部分的に逆転させるなら、例えば、本書『ユーモア入門　人生を楽しむ7法則』の出版後の情況を一言で、「ズバリ、バズリまくる」と言える。「発売当初から爆発的に売れ残っている」ということにはならないはずである（森下伸也b25）。ニュースを見ているとしばしば、そこで話題となっている敷地の面積について、「東京ドーム何個分の広さで……」という説明を聞くが、これを逆転させるなら、「我が家は、東京ドーム500分の1個分の広さだ」という自慢もできる。

　第三の誇張の法則で思い出すのは、筆者の留学時の友人が、自己紹介冊子に趣味として、「Rugby, Eating, Rugby, Drinking, Rugby（ラグビー、食べること、ラグビー、飲むこと、ラグビー）」と記していたことである。日

常生活が目に浮かぶ。これは反復という誇張方法であり、応用が利く。好きな食べ物として、「ラーメン、チョコ、ラーメン、アイス、ラーメン」とするなど、ABACA という型は覚え易く使い易い。

　ある大学の講義は人気があって、受講生は当初 25 人程度であったが、年々倍増して 50 人、100 人となり、講義の運営を懸念した担当教授は、「今年 100 人、すると来年は 200 人、そして、400 人、800 人、1,600 人、3,200 人、6,400 人、12,800 人……。ということは、何年か後には東京ドームを借りないと講義できなくなる」と懸念したらしい。

　第四の類似の法則に基づくユーモアは、応用するまでもなく、パソコンの入力や変換のミス、また言い間違いや聞き間違いなどからも自然発生する（cf. 森下伸也 b129f.）。これはある意味で、「言語エラー」とも言いうるだろう（太刀川英輔 87, cf. 太刀川英輔 156）。「ツイッター【twitter】つい言った」というユーモアは（筒井康隆 320）、今はなきツイッターが流行し始めた頃の入力ミスから生まれたものかもしれない。言い間違いや聞き間違いにおいては、病院のお見舞いで、「ゆっくり養生してね」と言うつもりが、「ゆっくり往生してね」となったり（cf. 松﨑俊道 78）、お見合いの場面では、「趣味はお琴を少々たしなみます」が、「男を少々たしなみます」となったりする（cf. 松﨑俊道 79）。お見合いでシュッとしていた男性は、これを聞いてシュンとなるだろう。団塊の世代、いや男根の世代にとっては、「人のふり見て、わがふり直せ」が、「人の不倫見て、わが不倫直せ」と聞こえるかもしれない（cf. 松﨑俊道 84）。より大局的な見地から見れば、「ローマは 1 日にしてならず」であると同時に、「老婆は 1 日にしてならず」であり（外山滋比古 32、おおばともみつ 4、中野清治 158、筒井康隆 44）、「人生は航海だ」とも「人生は後悔だ」とも書ける（宮原盛也 140）。フロイトは、人の「言い違い」や「読み違いと書き違い」、さらには「勘違い」などに表れる無意識について論じている（cf. フロイト第 7 巻 65-164, 266-280）。

　上記の「私は昼夜問わず、働かせられている。昼は馬車馬のように、夜は種馬のように」を応用するなら（cf. 明石家さんま）、「私は昼夜問わ

ず、働かせられている。昼は農耕牛のように、夜は乳牛のように」となる。本書の【3105 困難なミッション】の Mission Impossible から Missionary Impossible へという流れは、さらに Missionary Impotent へというストーリーを展開できるだろう（cf. 本書第 3 章第 1 節）。ニュースを見ていると、コロナ中は「閑古鳥」が鳴いていた店も、今や渡り鳥のように大量に押し寄せる外国からの「観光鳥」で賑わっていることが分かる。

　一般に大学では、「会議」ばかりで「懐疑」的になることがないように、「委員会」が多すぎて「いいんかい」？と自戒し、また、「奨学金」が「少額金」にならないように、大学設置の本旨に「悖る」ことなく「戻る」必要があるかもしれない。そのためには先輩の「謦咳」に接して、「形骸」化を防ぐ必要があるだろう。このように、同音異語や類音異語の多い日本語において、類似の法則は大活躍である。

　第五の転位の法則は、例えば、【4023 バスケットの選手】を応用すれば（cf. 本書第 4 章第 1 節）、次の彼氏をサッカー部と設定して、イエローカードとレッドカードをデートに持って行く流れで生かせるだろう。この場合、デートの行先がサッカー競技場に架空転位したのである。これは他の競技にさらに応用できる。また、【3129 中学生と英語】の I go to Tokyo の過去形は、活用を動詞から最後の名詞に転位させて I go to Edo となるという文法を応用すれば（cf. 本書第 3 章第 2 節）、Mrs. Smith plays tennis. の過去形は Miss Smith plays tennis. になるだろう。

　ユーモアの本を書いた大学教授が、ある大きな本屋に行くと、その本が新刊本案内用の書棚に、しかも表紙が正面から見えるような形で置かれていた。もし、この教授が別の書棚の隅っこでこの本の背表紙を見つけて、それを書棚から引っ張り出し、学生が見つけ出し易いように新刊本案内用の書棚に目立つ形で置いていたとしたなら、それは転位のユーモアであり、同時に野心のユーモアでもある（cf. 本書結章第 1 節）。また、その教授が講義初回のオリエンテーションで、受講生たちにこの本の 20 ページ以上に及ぶ文献表の所を開かせて、数百の文献の中から、「一番お勧めの本は……」と言って自ら手にしていたこの本を閉じ、その表紙を指して、「……

この本だ」と言えば、これはズームアウトという転位の手法である。ある時、離陸前の機内で客室乗務員から、「ベルトをお締めください」と言われたおじいさんが、「俺、締めてる、ベルト締めてる」と言うと、続けて、「いえ、飛行機の座席の方のベルトです」と言われたらしい（cf. 落語ファン倶楽部 [2]286）。

　第六の破綻の法則は、兄は黒インクを求めて黒海に行き、弟は赤インクを求めて紅海に行ったという上記のユーモアを応用して（cf. トケイヤー b229）、ケチな3人兄弟の話とし、長男は黒インクを求めて黒海に行き、次男は赤インクを求めて紅海に行き、三男は黄色インクを求めて黄海に行ったとすれば、さらに生かされる。南東ヨーロッパと西アジアの間の黒海や、アフリカ大陸とアラビア半島の間の紅海と同様に、黄海も中国と朝鮮半島の間に存在するからであり、さらに中国には青海という塩湖もある。**[3058 荷物だけ無料]** や **[3090 2杯目からのコーヒー]** は、付属サービスとして無料で付いて来るもののみを欲する破綻的欲望を活写しており、テレビショッピングという文脈でも同様のユーモアが作れるだろう。これらに実践的破綻の法則を加味したユーモアとしては、デパ地下などで無料の試食のみを食い漁る行為が挙げられる。**[3055 医者とパイロット]** の「お客様の中にパイロットがおられましたら」は、さらに、「お客様の中にゲームセンターで飛行機の操縦経験がある方がおられましたら」に発展させることもできるだろう。

　上記において、犬が小便をする時に片足を上げる理由がユーモアで語られたように、象の鼻が長い理由、キリンの首が長い理由、ウサギの耳が長い理由、ネズミのしっぽが長い理由なども自由に創作できるだろう。

　第七の天然の法則に基づくユーモアは、概して誰でも自分の幼少期や若い頃にやらかした印象深い事件を思い出して周囲の人に語っているはずである。筆者の世代は、幼少期に『雪女』などの日本昔話に親しみ、若い頃は甲斐バンドのヒット曲「安奈」などのフォークソングが刷り込まれた世代であるため、講義中にディズニーの『アナと雪の女王』という題名が思い出せない時、無意識で度々『アンナと雪女』と言ってしまい、よく受講

第2節　ユーモアの創作

生に笑われた。そして、今ではネタにしている。

　以上の 7 法則は、ユーモアの内容に関するものであるが、その提示の仕方については、烏賀陽の提案が参考になるだろう。つまり、概して前段（セット・アップ）とオチ（パンチ・ライン）からなるジョークを話すコツとして具体的に、① 簡単なジョークから話す、② 分かり易いジョークを選ぶ、③ ゆっくりと明確に話す、④ 相手の表情を観察し、特にオチの前では充分な間を取る、⑤ 話している途中では笑わない、⑥ 手振り身振りを使うのもいい、⑦ 話している途中でネタバレされても無視して一気に話し終える、⑧ 相手が笑わない場合はオチを説明せずに話題を変えるという 8 点が勧められている（烏賀陽正弘 a218-232）。

　筆者の 7 法則は、限定的、暫定的、実験的である。近年、「進化と創造に共通する偶発的変異のパターン」として、「変量（極端な量を想像してみよう）、擬態（欲しい状況を真似てみよう）、欠失（標準装備を減らしてみよう）、増殖（常識よりも増やしてみよう）、転移（新しい場所を探してみよう）、交換（違う物に入れ替えてみよう）、分離（別々の要素に分けてみよう）、逆転（真逆の状況を考えてみよう）、融合（意外な物と組み合わせてみよう）」という 9 パターンが提示されている（太刀川英輔 85）。こうした点は、歴史的発見や技術革新の契機となったパターンであるが、ユーモア創作にも資するだろう。

　実際に、太刀川はユーモア精神に溢れて、オーストラリアのクイーンズランド州南西には「エロマンガ」盆地が、オランダの南ホランド州にはビーチリゾート地の「スケベニンゲン」があり、アメリカのアリゾナ州には「アホ」という街が、チョコの東部には「フルチン」という街が、インドネシアのバリ島には「キンタマーニ」という街があると指摘するだけでなく（太刀川英輔 142, cf. 井上宏 a183）、「生物や発明には、ある種の共通する変異パターンが存在している。そして面白いことに、これは漫才師の笑いのパターンや、アートやデザインに見られるパターンにも共通するのだ。それらのパターンを体得すれば、固定観念を打ち破るクレイジーな発想を、短時間のうちに無数に生産できるようになるだろう」と予測している（太

刀川英輔 59, cf. 太刀川英輔 128)。そして、この変異の思考が、社会に適応する思考によって洗練され、創造的な発想が自然と生み出されていくように、変異の思考に基づくユーモアのネタも、聞き手に適応する思考によって一段と洗練された形で受けるようになるだろう（太刀川英輔 54, 59）。一言で言えば、いわゆる、「ボケは変異、ツッコミは適応だ」（太刀川英輔 76）。

それと同時に、生き方そのものにおいてこうしたポイントを取り入れて実践するなら、人生をさらに楽しむこともできるだろう。例えば、上記の 9 パターンについて暮らしとの関連で応用的に言えば、「変量」は趣味のコレクションによって、「擬態」はテーマパークやハロウィーンでの仮装、年中行事での正装によって、「欠失」は断捨離によって、「増殖」はペットの飼育や植物の栽培によって、「転移」は移住によって、「交換」は部屋の模様替えによって、「分離」は家族や地域における役割分担によって、「逆転」は旅行によって、「融合」は地域ボランティアへの参加によって、実現可能なことがすでに人口に膾炙（かいしゃ）している。

今や、笑いが呼吸生理学的に、また精神神経免疫学的に笑う本人の健康に資するだけでなく、妊婦の笑いが胎児の発育に好影響を与えることも周知の事実である（日本笑い学会 84-97, cf. 箴言 17:22, 井上宏 a119-170, b109-136, d73-82, 181-200, e179-200, 角辻豊 43-142, ホールデン 43-115, 志水彰 b187-205, カズンズ N 1-30, 森下伸也 b66-84, ウォルター 252-256, 木村洋二 127-164, ハーレー 456-461）。天災と戦争と疫病のただ中で、本書が各所で笑いを創出し、平安と平和と平穏を取り戻す一助となることを心から願いたい。

年　表

10C.B.C.	ダビデ Dāwīd
c.624B.C. － c.546B.C.	タレス Thalēs
c.620B.C. － c.564B.C.	イソップ Aisōpos
551B.C. － 479B.C.	孔子 Confucius（Kongzi）
c.470B.C. － 399B.C.	ソクラテス Sōkratēs
c.463B.C. － c.383B.C.	釈迦牟尼（仏陀）Sakya Muni（Buddha）
c.460B.C. － c.375B.C.	ヒポクラテス Hippokratēs
427B.C. － 347B.C.	プラトン Platōn
384B.C. － 322B.C.	アリストテレス Aristotelēs
106B.C. － 43B.C.	キケロー Marcus Tullius Cicero
c.4B.C. － 65	セネカ Lucius Annaeus Seneca
3（-2）B.C. － 30	イエス Iēsous*
5（-10） － 65（-68）	パウロ Paulos**
c.1C. － c.2C.	許慎 Xu Shen
325（330） － c.390	ナジアンゾスのグレゴリオス Gregorios Nazianzos
c.330 － 379	バシレイオス Basileios
c.335 － c.394	ニッサのグレゴリオス Gregorios Nyssa
c.480 － c.547	ヌルシアのベネディクトゥス Benedictus Nursia
602 － 664	三蔵法師（＝玄奘）Genjō
774 － 835	弘法大師（＝空海）Kūkai
802 － 852	小野篁 Takamura Onono
1225 － 1274	トマス・アクィナス Thomas Aquinas
1313 － 1375	ボッカッチョ Giovanni Boccaccio
1340 － 1400	チョーサー Geoffrey Chaucer
1421 － 1502	飯尾宗祇 Sougi Īo
1469 － 1536	エラスムス Desiderius Erasmus
1483 － 1546	ルター Martin Luther

1494 － 1553	ラブレー François Rabelais
1507 － 1594	曲直瀬道三 Dōsan Manase
1521 － 1573	武田信玄 Shingen Takeda
1533 － 1597	小早川隆景 Takakage Kobayakawa
1534 － 1582	織田信長 Nobunaga Oda
1547 － 1616	セルバンテス Miguel de Cervantes Saavedra
1554 － 1642	安楽庵策伝 Sakuden Anrakuan
1564 － 1616	シェークスピア William Shakespeare
1564 － 1642	ガリレイ Galileo Galilei
1575 － 1632	バジーレ Giambattista Basile
1587 － 1656	板倉重宗 Sigemune Itakura
1588 － 1679	ホッブズ Thomas Hobbes
1596 － 1650	デカルト René Descartes
1622 － 1673	モリエール Jean-Baptiste Poquelin Molière
1628 － 1703	ペロー Charles Perrault
1632 － 1677	スピノザ Baruch de Spinoza
1642 － 1727	ニュートン Issac Newton
1646 － 1709	徳川綱吉 Tunayoshi Tokugawa （江戸幕府第5代将軍 1680 － 1709）
1662 － 1714	ヘンリー Matthew Henry
1677 － 1751	大岡忠相 Tadasuke Ōoka
1694 － 1778	ヴォルテール Voltaire（＝François-Marie Arouet）
1724 － 1804	カント Immanuel Kant
1732 － 1799	ワシントン George Washington （初代米国大統領 1789 － 1797）
1735 － 1815	段玉裁 Duan Yu-cai
1743 － 1812	ロスチャイルド Meyer Amschel Rothschild
1763 － 1825	パウル Jean Paul
1770 － 1831	ヘーゲル Georg Wilhelm Friedrich Hegel
1777 － 1836	ロスチャイルド Nathan Meyer Rothschild
1785 － 1863	グリム Jakob Grimm
1786 － 1859	グリム Wilhelm Grimm
1788 － 1860	ショーペンハウアー Arthur Shopenhauer
1805 － 1875	アンデルセン Hans Christian Andersen

1809 － 1865　　　リンカン Abraham Lincoln
　　　　　　　　　（第 16 代米国大統領 1861 － 1865）
1812 － 1855　　　キルケゴール Søren Aabye Kierkegaard
1821 － 1867　　　ボードレール Charles-Pierre Baudelaire
1826 － 1886　　　クラーク William Smith Clark
1837 － 1915　　　マレー James A. H. Murray
1839 － 1900　　　三遊亭圓朝 Enchō Sanyūtē
1844 － 1900　　　ニーチェ Friedrich Wilhelm Nietzsche
1856 － 1939　　　フロイト Sigmund Freud
1857 － 1913　　　ソシュール Ferdinand de Saussure
1859 － 1941　　　ベルクソン Henri Bergson
1859 － 1941　　　ヴィルヘルム 2 世 Wilhelm II（ドイツ皇帝 1888 － 1918）
1863 － 1947　　　フォード Henry Ford
1868 － 1918　　　ニコライ 2 世 Nikolai II（ロシア皇帝 1894 － 1917）
1868 － 1937　　　ロスチャイルド Lionel Walter Rothschild
1877 － 1962　　　ヘッセ Hermann Hesse
1879 － 1955　　　アインシュタイン Albert Einstein
1881 － 1973　　　ピカソ Pablo Ruiz y Picasso
1886 － 1965　　　ティリヒ Paul Tillich
1886 － 1968　　　バルト Karl Barth
1889 － 1945　　　ヒトラー Adolf Hitler
1891 － 1976　　　マクマレー John Macmurray
1901 － 1981　　　ラカン Jacques Lacan
1906 － 1945　　　ボンヘッファー Dietrich Bonhoeffer
1907 － 1981　　　湯川秀樹 Hideki Yukawa
1913 － 2006　　　フォード Gerald Rudolf Ford
　　　　　　　　　（第 38 代米国大統領 1974 － 1977）
1922 － 1999　　　三浦綾子 Ayako Miura
1925 － 1995　　　ドゥルーズ Gilles Deleuze
1925 － 2019　　　梅原猛 Takeshi Umehara

　＊イエスの生没年は Ben Witherington III, *Invitation to the New Testament*, p.26 による。
　＊＊パウロの生没年は Ben Witherington III, *Invitation to the New Testament*, pp.153-166 による。

文献表

1. 和書

アーカー，ジェニファー／バグドナス，ナオミ（神崎朗子訳）『ユーモアは最強の武器である　スタンフォード大学ビジネススクール人気講義』（東洋経済新報社，2022）
相羽秋夫『漫才入門百科』（弘文出版，2001）
青木一雄『話し上手　ユーモアで生かす人間関係』［実日新書］（実業之日本社，1969，11 版）
青木伸広（総合監修）『全日空　落語傑作選　第一巻－第十三巻』（全日空，2017）
赤尾泰子／カッチャブオティ, C.『抱腹!! イタリアンジョーク』（游学社，2013）
赤川次郎『紙細工の花嫁』［JOY NOVELS 青春ユーモアミステリー］（実業之日本社，1989）a
赤川次郎『授賞式に間に合えば』［桃園新書　長編ユーモアサスペンス］（桃園書房，1999）b
赤川次郎『花嫁は女戦士』［JOY NOVELS ユーモアサスペンス］（実業之日本社，2001）c
赤川次郎『モンスターの花嫁』［JOY NOVELS ユーモアサスペンス］（実業之日本社，2002）d
赤川次郎『野獣と花嫁』［JOY NOVELS ユーモアサスペンス］（実業之日本社，2004）e
赤川次郎『心まで盗んで』［TOKUMA NOVELS 長篇ユーモアピカレスク］（徳間書店，2006）f
赤川次郎『氷河の中の悪魔』［光文社文庫　文庫オリジナル／長編ユーモアミステリー］（光文社，2007）g
秋田實『笑いの創造　日常生活における笑いと漫才の表現』（日本実業出版社，1972）a
秋田實『日本語と笑い』（日本実業出版社，1976）b
秋山真志『寄席の人たち　現代寄席人物列伝』（集英社，2007）
朝日新聞社編『シリーズ［文化］　落語文化史　笑いの世界に遊ぶ』（朝日新聞社，1986）
麻生磯次『笑いの文学　日本人の笑いの精神史』［講談社現代新書］（講談社，1969）
雨宮俊彦『笑いとユーモアの心理学　何が可笑しいの？』（ミネルヴァ書房，2016）
綾小路きみまろ『綾小路きみまろ　笑撃ライブ　1－8』（テイチクエンタテインメント，2021）
荒井務編『笑いの芸術・狂言　よくわかる鑑賞の手引き　古典喜劇の魅力にふれる』［Ars Books 50］（婦人画報社，1998）
荒木健治他『心を交わす人工知能　言語・感情・倫理・ユーモア・常識』（森北出版，

2016)

有泉豊明『北斎漫画を読む　江戸の庶民が熱狂した笑い』(里文出版，2010)
アリストテレス（山本光雄他訳）『アリストテレス全集 1-17 巻』(岩波書店，1968-1973)
アンダソン，S.（斎藤光訳）『黒い笑い』[アメリカの文学]（八潮出版社，1964)
アンデルセン，H.C.（大畑末吉訳）『完訳　アンデルセン童話集　（一）／（二）／（三）／（四）／（五）／（六）／（七）』[岩波文庫]（岩波書店，1984)
安藤鶴夫『わが落語鑑賞』（筑摩書房，1965）a
安藤鶴夫『安藤鶴夫作品集Ⅰ　落語鑑賞　名作聞書』（朝日新聞社，1970）b
安藤鶴夫『安藤鶴夫作品集Ⅱ　寄席　落語国・紳士録　落語の魅力　わたしの寄席　寄席の人びと　小さん・聞書』（朝日新聞社，1970）c
安藤優一郎『大江戸の娯楽裏事情　庶民も大奥も大興奮!』[朝日新書]（朝日新聞出版，2022)
安楽庵策伝（鈴木棠三訳）『醒睡笑　戦国の笑話』[東洋文庫]（平凡社，1964）a
安楽庵策伝（宮尾與男訳注）『醒睡笑　全訳注』[講談社学術文庫]（講談社，2014）b
安理岳村『笑いの構造　ベルクソンから吉本新喜劇まで』（近代文藝社，1995)
飯沢匡『武器としての笑い』[岩波新書]（岩波書店，1977)
飯田泰子『江戸落語図鑑　落語国のいとなみ』（芙蓉書房出版，2016)
池田修『こんな時どう言い返す　ユーモアあふれる担任の言葉』（学事出版，2005)
井坂清『紳士淑女のジョーク全集』（さくら舎，2017)
石井公成『「ものまね」の歴史　仏教・笑い・芸能』[歴史文化ライブラリー]（吉川弘文館，2017)
泉田昭他編『新聖書辞典［新装版］』（いのちのことば社，2014)
和泉元秀『狂言への招待　伝統芸能に観る「笑い」と「風刺」』[講談社カルチャーブックス 10]（講談社，1991)
イソップ（中務哲郎訳）『イソップ寓話集』[岩波文庫]（岩波書店，1999)
市川又彦『笑う哲人　バーナード・ショー』（早稲田大学出版部，1975)
イッケルト，K.／シック，U.（谷口勇訳）『「バラの名前」百科』（而立書房，1988)
伊藤一樹『落語レコードの世界　ジャケットで楽しむ寄席演芸』（DU BOOKS，2019)
稲田和浩編『落語　演目・用語事典』（日外アソシエーツ，2021)
井上新五郎正隆『落語作家は食えるんですか　擬古典落語創作論』（彩流社，2022)
井上宏／織田正吉／昇幹夫『笑いの研究　ユーモアセンスを磨くために』（フォーユー，1997）a
井上宏『笑いが心を癒し、病気を治すということ』（素朴社，1999）b
井上宏『大阪の文化と笑い』（関西大学出版部，2003）c
井上宏『笑い学のすすめ』（世界思想社，2004）d
井上宏『笑いの力　笑って生き生き』（関西大学出版部，2010）e
井上宏『笑いとユーモアのこころ』（春陽堂出版，2019）f

井上宏『笑いを学問する　研究の歩みを回顧して』（関西大学出版部，2021）g

今川乱魚『ユーモア川柳の作り方と楽しみ方』（新葉館出版，2012）

岩崎均史『落語の博物誌　江戸の文化を読む』［歴史文化ライブラリー］（吉川弘文館，2004）

岩下智『「面白い！」のつくり方』（CCC メディアハウス，2019）

宇井無愁『上方落語考』（青蛙房，1965）a

宇井無愁『日本人の笑い』［角川選書 11］（角川書店，1969）b

宇井無愁『笑辞典　落語の根多』［角川文庫］（角川書店，1976）c

ヴィーナー，R. 編著（酒田健一訳）『笑うショーペンハウアー』（白水社，1997）

ウィルフォード，W.（高山宏訳）『道化と笏杖』（晶文社，1983）

上田明子／有賀千代見／山田ナンシィ『ジョーク冗句 Jokes　NHK「基礎英語」 Let's laugh!』（中教出版，1988）

上野行良『ユーモアの心理学　人間関係とパーソナリティ』［ライブラリ　パーソナリティ 3］（サイエンス社，2003）

ウェルズフォード，E.（内藤健二訳）『道化』（晶文社，1979）

ヴェルドン，J.（池上俊一監修／吉田春美訳）『図説　笑いの中世史』（原書房，2002）

ウォルター，C.（梶山あゆみ訳）『この 6 つのおかげでヒトは進化した　つま先、親指、のど、笑い、涙、キス』（早川書房，2007）

烏賀陽正弘『頭がよくなるユダヤ人ジョーク集』［PHP 新書］（PHP 研究所，2008）a

烏賀陽正弘『シルバージョーク　笑う〈顔〉には福来る』（論創社，2015）b

烏賀陽正弘『シルバージョーク集　笑う門には福と長寿来る』［知的生き方文庫］（三笠書房，2018）c

ウター，H. -J.（加藤耕義訳）『国際昔話話型カタログ　アンティ・アールネとスティス・トムソンのシステムに基づく分類と文献目録』（小澤昔ばなし研究所，2016）

内田百閒他（八木岡英治編）『黒いユーモア』［全集現代文学の発見　第六巻］（學藝書林，1969）

内山惣十郎『落語家の生活』［生活史叢書 22］（雄山閣，1971）

梅原猛『闇のパトス』［梅原猛著作集 1］（集英社，1983）

エイ，J.（小野誠之訳）『法律家たちのユーモア』（潮出版社，2007）

エーコ，U.（河島英昭訳）『薔薇の名前　上／下』（東京創元社，2011，39 版／33 版）

江国滋『絵本落語風土記』［青蛙選書 31］（青蛙房，1970）

エコ（＝エーコ），U.（谷口勇訳）『「バラの名前」覚書』（而立書房，1994）

エスカルピ，R.（蛯川親善訳）『ユーモア』［文庫クセジュ］（白水社，1961）

榎本滋民編『大衆芸能資料集成　第四巻　寄席芸 I 落語』（三一書房，1981）a

榎本滋民『古典落語の力』［ちくまライブラリー］（筑摩書房，1988）b

江畑哲男編『川柳ベストコレクション　今川乱魚のユーモア川柳とまじめ語録』（新葉館出版，2020）

エラクレス，P. ／シュルザノスキー，L. 編／ケルルルー，F. 挿画（河盛好蔵訳）『笑死小辞典』（立風書房，1988）

エラスムス，D.（渡辺一夫／二宮敬訳）『痴愚神礼讃』［中公クラシックス W47］（中央公論社，2006）

大石三郎『舞い上がれ竹トンボ　よき子ら、教師とユーモアとペーソスで』（日本文化科学社，1986）

大岡信監修『狂歌川柳表現辞典　歳時記版』（遊子館，2003）

大島希巳江『世界を笑わそ！　Rakugo in English』（研究社，2001）a

大島希巳江『自分を印象づける英語術』（研究社，2003）b

大島希巳江『日本の笑いと世界のユーモア　異文化コミュニケーションの観点から』（世界思想社，2006）c

大島希巳江『英語で小噺！　イングリッシュパフォーマンス実践教本』（研究社，2009）d

大島希巳江『笑える英語のジョーク百連発！　No Joke, No Life』（研究社，2016）e

大竹永介『落語会を自腹で五十回続けた七十二歳の私が考える落語の魅力』（筑摩書房，2022）

太田省一『すべてはタモリ、たけし、さんまから始まった』［ちくま新書］（筑摩書房，2021）

大谷由里子『吉本興業女マネージャー奮戦記「そんなアホな！」』［立東舎文庫］（立東舎，2016）

大坪哲也『キルケゴールとヘーゲル　デンマーク黄金時代の影響作用史』（晃洋書房，2024）

大西克礼『美学　上巻 基礎論／下巻 美的範疇論』（弘文堂，1964，5版 /1964，3版）

大貫隆『神の国とエゴイズム　イエスの笑いと自然観』（教文館，1993）

大野晋他編『岩波　古語辞典　補訂版』（岩波書店，1990）

おおばともみつ『世界の首脳ジョークとユーモア集』［中公新書ラクレ］（中央公論新社，2008）

オール巨人『漫才論　僕が出会った素晴らしき芸人たち』（コンセプトブックス，2022）

興津要『落語　笑いの年輪』［角川選書 4］（角川書店，1968）a

興津要『日本文学と落語』［現代の教養 33］（桜楓社，1970）b

興津要編『古典落語（上）／（下）／（続）／（続々）／（続々々）／（大尾）』［講談社文庫］（講談社，1972-1974）c

興津要『落語　江戸から近代へ』（桜楓社，1979）d

興津要編『落語』［日本の名随筆　別巻 29］（作品社，1993）e

奥平尭訳編『フランス笑話集』［現代教養文庫］（社会思想社，1981）

奥津文夫『英米のことわざに学ぶ人生の知恵とユーモア　日英のことばと文化』（三修社，2011）

奥山景布子『圓朝』［中公文庫］（中央公論新社，2021）

尾崎秀樹『大衆芸能の神々　怒りと泣きと笑いと』（九藝出版，1978）

尾崎雄二郎編『訓讀　説文解字注　絲冊』［東海大学古典叢書］（東海大学出版会，1989）a

尾崎雄二郎編『訓讀　説文解字注　匏冊』［東海大学古典叢書］（東海大学出版会，1993）b

小佐田定雄『上方落語のネタ帳　1分でわかる噺のあらすじ笑事典』（PHP研究所，2011）a

小佐田定雄『上方らくごの舞台裏』［ちくま新書］（筑摩書房，2018）b

小佐田定雄『新作らくごの舞台裏』［ちくま新書］（筑摩書房，2020）c

小田垣雅也『四季のパンセ　信仰とユーモア』（教文館，1993）

小高敏郎校注『江戸笑話集』［日本古典文學体系100］（岩波書店，1966）

小田島雄志『詩とユーモア　イギリス演劇ノート』（白水社，1995）

織田正吉『笑いとユーモア』（筑摩書房，1979）a

織田正吉『日本のユーモア1詩歌篇／2 古典説話篇／3 江戸小咄篇』（筑摩書房，1986／1987／1988）b

織田正吉『ユーモアのある風景』（編集工房ノア，2020）c

小野幸恵『劇場に行こう　落語にアクセス』（淡交社，2004）

小原淳「第3次大戦を防ぐには」『朝日新聞　2023年10月19日　13版　オピニオン』（朝日新聞，2023）

海賀変哲著／小出昌洋編『新編　落語の1』［東洋文庫］（平凡社，1997）a

海賀変哲著／小出昌洋編『新編　落語の2』［東洋文庫］（平凡社，1997）b

葛西文夫『ユーモアの秘策　笑いが生まれるメカニズム』（角川学芸出版，2011）

笠原芳光『純粋とユーモア　評論集』（教文館，1967）

カザミヤン，L.（手塚リリ子／石川京子訳）『近代英国　その展開』［歴史学叢書］（創文社，1973［1928, 8ed］）

加島祥造『アメリカンユーモアの話』（講談社，1986）a

加島祥造編『ユーモア名句＆ジョーク』（講談社，1986）b

頭木弘樹『落語を聴いてみたけど面白くなかった人へ』［ちくま文庫］（筑摩書房，2020）

柏木新『明治維新と噺家たち　江戸から東京への変転の中で』（本の泉社，2022）

カズンズ，A. D. 監修（荒木正純／田口孝夫監訳）『シェイクスピア百科図鑑　生涯と作品』（悠書館，2010）

カズンズ，N.（松田銑訳）『笑いと治癒力』［岩波現代文庫］（岩波書店，2001）

加瀬英明『人生最強の武器笑い（ジョーク）の力──ユダヤ人の英知に学ぶ』［祥伝社新書］（祥伝社，2010）

加太こうじ『落語　大衆芸術への招待』［現代教養文庫］（社会思想社，1962）

形の文化会編『特集　笑う形』［形の文化誌（10）］（工作舎，2004）

桂枝雀『笑ってらくご DE 枝雀』［ちくま文庫］（筑摩書房，1993）

桂文珍『落語的学問のすすめ』(潮出版社, 1989) a
桂文珍『新落語的学問のすすめ』(潮出版社, 2000) b
桂文楽／林家正蔵『落語芸談 (上)』［三省堂新書］(三省堂, 1969)
桂米朝／上岡竜太郎『米朝・上岡が語る昭和上方漫才』(朝日新聞社, 2000)
加藤尚武『ジョーク哲学史』(河出書房新社, 1983) a
加藤尚武『ジョークの哲学』［講談社現代新書］(講談社, 1987) b
角岡賢一『上方落語にみられる待遇表現』(くろしお出版, 2021)
神奈川大学人文学研究所編『笑いのコスモロジー』［人文学研究叢書 15］(勁草書房, 1999)
金子登編著『鉄のカーテン　冗句辞典』(鏡浦書房, 1958) a
金子登『性における笑いの研究　西と東の風流ばなし』(光文社, 1959) b
上条晴夫『お笑いの世界に学ぶ教師の話術　子どもとのコミュニケーションの力を 10 倍高めるために!!』(たんぽぽ出版, 2005)
亀井勝一郎／臼井吉見編『ユーモアのすすめ』［人生の本 7］(文藝春秋, 1967)
亀山茂樹『笑いの脳科学　笑い発作から笑いを究める』(考古堂, 2023)
河合隼雄／養老孟司／筒井康隆『笑いの力』(岩波書店, 2005)
河合亮平 (こいけぐらんじ画)『「なんでやねん」を英語で言えますか?　知らんとヤバいめっちゃ使う 50 のフレーズ＋α』(KADOKAWA, 2016)
川上清文／高井清子／川上文人『ヒトはなぜほほえむのか　進化と発達にさぐる微笑の起源』(新曜社, 2012)
川副秀樹『笑う 神さま図鑑』(言視舎, 2019)
川添裕『江戸の大衆芸　歌舞伎・見世物・落語』［大江戸カルチャーブックス］(青幻舎, 2008)
河出書房新社編集部編『新釈立川談志　没後 10 年永久保存版』(河出書房新社, 2021)
河盛好蔵『エスプリとユーモア』［岩波新書］(岩波書店, 1969)
カンペンハウゼン, H. フォン (宮谷宣史／川村永子訳)『笑いの伝承　キリスト教ユーモア集』(日本基督教団出版局, 1977 [1973])
元祖爆笑王編 (放送芸術学院専門学校協力)『しゃべくり漫才入門　ボケとツッコミの基本ぜんぶ教えます』(立東舎, 2015) a
元祖爆笑王 (放送芸術学院専門学校協力)『漫才の教科書　ネタ作りから売れる方法まで、ぜんぶ教えます』(立東舎, 2022) b
カント, I. (高坂正顕／金子武蔵監修)『カント全集　第一巻－第十八巻』(理想社, 1965-1988)
木久扇と弟子たち『林家木久扇一門本　天下御免のお弟子たち』(秀和システム, 2022)
キケロー, M. T. (大西英文訳)『弁論家について　(上) ／ (下)』［岩波文庫］(岩波書店, 2005) a
キケロー, M. T. (小川正廣／谷栄一郎／山沢孝至訳)『キケロー弁論集』［岩波文庫］

（岩波書店，2005）b
キケロー，M. T.（高橋宏幸編）『キケロー書簡集』［岩波文庫］（岩波書店，2006）c
喜志哲雄『喜劇の手法　笑いのしくみを探る』［集英社新書］（集英社，2006）
北上次郎／大森望『読むのが怖い！　帰ってきた書評漫才〜激闘編』（ロッキングオン，2008）
北原保雄編『明鏡国語辞典　携帯版』（大修館書店，2003）
北村一夫『江戸芸能・落語地名辞典　あ〜そ（上）／た〜わ（下）』（六興出版，1985）
北村元『日本人には思いつかないイギリス人のユーモア　British People's Humour』（PHP, 2003）
木津川計『上方芸能と文化　都市と笑いと語りと愛』［NHKライブラリー］（日本放送出版協会，2006）
橘田重男『ユーモアの感覚　教育と子育てにユーモアを』（ブイツーソリューション，2008）
木村覚『笑いの哲学』［講談社選書メチエ 729］（講談社，2020）
木村洋二編『笑いを科学する　ユーモアサイエンスへの招待』（新曜社，2010）
金小英『平安時代の笑いと日本文化　『土佐日記』『竹取物語』『源氏物語』を中心に』［早稲田大学エウプラクシス叢書 019］（早稲田大学出版部，2019）
木村祐章編（臼田甚五郎監修）『肥後の笑話　熊本の昔話』（桜楓社，1972）
旧約新約聖書大事典編集委員会編『旧約新約　聖書大事典』（教文館，2001，3 版）
京須偕充『ガイド落語名作 100 選』（弘文出版，1999）a
京須偕充『古典落語 CD の名盤』［光文社新書］（光文社，2005）b
京須偕充『落語博物誌　噺・噺家・高座をめぐるアイテム 112』（弘文出版，2005）c
許慎撰／段玉裁注『説文解字注』（上海古籍出版社，1981［1807］）
キリスト聖書塾編集部編『現代ヘブライ語辞典』（日本ヘブライ文化協会，2002，改版）
キルケゴール，S. A.（大谷愛人訳）『キルケゴール著作集　6』（白水社，1963，再版）a
キルケゴール，S. A.（杉山好／小川圭治訳）『キルケゴール著作集　7-9』（白水社，1968-1970）b
金田一春彦／三省堂編修所編『新明解　古語辞典』（三省堂，2000，3 版）
久保田忠利／中務哲郎編『ギリシア喜劇全集　1-4 巻 アリストパネース／5-6 巻 メナンドロス／7-9 巻 群小詩人断片／別巻 ギリシア喜劇案内』（岩波書店，2008-2012）
琴榮辰（くむよんじん）（小峰和明監修）『東アジア笑話比較研究』（勉誠出版，2012）
倉田保雄『女王陛下の英語　エレガンスとユーモア』［講談社現代新書］（講談社，1994）
倉本美津留『パロディスム宣言　笑い伝道師の名画鑑賞術』（美術出版社，2019）
グリム，J.／グリム，W.（金田鬼一訳）『完訳　グリム童話集　（一）／（二）／（三）／（四）／（五）』［岩波文庫］（岩波書店，1979）
黒岩勇一『怒りや哀しみを笑い飛ばす技　笑化力』（KK ベストブック，2015）
桑野隆『バフチン　新版　「対話」そして「解放の笑い」』（岩波書店，2002）
桑山善之助『笑いの科学　その情報を伝達するもの』（同成社，1970）

郡司利男『カッパ特製　国語笑字典』（光文社，1968，29版）a

郡司利男『英語ユーモア講座』（創元社，1982）b

クンデラ，M.（西永良成訳）『笑いと忘却の書』（集英社，1992）a

クンデラ，M.（千野栄一／沼野充義／西永良成訳）『微笑を誘う愛の物語』（集英社，1992）b

クンナス，T.（杉田弘子訳）『笑うニーチェ』（白水社，1998，新装版）

源河亨『感情の哲学入門講義　Introductory Lectures on Philosophy of Emotion』（慶応義塾大学出版会，2021）

小泉保『ジョークとレトリックの語用論』（大修館書店，1997）

コート，R.（木鎌安雄訳）『笑いの神学』［聖母文庫］（聖母の騎士社，1992［1986］）

小島貞二編『大衆芸能資料集成　第七巻　寄席芸Ⅳ萬歳・万才・漫才』（三一書房，1980）

コスビー，B.（加藤風美訳）『父親時代　感動とユーモアに満ちた新時代の子育て論』（ダイナミックセラーズ，1988）

児玉盛介／古河幹夫／竹田英司／山路学編著『笑うツーリズム　Hasami Craft Tourism』（石風社，2021）

後藤明生『笑いの方法　あるいはニコライ・ゴーゴリ』（中央公論社，1981）

小西丹『英語でユーモア　「グローバル・シチズン」に不可欠な素養をどう磨く』［ワニブックスPLUS新書］（ワニ・プラス，2021）

小林章夫『イギリス紳士のユーモア』［講談社現代新書］（講談社，1990）

小林和生『命の母　ユーモア小説選集』（新生出版，2005）

小林祥次郎『日本のことば遊び』（勉誠出版，2008，新装増補版）

小林昌彦『スリーポイント・ジョーク　5秒で蘇るユーモアと反骨精神』（幻冬舎，2016）

駒田信二『江戸小咄』（岩波書店，1985）

小峯和明『説話の声　中世世界の語り・うた・笑い』［叢書　物語の冒険］（新曜社，2000）

小牟田康彦『ゴルフ英語とジョーク』（学生社，1996）

紺野ぶるま『下ネタ論』（竹書房，2020）

サーフ，B.編（佐藤亮一訳）『ポケット笑談事典　笑いの泉・話題の宝庫』［潮文社新書］（潮文社，1964）

西条みつとし『笑わせる技術　世界は9つの笑いでできている』［光文社新書］（光文社，2020）

斎藤茂太『モタさんの笑いの精神学』（講談社，1987）

榊原晃三／竹内廸也編『笑いの錬金術　フランスユーモア文学傑作選』［白水Uブックス90］（白水社，1990）

櫻庭由紀子『江戸の怪談がいかにして歌舞伎と落語の名作となったか』（笠間書院，2022）

佐金武／佐伯大輔／高梨友宏編『ユーモア解体新書　笑いをめぐる人間学の試み』［大阪市立大学文学研究科叢書 11］（清文堂，2020）

佐々木邦『ユーモア百話』（研究社，1958）

佐竹昭広／三田純一編『上方落語　上巻』（筑摩書房，1969）a

佐竹昭広／三田純一編『上方落語　下巻』（筑摩書房，1970）b

定延利之編『限界芸術「面白い話」による音声言語オラリティの研究』（ひつじ書房，2018）

佐藤光房『東京落語地図』（朝日新聞社，1988）

佐藤泰正編『文学における笑い』［笠間選書 82］（笠間書院，1977）

澤田瑞穂『笑林閑話』（東方書店，1985）

三省堂編修所編『新明解　四字熟語辞典』（三省堂，1998）

三宮麻由子『福耳落語』（日本放送出版協会，2006）

三遊亭円生／柳家小さん『落語芸談（下）』［三省堂新書］（三省堂，1969）

三遊亭圓生『六代目圓生コレクション　寄席楽屋帳』［岩波現代文庫］（岩波書店，2021）

三遊亭圓窓『落語の授業　話す・聞く・思い描く力を育む』（少年写真新聞社，2008）

三遊亭兼好『三遊亭兼好　立ち噺　独演会オープニングトーク集』（竹書房，2022）

三遊亭好楽『志ん朝、円楽、談志……いまだから語りたい昭和の落語家楽屋話　好楽が見た名人たちの素顔』（河出書房新社，2021）

椎名麟三『ユーモアについて』［椎名麟三信仰著作集　第六巻］（教文館，1977）

シェークスピア，W.（坪内逍遥訳）『ザ・シェークスピア　全戯曲［全原文＋全訳］全一冊愛蔵版』（第三書館，2002）

重金敦之『落語の行間　日本語の了見』（左右社，2020）

ジブ，A.（高下保幸訳）『ユーモアの心理学』（大修館書店，1995）

しのだひでお／井上のぼる『ユーモアえかきの事典』（東陽出版，1972，3 版）

柴田元幸編訳註『英文精読教室　第 6 巻　ユーモアを味わう』（研究社，2022）

芝山大補『おもろい話し方　芸人だけが知っているウケる会話の法則』（ダイヤモンド社，2022）

島田紳助／松本人志『哲学』［幻冬舎よしもと文庫］（幻冬舎，2009）

志水彰／角辻豊／中村真人『人はなぜ笑うのか　笑いの精神生理学』［ブルーバックス B-1021］（講談社，1994）a

志水彰『笑い　その異常と正常』（勁草書房，2000）b

清水孝純『西洋文学への招待　中世の幻想と笑い』（九州大学出版会，1982）

清水照美（ともべあり画）『勝手に現代風にアレンジしたことわざ辞典』（エクストラゴー，2015）

清水義範『考えすぎた人　お笑い哲学者列伝』（新潮社，2013）

下村邦彦編『哲学事典』（平凡社，1971）

ジャンケレヴィッチ，V.（久米博訳）『イロニーの精神』（紀伊國屋書店，1975）

小学館辞典編集部編『故事・俗信　ことわざ大辞典』（小学館，1982）

小学館大辞泉編集部編／松村明監修『大辞泉　上巻あ－す／下巻せ－ん』（小学館，2012，2版）

正田真弘『笑いの山脈』（太田出版，2022）

上智大学中世思想研究所編訳／監修『中世思想原典集成 1-20 巻』（平凡社，1992-2002）

笑福亭銀瓶『師弟　笑福亭鶴瓶からもらった言葉』（西日本出版社，2021）

ショーペンハウアー，A.『ショーペンハウアー全集 2-7 意志と表象としての世界』（白水社，2004）

白百合女子大学言語文学研究センター編『文学と笑い』［アウリオン叢書 05］（弘学社，2007）

ジリボン，J.-L.（原章二訳）『不気味な笑い　フロイトとベルクソン』（平凡社，2010）

シルバータウン，J.（水谷淳訳）『なぜあの人のジョークは面白いのか？　進化論で読み解くユーモアの科学』（東洋経済新聞社，2021）

慎改康之『ミシェル・フーコー　自己から抜け出すための哲学』［岩波新書］（岩波書店，2019）

新庄哲夫「訳者あとがき」（cf. ラーセン）

ジンベ，K.（宮本尚寛訳）『とっさのユーモアで切り返せる人、切られる人　成功する人は軽やかでおもしろい』（PHP，2001）

新村出編『広辞苑』（岩波書店，2008，6版）

スエトニウス，G.（国原吉之助訳）『ローマ皇帝伝（上）／（下）』［岩波文庫］（岩波書店，1986［2C.］）

杉田俊介『人志とたけし　芸能にとって「笑い」とはなにか』（晶文社，2020）

杉野光男『中国ビジネス笑劇場　ジョークで読み解くリアルチャイナ』（光文社，2008）

スクリーチ，M. A.（平野隆文訳）『ラブレー　笑いと叡智のルネサンス』（白水社，2009）

スピノザ『エチカ』［スピノザ全集 III］（岩波書店，2022）

スマジャ，E.（高橋信良訳）『笑い　その意味と仕組み』［文庫クセジュ］（白水社，2011）

角辻豊『冗談の通じる人、通じない人　実践笑いの講座』（法研，1998）

関楠生編訳『ヒトラージョーク　ジョークでつづる第三帝国史』（河出書房新社，1983，再版）

関敬吾『昔話と笑話』［民族民芸双書 11］（岩崎書店，1957）a

関敬吾（野村純一編集協力）『日本昔話大成　第 8 巻　笑話一』（角川書店，1979）b

関敬吾（野村純一編集協力）『日本昔話大成　第 9 巻　笑話二』（角川書店，1979）c

関敬吾（野村純一編集協力）『日本昔話大成　第 10 巻　笑話三』（角川書店，1979）d

関根黙庵著／山本進校注『講談落語今昔譚』［東洋文庫］（平凡社，1999）

関山和夫『落語食物談義』［白水 U ブックス 1004］（白水社，1991）

瀬沼文彰『ユーモア力の時代　日常生活をもっと笑うために』（日本地域社会研究所，

2018）

セネカ, L. A.（茂手木元蔵訳）『セネカ　道徳論集（全）』（東海大学出版会, 1989）

瀬地山角『お笑いジェンダー論』（勁草書房, 2001）

セルバンテス, M. D.（会田由訳）『セルバンテス I/II　才智あふるる郷士ドン・キホーテ・デ・ラ・マンチャ　前篇／後篇』［世界古典文学全集　第 39 巻／第 40 巻］（筑摩書房, 1965）

ソシュール, F. D.（町田健訳）『新訳ソシュール一般言語学講義』（研究社, 2016［1916］）a

ソシュール, F. D.（小林英夫訳）『一般言語学講義』（岩波書店, 1972［1949］, 改版）b

袖山卓也『笑う介護士の極意　SODEYAMA 式"笑いの介護"のつくり方』（中央法規出版, 2006）

ダヴィッド, M.『脳力検定対策ジョーク集』（青土社, 2008）

高島幸次『古典落語の史層を掘る』［和泉選書 196］（和泉書店, 2022）

高田文夫／松岡昇／和田尚久（佐野文二郎絵）『ギャグ語辞典　ギャグにまつわる言葉をイラストと豆知識でアイーンと読み解く』（誠文堂新光社, 2021）

高橋作太郎編集代表『リーダーズ英和辞典』（研究社, 2012, 3 版）

高橋敏夫『井上ひさし　希望としての笑い　むずかしいことをやさしく、やさしいことをふかく…』［角川 SSC 新書］（角川書店, 2010）

高橋啓之『落語登場人物辞典』（東京堂出版, 2005）

高橋康也『ノンセンス大全』（晶文社, 1977）

高橋洋二編『落語への招待　Autumn 1997』［別冊太陽　日本のこころ 99］（平凡社, 1997）

瀧口雅仁『古典・新作　落語事典』（丸善出版, 2016）a

瀧口雅仁『講談最前線』（彩流社, 2021）b

武井克己編訳『漫才でつづる中国の世相』（恒文社, 1987）

武田明編著『日本笑話集』（文元社, 2004）a

武田明編著『続　日本笑話集』（文元社, 2004）b

竹中功『NHK テキスト　こころをよむ　2021 年 7 月～9 月　「お笑い」のチカラ』（NHK 出版, 2021）

竹林滋編者代表『研究社　新英和大辞典』（研究社, 2002, 6 版）

太刀川英輔『進化思考　生き残るコンセプトをつくる「変異と適応」』（海士の風, 2021）

橘蓮二『本日の高座　演芸写真家が見つめる現在と未来』（講談社, 2018）a

橘蓮二『喬太郎のいる場所　柳家喬太郎写真集』（CCC メディアハウス, 2020）b

橘蓮二『落語の凄さ』［PHP 新書］（PHP 研究所, 2022）c

立川キウイ『談志のはなし』［新潮文庫］（新潮社, 2021）

立川こしら『立川こしら　"まくら"で知る落語家の華麗なる IT ライフ』（竹書房, 2023）

立川志の輔／大島希巳江『英語落語で世界を笑わす！　シッダウンコメディにようこそ』

(研究社, 2008) a

立川志の輔選監修／PHP研究所編『古典落語100席　滑稽・人情・艶笑・怪談……』（PHP研究所, 2018, 愛蔵版）b

立川志らく『全身落語家読本』［新潮選書］（新潮社, 2000）a

立川志らく『落語進化論』［新潮選書］（新潮社, 2011）b

立川談慶『不器用なまま、踊りきれ。超訳立川談志』（サンマーク出版, 2021）a

立川談慶『天才論　立川談志の凄み』［PHP新書］（PHP研究所, 2021）b

立川談慶／玉置崇『落語流　教えない授業のつくりかた　「知識を伝える」から、「子どもの力を引き出す」教育へ！』（誠文堂新光社, 2022）c

立川談慶『武器としての落語　天才談志が教えてくれた人生の闘い方』（方丈社, 2022）d

立川談志『現代落語論』［三一新書］（三一書房, 1965）a

立川談志『東横落語会　立川談志 第一集−第十集』（小学館, 2015）b

立川談志『唯一無二の講義録　落語とは、俺である。』（竹書房, 2017）c

立川談志『談志の日記1953　17歳の青春』（dZERO, 2021）d

立川談志『談志受け咄　家元を笑わせた男たち』［中公文庫］（中央公論新社, 2022）e

田中敦『落語と歩く』［岩波新書］（岩波書店, 2017）

田中巌『話材　座談・挨拶・講演の資料』（ダイヤモンド社, 1968, 28版）

田中紀久子訳編『ドイツ産ジョーク集888（ワッハッハ）』（アートダイジェスト, 2009）

谷良一『M-1　はじめました』（東洋経済新報社, 2023）

Wマコト『笑いの力』［経法ビジネス新書］（経法ビジネス令研究会, 2016）

ダントン＝ダウナー, L.／ライディング, A.（水谷八也／水谷利美訳）『シェイクスピア　ヴィジュアル事典』（新樹社, 2006）

チョーサー, G.（桝井迪夫訳）『完訳カンタベリー物語（上）／（中）／（下）』［岩波文庫］（岩波書店, 1995）

立木康介『無限の思想　ラカン　主体の精神分析的理論』［講談社選書メチエ］（講談社, 2023）

月本昭男『旧約聖書に見るユーモアとアイロニー』（教文館, 2014）

辻康吾『中華人民笑話国　中国人、中国人を笑う』［Clickシリーズ］（小学館, 2008）

辻惟雄／山下裕二『血と笑いとエロスの絵師　岩佐又兵衛』［とんぼの本］（新潮社, 2019）

つだかつみ／中沢正人『競作かわら版　落語と江戸風俗』［江戸東京ライブラリー別巻］（教育出版, 2003）

土屋賢二『われ笑う、ゆえにわれあり』（文藝春秋, 1994）a

土屋賢二『哲学者かく笑えり』（講談社, 1997）b

土屋賢二『われ大いに笑う、ゆえにわれ笑う』［文春文庫］（文藝春秋, 1999）c

筒井康隆『現代語裏辞典』［文春文庫］（文藝春秋, 2016）

常松裕明『笑う奴ほどよく眠る　吉本興業社長大崎洋物語』（幻冬舎，2013）

坪内祐三他編『明治の文学　第3巻　三遊亭円朝』（筑摩書房，2001）

DBジャパン編『テーマジャンルからさがす　物語・お話し絵本①　子どもの世界・生活／架空のものファンタジー／乗り物／笑い話ユーモア』（DBジャパン，2011）

ティール，D.／中村博雄共編（中村博雄訳）『哲学とユーモア　ザーロモ・フリートレンダー／ミュノーナ笑いの理論と実践作品選集』（新典社，2018）

デーケン，A.『ユーモアは老いと死の妙薬　（死生学のすすめ）』（講談社，1995）a

デーケン，A.『よく生きよく笑い　よき死と出会う』（新潮社，2003）b

デカルト，R.（谷川多佳子訳）『情念論』［岩波文庫］（岩波書店，2008）

デュアメル，J.（吉田城訳）『世界毒舌大辞典』（大修館書店，1988）

デュヴィニョー，J.（利光哲夫訳）『笑いのたくらみ　喜劇性と滑稽さの博物誌』（東海大学出版会，1993）

寺澤芳雄編『英語語源辞典』（研究社，1997）

暉峻康隆『落語の年輪』（講談社，1978）

東大落語会編『落語事典』（青蛙房，1969）

藤堂明保他編『学研　新漢和大辞典』（学習研究社，2005，普及版）

堂本真実子『学級集団の笑いに関する民族誌的研究』（風間書房，2002）

ドゥルーズ，G.（岡田弘／宇波彰訳）『意味の論理学』［叢書ウニベルシタス 219］（法政大学出版局，1987）

トーマ，D.／レンツ，M.／ハウランド，C.編（西川賢一訳）『ドイツ人のバカ笑い　ジョークでたどる現代史』［集英社新書］（集英社，2004）

遠山顕『Hi! 英語井　会話からジョークまで400表現を召し上がれ！』（朝日新聞出版，2008）

トケイヤー，M.（助川明訳）『ユダヤ・ジョーク集』（実業之日本社，1973，3版）a

トケイヤー，M.（助川明訳）『ユダヤ人 5000 年のユーモア　知的センスと創造力を高める笑いのエッセンス』（日本文芸社，1998）b

戸田学『上岡龍太郎話芸一代　増補新版』（青土社，2022）

トッド，E.（大野舞訳）『第三次世界大戦はもう始まっている』［文春新書］（文藝春秋，2022［2017，2021，2022］）

富岡多恵子『漫才作者　秋田実』（筑摩書房，1986）

富山太佳夫『笑う大英帝国　文化としてのユーモア』［岩波新書］（岩波書店，2006）

外山滋比古『ユーモアのレッスン』［中公新書］（中央公論新社，2002）

豊田一男編著『英語しゃれ辞典　Punctionary』（研究社，2003）a

豊田一男『ジョークで楽しむ英文法再入門　English Grammar through Jokes』（開拓社，2015）b

トルーブラッド，D. E.（小林哲夫／小林悦子訳）『キリストのユーモア』［現代キリスト教選書4］（創元社，1969［1964］）

中井宏次『人間学講座　感動と笑い　そこまでやるか』（薬事日報社，2023）
長尾龍一『法学に遊ぶ　落語から法哲学へ』（日本評論社，1992）
中川米造『笑い泣く性　文化生理学コーズリー』（玉川大学出版部，1979）
中込重明『落語の種あかし』（岩波書店，2004）
中島隆信『「笑い」の解剖　経済学者が解く50の疑問』（慶応義塾大学出版会，2019）
永島道男『日本風物英語面白辞典』（幻冬舎メディアコンサルティング，2019）
中田祝夫他編『古語大辞典　コンパクト版』（小学館，1994）
永田義直編著『古典落語鑑賞事典』（金園社，1969）
中野清治『英語ジョーク快読のススメ　ジョークがわかれば、言葉も文化もわかる』［開拓社言語文化選書11］（開拓社，2009）
中野信子／兼近大樹『笑いのある世界に生まれたということ』［講談社＋α新書］（講談社，2023）
中野翠『この世は落語』（筑摩書房，2013）
中野雄一郎／岸義紘編『世界傑作ジョーク250』（いのちのことば社，2006）
中丸宣明／和田博文監修『コレクション・モダン都市文化　第67巻　漫才と落語』（ゆまに書房，2011）
中村明『笑いのセンス　文章読本』（岩波書店，2002）a
中村明『笑いの日本語事典』（筑摩書房，2008）b
中村明『日本語のおかしみ　ユーモア文学の笑い』（青土社，2013）c
中村明『吾輩はユーモアである　漱石の誘笑パレード』（岩波書店，2013）d
中村明『日本語　笑いの技法辞典』（岩波書店，2017）e
中村明『ユーモアの極意　文豪たちの人生点描』（岩波書店，2019）f
中村明『センスをみがく文章上達事典』（東京堂出版，2020，新装版4版）g
中村一男編『反対語大辞典』（東京堂出版，1977）
中村計『笑い神　M-1、その純情と狂気』（文藝春秋，2022）
中村伸『寄席の底ぢから』（三賢社，2018）
中村昇『落語－哲学』（亜紀書房，2018）
中山元『わたしたちはなぜ笑うのか　笑いの哲学史』（新曜社，2021）
中山幸男／髙橋プリシラ『英語で笑う落語　古典名作50話CD付』（光文社，2002）
名越健郎『ジョークで読む世界ウラ事情』［日経プレミアシリーズ461］（日経BP/日本経済新聞出版本部，2021）
成川武夫『芭蕉とユーモア　俳諧性の哲学』（玉川大学出版部，1999）
新倉俊一『英語のノンセンス　チョーサーからビートルズ　笑いの系譜』（大修館書店，1985）
ニーチェ，F. W.（氷上英廣訳）『ニーチェ全集　第十巻（第Ⅰ期）　華やぐ智慧／メッシーナ牧歌』（白水社，1980）a
ニーチェ，F. W.（薗田宗人訳）『ニーチェ全集　第一巻（第Ⅱ期）　ツァラトゥストラはこ

う語った』（白水社，1982）b
錦鯉『くすぶり中年の逆襲』（新潮社，2021）
2ちゃんねる新書編集部編『アメリカン・ジョーク2ちゃんねる選抜』［2ちゃんねる新書］（ぶんか社，2008）
日本健康心理学会編『健康心理学事典』（丸善出版，2019）
日本聖書協会『聖書　聖書協会共同訳　旧約聖書続編付き　引照注付き』（日本聖書協会，2018）
日本笑い学会編『笑いの世紀　日本笑い学会の15年』（創元社，2009）
沼澤洽治／佐伯泰樹編『笑いの新大陸　アメリカ・ユーモア文学傑作選』［白水Uブックス93］（白水社，1991）
野内良三『ジョーク・ユーモア・エスプリ大辞典』（国書刊行会，2004）a
野内良三『ユーモア大百科』（国書刊行会，2004）b
野内良三『ジョーク力養成講座』（大修館書店，2006）c
仲井太一／鎌田タベア『笑え！ドイツ民主共和国　東ドイツ・ジョークでわかる歴史と日常』（教育評論社，2022）
延広真治編／二村文人・中込重明著『落語の鑑賞201』（新書館，2002）a
延広真治他編『落語の愉しみ』［落語の世界1］（岩波書店，2003）b
延広真治他編『名人とは何か』［落語の世界2］（岩波書店，2003）c
延広真治他編『落語の空間』［落語の世界3］（岩波書店，2003）d
延広真治校注『落語怪談咄集』［新日本古典文学大系明治編6］（岩波書店，2006）e
野村庄吾編『人はかく笑う　笑学第一歩』（大宮書房，1994）
野村雅昭『落語の言語学』［平凡社選書152］（平凡社，1994）a
野村雅昭『落語のレトリック』［平凡社選書165］（平凡社，1996）b
バーガー，P. L.（森下伸也訳）『癒しとしての笑い　ピーター・バーガーのユーモア論』（新曜社，1999［1997］）
ハーレー，M. M.／デネット，D. C.／アダムズ Jr.，R. B.（片岡宏仁訳）『ヒトはなぜ笑うのか　ユーモアが存在する理由』（勁草書房，2015）
パウル，J.（古見日嘉訳）『美学入門』（白水社，2010）
萩本欽一『ユーモアで行こう！』（KKロングセラーズ，2012）
朴承薫『韓国ジョークの世界』（東方書店，1992）
場崎洋『キリスト教小噺ジョーク集』［聖母文庫］（聖母の騎士社，2011）
バジーレ，G.（杉山洋子／三宅忠明訳）『ペンタメローネ　五日物語　（上）／（下）』［ちくま文庫］（筑摩書房，2005）
橋本賢二『魔法とユーモアと童心の世界　少年少女に贈るアメリカ短篇小説の系譜』（大阪教育図書，2000）
橋本宏／小林堅太郎／丹沢栄一編『英語で読む英知とユーモア』［丸善ライブラリー］（丸善，1999）

橋本陽介『越境する小説文体　意識の流れ、魔術的リアリズム、ブラックユーモア』（水声社，2017）
長谷川正昭『笑いと癒しの神学』（ヨベル，2019）
畠山健二『落語歳時記』（文化出版局，2008）
塙宣之『言い訳　関東芸人はなぜM-1で勝てないのか』［集英社新書］（集英社，2019）
パニョル，M.（鈴木力衛訳）『笑いについて』［岩波新書］（岩波書店，1953）
馬場実『大人のジョーク』［文春新書］（文藝春秋，2009）
バフチーン，M. M.（川端香男里訳）『フランソワ・ラブレーの作品と中世ルネッサンスの民衆文化』（せりか書房，1973）
ハフト，A. J./ホワイト，J. G./ホワイト，R. J.（谷口勇訳）『「バラの名前」便覧』（而立書房，1990）
浜美雪『落語　師匠噺』［講談社+α文庫］（講談社，2015）
早坂隆『世界反米ジョーク集』［中公新書ラクレ］（中央公論新社，2005）a
早坂隆『世界の日本人ジョーク集』［中公新書ラクレ］（中央公論新社，2006，20版）b
早坂隆『新世界の日本人ジョーク集』［中公新書ラクレ］（中央公論新社，2018，3版）c
早坂隆『世界はジョークで出来ている』［文春新書］（文藝春秋，2018）d
早坂隆『100万人が笑った！「世界のジョーク集」傑作選』［中公新書ラクレ］（中央公論新社，2020，5版）e
早坂隆『世界の日本人ジョーク集　令和編』［中公新書ラクレ］（中央公論新社，2021）f
林達夫『書籍の周囲』［林達夫著作集6］（平凡社，1972）
林晴比古『パソコンに疲れた夜のために　コンピュータユーモア集』（ソフトバンク，1991）
林真理子『昭和思い出し笑い』（文藝春秋，1989）a
林真理子『世紀末思い出し笑い』（文藝春秋，1999）b
林家木久扇『イライラしたら豆を買いなさい　人生のトリセツ88のことば』［文春新書］（文藝春秋，2020）a
林家木久扇『木久扇のチャンバラ大好き人生』（ワイズ出版，2020）b
林家木久扇『バカのすすめ』（ダイヤモンド社，2022）c
林家木りん『師匠！　人生に大切なことはみんな木久扇師匠が教えてくれた』（文藝春秋，2018）
林家彦いち『瞠目笑　天地万象をネタにした珍笑話集』（バイ インターナショナル，2019）
塙幸枝『障害者と笑い　障害をめぐるコミュニケーションを拓く』（新曜社，2018）
ビーゲルセン，L. H/ニューファー，J. F編著（小野耕世訳）『コミック日米摩擦　笑ってばかりはいられません』（講談社，1992）
ビートたけし『浅草キッド』［講談社文庫］（講談社，2022）
ヒエロクレス/ピラグリオス（中務哲郎訳）『フィロゲロス　ギリシア笑話集』［叢書アレクサンドリア図書館V］（国文社，1995）
東森勲『英語ジョークの研究　関連性理論による分析』［龍谷叢書XXII］（開拓社，

2011)
樋口和憲『笑いの日本文化 「烏滸の者」はどこへ消えたのか?』(東海教育研究所, 2013)
樋口清之『笑いと日本人』[日本人の歴史 第九巻](講談社, 1982)
日原雄一『落語は生に限る！ 偏愛的落語会鑑賞録』(彩流社, 2021)
ヒポクラテス(小川鼎三／緒方富雄／大槻真一郎編)『ヒポクラテス全集 Corpus Hippocraticum 第一巻／第二巻／第三巻』(エンタプライズ, 1985/1987/1988 [c.5C. B.C.])
ヒューズ, L. (浜本武雄訳)『笑いなきにあらず』[黒人文学全集 第五巻](早川書房, 1969)
平井信義／山田まり子『子どものユーモア おどけ・ふざけの心理』(創元社, 1989)
ビリッグ, M. (鈴木聡志訳)『笑いと嘲り ユーモアのダークサイド』(新曜社, 2011)
廣末保『四谷怪談 悪意と笑い』[岩波新書](岩波書店, 1984)
広瀬和生『この落語家に訊け！ いま、噺家が語る新しい落語のかたち』(アスペクト, 2010) a
広瀬和生『柳家三三、春風亭一之輔、桃月庵白酒、三遊亭兼好、三遊亭白鳥 「落語家」という生き方』(講談社, 2015) b
広瀬和生『僕らの落語 本音を語る！噺家×噺家の対談集』[淡交新書](淡交社, 2016) c
広瀬和生『小三治の落語』[講談社学術文庫](講談社, 2022) d
広瀬和生／三遊亭兼好題字イラスト『落語の目利き』(竹書房, 2022) e
廣瀬典生『アメリカ旧南西部ユーモア文学の世界 新しい居場所を求めて』(英宝堂, 2002)
廣瀬裕介『子どもも先生もオイシイ"笑い"の技術』(フォーラム A, 2022)
広瀬佳司／佐川和茂／大場昌子編著『笑いとユーモアのユダヤ文学』(南雲堂, 2011) a
広瀬佳司／佐川和茂／伊達雅彦編著『ホロコーストとユーモア精神』(彩流社, 2016) b
廣松渉他編『岩波 哲学・思想事典』(岩波書店, 1998)
深作光貞『日本人の笑い』(玉川大学出版部, 1977)
福井直秀『「笑い」の技術 笑いが世界をひらく』(世界思想社, 2002)
福原泰平『ラカン 鏡像段階』[現代思想の冒険者たち Select](講談社, 2005)
復本一郎『俳句と川柳 「笑い」と「切れ」の考え方、たのしみ方』[講談社現代新書](講談社, 1999)
藤田紘一郎『笑う免疫学 自分と他者を区別するふしぎなしくみ』[ちくまプリマー新書](筑摩書房, 2016)
藤山直樹『落語の国の精神分析』(みすず書房, 2012)
舩橋晴雄『笑いの日本史』(中央公論新社, 2023)
プラトン(田中美知太郎他訳)『プラトン全集 1-15 巻／別巻』(岩波書店, 1974-1978)

文献表

フランクル，V. E.（池田香代子訳）『夜と霧』（みすず書房，2001，新版［1977］）

プリーストリー，J. B.（小池滋／君島邦守訳）『英国のユーモア』（秀文インターナショナル，1978）

古川光弘『有田和正に学ぶユーモアのある学級づくり』（黎明書房，2022）

古田博司『新版　悲しさに笑う韓国人　ソウルという』（人間の科学社，1988）

ブルトン，A.（山中散生他編）『黒いユーモア選集　上巻』［セリ・シュルレアリスム＝1］（国文社，1975，4版）a

ブルトン，A.（山中散生他編）『黒いユーモア選集　下巻』［セリ・シュルレアリスム＝1］（国文社，1975，3版）b

古橋昭子／山崎昶『化学屋さんが落語を聞けば』［ポピュラーサイエンス］（裳華房，1997）

プレスナー，H.（滝浦静雄他訳）『笑いと泣きの人間学』（紀伊国屋書店，1984）

フロイト，S.（中岡成文／加藤敏責任編集）『フロイト全集 7／8／19』（岩波書店，2007/2008/2010）

ベルクソン，H.（林達夫訳）『笑い』［岩波文庫］（岩波書店，1938）

ペロー，C. P.（新倉朗子訳）『完訳　ペロー童話集』［岩波文庫］（岩波書店，1982）

ボードレール，C.-P.『ボードレール全集　III 美術批評 上／IV 散文詩 美術批評 下 音楽批評 哀れなベルギー』（筑摩書房，1985/1987）

ホーリー，S. 編（渡辺洋一／人見憲司／小原平編訳）『アメリカンポップフレーズ　スーパースター 206人名言迷句』（研究社出版，1996）

ホールデン，R.（荘司治訳）『笑いに勝る良薬なし　幸福感・ユーモア・笑いの治癒力』（流通経済大学出版会，1999）

ボッカッチョ，G.（平川祐弘訳）『デカメロン』（河出書房新社，2012）

ホッブズ，T.（水田洋訳）『リヴァイアサン　（一）／（二）／（三）／（四）』［岩波文庫］（岩波書店，1954-1985）a

ホッブズ，T（本田裕志訳）『人間論』［近代社会思想コレクション 08］（京都大学学術出版会，2012）b

堀内守『教育と笑いの復権』［玉川選書 154］（玉川大学出版部，1985）

堀江重郎／林家木久扇「体の"錆び"を落とす笑いのチカラ」伊藤玄二郎編『詩とイラストレーションの雑誌　詩とファンタジー　別冊まるごと林家木久扇』（かまくら春秋社，2018）

堀口初音『上方伝統芸能あんない　上方歌舞伎・文楽・上方落語・能・狂言・上方講談・浪曲・上方舞』（創元社，2011）

ボルク＝ヤコブセン，M.（池田清訳）『ラカンの思想　現代フランス思想入門』［叢書ウニベルシタス 636］（法政大学出版局，1999）

マーティン，R. A.（野村亮太／雨宮俊彦／丸野俊一監訳）『ユーモア心理学ハンドブック』（北大路書房，2011）

毎日新聞社編『子供のつぶやき　親がハッと驚きクスッと笑ってしまう』（毎日新聞社，1989）

マウロ，T. d.（山内貴美夫訳）『「ソシュール一般言語学講義」校注』（而立書房，1976［1970］）

前田富祺監修『日本語源大辞典』（小学館，2005）

マギー，P./中嶋秀隆『7つのユーモア習慣』（トゥーヴァージンズ，2020）

巻口勇次『笑いを楽しむイギリス人　ユーモアから見えてくる庶民の素顔』（三修社，2004）

マグロウ，P./ワーナー，J.（柴田さとみ訳）『世界"笑いのツボ"探し』（CCCメディアハウス，2015）

増井金典『関西ことば辞典』（ミネルヴァ書房，2018）

増田修治編著『ユーモア詩がクラスを変えた　子どもの瞳が輝く授業』（ルック，2003）

増田晶文『吉本興業の正体』［草思社文庫］（草思社，2015）

松枝茂夫／武藤禎夫編訳『中国笑話選　江戸小咄との交わり』［東洋文庫］（平凡社，1960，4 版）a

松枝茂夫編訳『歴代笑話選』［中国古典文学大系第 59 巻］（平凡社，1970）b

松垣透『落語狂人　快楽亭ブラック』（彩流社，2022）

松崎俊道『談笑力　悩ましい人間関係によく効く小噺ジョーク集』［近代消防ブックレット No.25］（近代消防社，2016）

松田哲夫編『おかしい話』［中学生までに読んでおきたい日本文学③］（あすなろ書房，2010）

松田道弘編『世界のジョーク事典』（東京堂出版，2009 再版）

松原秀一『西洋の落語　ファブリオーの世界』［東書選書 114］（東京書籍，1988）

丸山孝男『英語ジョークの教科書』（大修館書店，2002）

マレーン，C.『世にも奇妙なニッポンのお笑い』［NHK 出版新書］（NHK 出版，2017）

まんじゅう大帝国『笑いの学校　開校』（河出書房新社，2020）

三浦綾子『塩狩峠』［新潮文庫］（新潮社，1987 改版）

三浦一郎『西洋の故事成句おもしろ事典』［学びやぶっく 35］（明治書院，2010）

三浦靫郎訳編『ユダヤ笑話集』［現代教養文庫］（社会思想社，1975）

右田邦雄『ひらめき！英語迷言教室　ジョークのオチを考えよう』［岩波ジュニア新書］（岩波書店，2022）

ミケシュ，G.（中村保男訳）『これが英国ユーモアだ』（TBS ブリタニカ，1981）

水川隆夫『増補　漱石と落語』［平凡社ライブラリー］（平凡社，2000）

水田英実他『中世ヨーロッパにおける笑い』（渓水社，2008）

美濃部由紀子／辻村章宏イラスト『落語キャラクター絵図　厳選 40 席の楽しみ方』（メイツ出版，2020）

宮尾しげを編『近世笑話本集』［近世文藝資料 2］（古典文庫，1955）

宮尾與男『滑稽艶笑譚　江戸小咄を愉しむ』［新典社新書］（新典社，2018）
三宅川正『英文学におけるユーモアと諷刺の伝統』（関西大学出版部，1981）
宮下志朗『神をも騙す　中世ルネサンスの笑いと嘲笑文学』（岩波書店，2011）a
宮下志朗／伊藤進／平野隆文編訳『笑いと涙と』［フランスルネサンス文学集2］（白水社，2016）b
宮田光雄『キリスト教と笑い』［岩波新書］（岩波書店，1992）a
宮田光雄『ナチ・ドイツと言語』［岩波新書］（岩波書店，2002）b
宮田光雄『カール・バルト　神の愉快なパルチザン』［岩波現代全書］（岩波書店，2015）c
宮原盛也『外国人を笑わせろ！　ジョークで覚える爆笑英会話』（データハウス，2016，3版）
宮平望『ゴスペルフォーラム　君に贈る5つの話』（新教出版社，2007）a
宮平望『ジョン・マクマレー研究　キリスト教と政治・社会・宗教』（新教出版社，2017）b
宮平望『ディズニー変形譚研究　世俗化された福音への信仰』（新教出版社，2020）c
宮平望『ゴスペルジャーニー　君に贈る5つの話』（新教出版社，2021）d
宮平望『旧約聖書　文学書　要約と概説』（新教出版社，2023）e
ミルトス編集部編訳『ユダヤジョーク　人生の塩味』（ミルトス，2010）
武藤禎夫訳『昨日は今日の物語　近世笑話の祖』（平凡社，1967）a
武藤禎夫『落語三百題　上　落語の戸籍調べ』（東京堂出版，1969）b
武藤禎夫『落語三百題　下　落語の戸籍調べ』（東京堂出版，1969）c
武藤禎夫『江戸小咄の比較研究』（東京堂出版，1970）d
武藤禎夫『定本落語三百題』（岩波書店，2007）e
村石利夫／須藤郁『ユーモア例話事典』（ぎょうせい、1989）
村山吉広訳編『中国笑話集』（文元社，2004）
毛利八十太郎『ジョーク集成』［研究社時事英語ライブラリー］（研究社，1957）
茂木健一郎『笑う脳』［アスキー新書］（アスキーメディアワークス，2009）
元木幸一『笑うフェルメールと微笑むモナ・リザ　名画に潜む「笑い」の謎』［小学館101ビジュアル新書］（小学館，2012）
森浩二『英語のジョーク　実用英語』（創元社，1980）
モリオール，J.（森下伸也訳）『ユーモア社会をもとめて　笑いの人間学』（新曜社，1995）
森下伸也『ユーモアの社会学』［SEKAISHISO SEMINAR］（世界思想社，1996）a
森下伸也『もっと笑うためのユーモア学入門』（新曜社，2003）b
護雅夫訳『ナスレッディン・ホジャ物語　トルコの知恵ばなし』［東洋文庫］（平凡社，1965）
森本達夫『ごっこ遊びが生む笑い　私の出会ったフランス喜劇』（駿河台出版，2015）
安田賢治『笑うに笑えない大学の惨状』［祥伝社新書］（祥伝社，2013）

保田武弘（総監修／解説）『落語傑作選「東宝名人会」　第一巻－第十五巻』（東宝ミュージック，2015）
柳田國男監修／日本放送協会編『日本昔話名彙』（日本放送協会，1954）a
柳田國男「笑の木願」『定本　柳田國男集　第七巻』（筑摩書房，1968）b
柳亭市馬他『落語三昧！　古典落語／名作名演トリヴィア集』（竹書房，2015）
柳家花緑他『古典落語　知っているようで知らない噺のツボ』（竹書房，2016）a
柳家花緑監修／柚木原なりマンガ『マンガで教養　やさしい落語　一生モノの基礎知識』（朝日新聞出版，2017）b
柳家小団治編著『入門落語の楽しみ方　笑いのコミュニケーション！』（PHP研究所，2005）
柳家さん喬『柳家さん喬「笑い」の流儀』（ビジネス社，2023）
矢野誠一『落語』［三一新書］（三一書房，1970）a
矢野誠一『古典落語』［ユニコーンカラー双書063］（駸々堂，1979）b
矢野誠一『人生読本　落語版』［岩波新書］（岩波書店，2008）c
山内志朗『笑いと哲学の微妙な関係　25のコメディーと古典朗読つき哲学饗宴（つまみぐい）』（哲学書房，2005）
山形優子フットマン『けっこう笑えるイギリス人』（講談社，2012）
山北宣久『福音と笑い　これぞ福笑い』（教文館，2004）
山口理『教室で話したい思わず笑っちゃう話　子どもを元気にする笑いのパワー満載！』（いかだ社，2006）
山口昌男『道化の民俗学』（新潮社，1975）a
山口昌男『笑いと逸脱』［SCRAP BOOK NO.1］（筑摩書房，1984）b
山口昌男監修『反構造としての笑い　破壊と再生のプログラム』（NTT出版，1993）c
山口隆一『フォークナー詩神の冷笑　前期小説群のユーモア』（英宝堂，1999）
山田ルイ53世『一発屋芸人列伝』（新潮社，2018）a
山田ルイ53世『パパが貴族　僕ともーちゃんのヒミツの日々』（双葉社，2020）b
山藤章二『対談「笑い」の構造』（講談社，1985）
山本周五郎『山本周五郎ユーモア小説集』（本の泉社，2023）
山本進編『落語ハンドブック 改訂版』（三省堂，1996，2001）a
山本進他『落語の黄金時代』（三省堂，2010）b
山本進他（文）／横井洋司（写真）『落語　噺家・400年の歴史・落語のことば・名作のあらすじ』（山川出版社，2016）c
横井洋司『横井洋司写真集　昭和平成落語写真鑑』（小学館，2022）
吉川潮『戦後落語史』［新潮新書］（新潮社，2009）
吉沢和夫／松谷みよ子（責任編集）『チャップリンの笑い寅さんの笑い　笑いの民話学』（童心社，1993）
吉田孝夫『ディケンズのユーモア』（晃学出版，1986）

吉野伊佐男『情と笑いの仕事論　吉本興業会長の山あり谷あり半生記』（ヨシモトブックス，2014）

吉原健一郎『落書というメディア　江戸民衆の怒りとユーモア』（教育出版，1999）

吉村誠『お笑い芸人の言語学　テレビから読み解く「ことば」の空間』（ナカニシヤ出版，2017）

よだきみく『嘘から出た諺　ことわざ笑辞典』［寺子屋新書］（こども未来社，2004）

米原万里『必笑小咄のテクニック』［集英社新書］（集英社，2005）

ラーセン，E.（新庄哲夫訳）『武器としてのジョーク』（TBSブリタニカ，1981［1980］）

ライト，T.（幸田礼雅訳）『カリカチュアの歴史　文学と美術に現れたユーモアとグロテスク』（新評論，1999）

ラエルティオス，D.（加来彰俊訳）『ギリシア哲学者列伝（上）／（中）／（下）』［岩波文庫］（岩波書店，1984/1989/1994）

ラカン，J.（佐々木孝次／市村卓彦訳）『ディスクール』（弘文堂，1985）

落語ファン倶楽部編『新作落語傑作読本（1）いま、最もおもしろい噺　2011 爆笑編』［落語ファン倶楽部新書］（白夜書房，2011）

落語ファン倶楽部編『新作落語傑作読本（2）いま、最もおもしろい噺　笑いと哀愁編』［落語ファン倶楽部新書］（白夜書房，2012）

落語ファン倶楽部編『新作落語傑作読本（3）いま、最もおもしろい噺　想像力の爆発編』［落語ファン倶楽部新書］（白夜書房，2013）

ラフランス，M.（中村真訳）『微笑みのたくらみ　笑顔の裏に隠された「信頼」「嘘」「政治」「ビジネス」「性」を読む』（化学同人，2013）

ラブレー，F.（渡辺一夫訳）『第一之書 ガルガンチュワ物語／第二，三，四之書 パンタグリュエル物語』［岩波文庫］（岩波書店，1973-1974）

ラリー遠田『お笑い世代論　ドリフから霜降り明星まで』［光文社新書］（光文社，2021）

ラントマン，S. 編（和田任弘訳）『続　ユダヤ・ジョーク集』（実業之日本社，1974）a

ラントマン，S. 編（三浦靱郎訳）『新編　ユダヤ笑話集』［現代教養文庫］（社会思想社，1978）b

リッサン，D.（高橋英郎／東多鶴恵訳）『オッフェンバック　音楽における笑い』（音楽之友社，2000）

リハチョフ，D. S.／パンチェンコ，A. M.／ポヌィルコ，N. V.（中村喜和／中沢敦夫訳）『中世ロシアの笑い』（平凡社，1989）

ルーアク，C.（原島善衛訳）『アメリカ文学とユーモア　国民性の研究』（北星堂書店，1974，5版）

鹿苑寺流『ほんまかいな！　銀行マンお笑い日記　元りそな銀行マンが体験した支店内部の茶番劇』（KKベストブック，2005）

鷲﨑秀一『近代文学における「笑い」の小説の生成』［阪南大学叢書111］（晃洋書房，2018）

早稲田文学会『早稲田文学増刊号 「笑い」はどこから来るのか？』［通巻第1031号］（筑摩書房，2019）

渡邉敏郎他編『研究社　新和英大辞典』（研究社，2003，5版）

渡邊均『落語の研究』（駸々堂書店，1943）

2．洋書

Aarons, Debra, *Jokes and the Linguistic Mind*, (New York, NY: Routledge, 2012)

Alexander, Richard J., *Aspects of Verbal Humour in English*, [Language in Performance], (Tübingen: Gunter Narr Verlag, 1997)

Amir, Lydia B., *Humor and the Good Life in Modern Philosophy Shaftesbury, Hamann, Kierkegaard*, (New York, NY: State University of New York Press, 2014)

Apte, Mahadev L., *Humor and Laughter An Anthropological Approach*, (Ithaca, NY: Cornell University Press, 1985)

Attardo, Salvatore, *Linguistic Theories of Humor*, (New York, NY: Mouton de Gruyter, 1994)a

Attardo, Salvatore, *Humorous Texts A Semantic and Pragmatic Analysis*, [Humor Research 6], (Berlin: Mouton de Gruyter, 2001)b

Attardo, Salvatore (ed.), *Encyclopedia of Humor Studies Vols. 1, 2*, (Los Angeles, CA: SAGE Reference, 2014)c

Attardo, Salvatore (ed.), *The Routledge Handbook of Language and Humor*, [Routledge Handbooks], (New York, NY: Routledge, 2017)d

Attardo, Salvatore, *The Linguistics of Humor An Introduction*, (Oxford: Oxford University Press, 2020)e

Barber, Michael, *Religion and Humor as Emancipating Provinces of Meaning*, [Contributions to Phenomenology vol.91], (Switzerland: Springer, 2017)

Baronett, Stan, *Why Did the Logician Cross the Road? Finding Humor in Logical Reasoning*, (London: Bloomsbury, 2021)

Baumgartner, Jody C. & Becker, Amy B. (eds.), *Political Humor in a Changing Media Landscape A New Generation of Research*, [Lexington Studies in Political Communication], (London: Lexington Books, 2018)

Blair, Walter & Hill, Hamlin, *America's Humor From Poor Richard to Doonesbury*, (New York, NY: Oxford University Press, 1978)

Blank, Trevor J., *The Last Laugh Folk Humor, Celebrity Culture, and Mass-Mediated Disasters in the Digital Age*, [Folklore Studies in a Multicultural World], (Madison, WI: The University of Wisconsin Press, 2013)

Bolens, Guillemette, *Kinesic Humor Literature, Embodied Cognition, and the Dynamics of Gesture*, [Cognition and Poetics], (New York, NY: Oxford University Press, 2021)

Boskin, Joseph, *Rebellious Laughter People's Humor in American Culture*, (Syracuse, NY: Syracuse University Press, 1997)

Brandreth, Gyles (ed.), *Oxford Dictionary of Humorous Quotations*, (Oxford: Oxford University Press, 2013, 5th)

Brône, Geert et al (eds.), *Cognitive Linguistics and Humor Research*, [Applications of Cognitive Linguistics vol.15], (Berlin: Walter de Gruyter, 2015)

Carroll, Noël, *Humour A Very Short Introduction*, (Oxford: Oxford University Press, 2014)

Cavaliero, Glen, *The Alchemy of Laughter Comedy in English Fiction*, (London: Macmillan Press LTD, 2000)

Cazamian, Louis, *The Development of English Humor*, (Durham, NC: Duke University Press, 1952)

Cerf, Bennett, *An Encyclopedia of Modern American Humor Drawings by Doug Anderson*, [The Modern Library of the World's Best Books], (New York, NY: The Modern Library, 1954)

Chiaro, Delia, *The Language of Jokes Analyzing Verbal Play*, [The Interface Series], (London: Routledge, 1992)a

Chiaro, Delia & Baccolini, Raffaella, *Gender and Humor Interdisciplinary and International Perspectives*, [Routledge Research in Cultural and Media Studies 63], (New York, NY: Routledge, 2014)b

Chłopicki, Władysław & Brzozowska, Dorota (eds.), *Humorous Discourse*, [Humor Research vol.11], (Boston, MA: Walter de Gruyter, 2017)

Clewis, Robert R., *Kant's Humorous Writings An Illustrated Guide*, (London: Bloomsbury Academic, 2021)

Cohen, Sarah Blacher (ed.), *Comic Relief Humor in Contemporary American Literature*, (Urbana, IL: University of Illinois Press, 1978)

Dates, Jannette L. & Ramirez, Mia Moody, *From Blackface to Black Twitter Reflections on Black Humor, Race, Politics, & Gender*, (New York, NY: Peter Lang, 2018)

Davies, Christie, *Ethnic Humor Around the World A Comparative Analysis*, (Bloomington, IN: Indiana University Press, 1996)

Destrée, Pierre & Trivigno, Franco V. (eds.), *Laughter, Humor, and Comedy in Ancient Philosophy*, (New York, NY: Oxford University Press, 2019)

Dubinsky, Stanley & Holcomb, Chris, *Understanding Language through Humor*, (Cambridge: Cambridge University Press, 2011)

Ellis, David, *Shakespeare's Practical Jokes An Introduction to the Comic in his Work*, (Lewisburg, PA: Bucknell University Press, 2007)

Ermida, Isabel, *The Language of Comic Narratives Humor Construction in Short Stories*, [Humor Research 9], (Berlin: Mouton de Gruyter, 2008)

Esar, Evan, *Humorous English A Guide to Comic Usage, Jocular Speech and Writing, and Witty Grammar*, (New York, NY: Horizon Press, 1961)

Ezell, Silas Kaine, *Humor and Satire on Contemporary Television Animation and the American Joke*, [The Cultural Politics of Media and Popular Culture], (Oxford: Routledge, 2016)

Farnsworth, Stephen J. & Lichter, S. Robert, *Late Night with Trump Political Humor and the American Presidency*, (New York, NY: Routledge, 2020)

Foka, Anna & Liliequist, Jonas (eds.), *Laughter, Humor, and the (Un)Making of Gender Historical and Cultural Perspectives*, (New York, NY: Palgrave Macmillan, 2015)

Fontaine, Michael (ed.), *How to Tell a Joke An Ancient Guide to the Art of Humor Marcus Tullius Cicero*, (Princeton, NJ: Princeton University Press, 2021)

Ford, Thomas. E. et al.(eds.), *De Gruyter Handbook of Humor Studies*, [De Gruyter Contemporary Social Sciences Handbooks Vol.2], (Berlin: De Gruyter, 2024)

Gale, Steven H.(ed.), *Encyclopedia of American Humorists*, (New York, NY: Garland Publishing, Inc., 1988)

Gibson, Janet M., *An Introduction to the Psychology of Humor*, (Oxford: Routledge, 2019)

Gillota, David, *Ethnic Humor in Multiethnic America*, (New Brunswick, NJ: Rutgers University Press, 2013)

Gimbel, Steven, *Isn't That Clever A Philosophical Account of Humor and Comedy*, [Routledge Studies in Contemporary Philosophy 94], (New York, NY: Routledge, 2018)

Glare, P. G. W. (ed.), *Oxford Latin Dictionary Second Edition Vols.I, II A-L, M-Z*, (Oxford: Oxford University Press, 2016, 2nd)

Goatly, Andrew, *Meaning and Humour*, [Key Topics in Semantics and Pragmatics], (Cambridge: Cambridge University Press, 2012)

Gordon, Mordechai, *Humor, Laughter and Human Flourishing A Philosophical Exploration of the Laughing Animal*, [Springer Briefs in Education], (Switzerland: Springer, 2014)

Greig, J. Y. T., *The Psychology of Laughter and Comedy*, (London: George Allen & Unwin LTD, 1923)

Halliwell, Stephen, *Greek Laughter A Study of Cultural Psychology from Homer to Early Christianity*, (Cambridge: Cambridge University Press, 2008)

Hayes, Bruce, *Hostile Humor in Renaissance France*, (Newark, DL: University of Delaware Press, 2020)

Henry, M., *Matthew Henry's Commentary on the Whole Bible Volumes I, II, III, IV, V, VI*, (London: Marshall, Morgan & Scott, 1959)

Hill, L. A., *Elementary Stories for Reproduction 1/2*, (Oxford: Oxford University Press,

1965/1977)a

Hill, L. A., *Introductory Stories for Reproduction 1/2*, (Oxford: Oxford University Press, 1982/1982)b

Hill, L. A., *Intermediate Stories for Reproduction 1/2*, (Oxford: Oxford University Press, 1965/1977)c

Hill, L. A., *Advanced Stories for Reproduction 1/2*, (Oxford: Oxford University Press, 1965/1977)d

Jackson, Melissa A., *Comedy and Feminist Interpretation of the Hebrew Bible A Subversive Collaboration*, [Oxford Theological Monographs], (Oxford: Oxford University Press, 2012)

Johnson, Eric W., *A Treasury of Humor An Indexed Collection of Anecdotes*, (Buffalo, NY: Prometheus Books, 1989)

Keener, C. S., *A Commentary on the Gospel of Matthew*, (Grand Rapids, MI: Wm. B. Eerdmans Publishing Company, 1999)

Kennison, Shelia M., *The Cognitive Neuroscience of Humor*, (Washington, D.C.: American Psychological Association, 2020)

Kuipers, Giselinde, *Good Humor, Bad Taste A Sociology of the Joke*, (Berlin: Walter de Gruyter, 2015)

Lederhendler, Eli & Finder, Gabriel N.(eds.), *A Club of Their Own Jewish Humorists and the Contemporary World*, [Studies in Contemporary Jewry An Annual XXIX], (New York, NY: Oxford University Press, 2016)

Liddell, Henry George & Scott, Robert (comp.), *A Greek-English Lexicon with a Revised Supplement*, (Oxford: The Clarendon Press, 1996)

Lombardini, John, *The Politics of Socratic Humor*, (Oakland, CA: California University Press, 2018)

Marshall, I. H., *The Gospel of Luke A Commentary on the Greek Text*, [The New International Greek Testament Commentary], (Exeter: The Paternoster Press, 1978)

McGhee, Paul E. & Goldstein, Jeffrey H. (eds.), *Handbook of Humor Research Vol.I Basic Issues*, (New York, NY: Springer-Verlag, 1983)a

McGhee, Paul E. & Goldstein, Jeffrey H. (eds.), *Handbook of Humor Research Vol.II Applied Studies*, (New York, NY: Springer-Verlag, 1983)b

Medgyes, Peter, *Laughing Matters Humour in the Language Classroom*, [Cambridge Handbooks for Language Teachers], (Cambridge: Cambridge University Press, 2002)

Meyer, John C., *Understanding Humor through Communication Why be Funny, Anyway?* (London: Lexington Books, 2015)

Moland, Lydia L.(ed.), *All too Human Laughter, Humor, and Comedy in Nineteenth-Century Philosophy*, [Boston Studies in Philosophy, Religion and Public Life vol.7],

(Switzerland: Springer, 2018)

Mulkay, Michael, *On Humour Its Nature and Its Place in Modern Society*, (Cambridge: Polity Press, 1988)

Murray, James A. H. et al. (eds.), *The Oxford English Dictionary Volume V H-K*, (Oxford: At the Clarendon Press, 1970[1933])

Nash, Walter, *The Language of Humour Style and Technique in Comic Discourse*, [English Language Series], (London: Longman, 1985)

Nilsen, Alleen Pace & Nilsen, Don L. F., *The Language of Humor An Introduction*, (Cambridge: Cambridge University Press, 2019)

Orben, Robert, *Speaker's Handbook of Humor*, (Springfield, MA: Merriam-Webster Inc., 2000)

Oring, Elliott, *Jokes and Their Relations*, (Lexington, KY: The University Press of Kentuchy, 1992)

Paasonen, Susanna et al., *NSFW Sex, Humor, and Risk in Social Media*, (Cambridge, MA: The MIT Press, 2019)

Parvulescu, Anca, *Laughter Notes on a Passion*, [Short Circuits], (Cambridge, MA: The MIT Press, 2010)

Plester, Barbara, *The Complexity of Workplace Humour Laughter, Jokers and the Dark Side of Humour*, (Switzerland: Springer, 2016)

Ritchie, Graeme, *The Linguistic Analysis of Jokes*, [Routledge Studies in Linguistics], (London: Routledge, 2004)

Rooney, Andy et al., *Exploring American Culture with Humor*,(Tokyo: Kinseido, 2000, 重版)

Ross, Alison, *The Language of Humour*, [The Intertext Series], (London: Routledge, 1998)

Schaeffer, Neil, *The Art of Laughter*, (New York, NY: Columbia University Press, 1981)

Schweizer, Bernard, *Christianity and the Triumph of Humor From Dante to David Javerbaum*, [Routledge New Critical Thinking in Religion, Theology and Biblical Studies], (Oxford: Routledge, 2020)

Shear, M. D. & Kanno-Youngs, Z., "Aid Isn't 'Charity,' Zelensky Asserts Before Congress: [Correction]," *New York Times*, Late Edition (*East Coast*); New York, N.Y. 22 Dec 2022, (New York: New York Times, 2022)

Strick, Madelijn & Ford, Thomas E. (eds.), *The Social Psychology of Humor*, [Current Issues in Social Psychology], (New York, NY: Routledge, 2021)

Swick, David & Keeble, Richard Lance (eds.), *The Funniest Pages International Perspectives on Humor in Journalism*, [Mass Communication and Journalism vol.20], (New York, NY: Peter Lang, 2016)

Tholas-Disset, Clémentine & Ritzenhoff, Karen A. (eds.), *Humor, Entertainment, and Popular Culture during World War I*, (New York, NY: Palgrave Macmillan, 2015)

Thomson, A. A., *Anatomy of Laughter Drawings by R. G. Phillips*, (London: Epworth Press, 1966)

Tsakona, Villy & Popa, Diana Elena, *Studies in Political Humour in between Political Critique and Public Entertainment*, [Discourse Approach to Politics, Society and Culture Vol.46], (Amsterdam: John Benjamins Publishing Company, 2011)

Twain, Mark & Billings, Jose, *Wit and Humor of the Age Comprising Wit, Humor, Pathos, Ridicule, Satires, Dialects, Puns, Conundrums, Riddles, Charades, Jokes and Magic*, (Chicago, IL: Star Publishing Company, 1883 [Kessinger Publishing's Legacy Reprints])a

Twain, Mark, *Humorous Stories and Sketches*, [Dover Thrift Editions], (Mineola, NY: Dover Publications, Inc., 1996)b

Vanderheiden, Elisabeth & Mayer, Claude-Hélène (eds.), *The Palgrave Handbook of Humour Research*, (Cham, Switzerland: Palgrave Macmillan, 2024, 2nd.)

Watson, Cate, *Comedy and Social Science Towards A Methodology of Funny*, [Routledge Advances in Sociology 153], (New York, NY: Routledge, 2015)

Webber, Julie A. (ed.), *The Joke Is on Us Political Comedy in (Late) Neoliberal Times*, (London: Lexington Books, 2019)

Weinberger, Marc G. et al (eds), *Humor in Advertising Classic Perspectives and New Insights*, (Oxford: Routledge, 2021)

Wells, Marguerite, *Japanese Humour*, [St Antony's Seires], (London: Macmillan Press LTD, 1997)

Whedbee, J. William, *The Bible and the Comic Vision*, (Cambridge: Cambridge University Press, 1998)

Wickberg, Daniel, *The Senses of Humor Self and Laughter in Modern America*, (Ithaca, NY: Cornell University Press, 1998)

Wijewardena, Nilupama et al., *Managing with Humor A Novel Approach to Building Positive Employee Emotions and Psychological Resources*, (Singapore: Springer, 2019)

Williams, Will, *Kierkegaard and the Legitimacy of the Comic Understanding the Relevance of Irony, Humor, and the Comic for Ethics and Religion*, (London: Lexington Books, 2018)

Witherington III, Ben, *Invitation to the New Testament First Things*, (Oxford: Oxford University Press, 2013)

Zall, Paul M. (ed. & intro.), *Mark Twain Laughing Humorous Anecdotes by and about Samuel L. Clemens*, (Knoxville, TN: The University of Tennessee Press, 1985)

Ziv, Avner (ed.), *National Styles of Humor*, [Contributions to the Study of Popular Culture No.18], (New York, NY: Greenwood Press, 1988)

あとがき

　かつて父の書棚には、社会科学系の本や神学の本が押し込まれていて、筆者は学生時代の前半は前者の本を、後半に神学の勉強を開始してからは後者の本を活用させてもらった。そうした本の間から、トケイヤーの『ユダヤ・ジョーク集』(1973年)やラントマンの『続　ユダヤ・ジョーク集』(1974年)が顔をのぞかせていたので、手に取ってこちらから中身をのぞかせてもらった。すると、「ユダヤ人は教育熱心」であり、「とにかく、博士号をとっていないユダヤ人は、脱落者だと思われているほどである」とか書かれていたりして（トケイヤーa172）、ユダヤ人とは一体どういう人たちなのだろうかと思った。その後、日本での大学院時代には、「博士号は靴底に付いた米粒みたいなもので、取っても食えないが、取らないと気になる」という常套句を耳にしたり、今回、本書の執筆に当たり、「はかせ【博士】最初からこういう名にしておけば、博士号を取る必要はない」（筒井康隆408）という冗句を目にしたりして、愉快だった。
　次のような冗句の存在は、幾つものバージョンがあるが、ユダヤ人が実に半世紀以上も前から、英知を目指して脳移植の可能性を考えていたことを示している。

　　移植手術の進歩で脳が売買される時代になり、研究者を目指す少年が裕福な父親と共に、販売店に来ると、店員が、「アメリカのノーベル賞級の著名な名誉教授だった学者の脳が100万ドル、将来を嘱望されたものの若死にした教授の脳が10万ドル、そして、准教授のままで脳死した方の脳が1,000万ドルになります」と説明したので、父親がそのような値の付け方に驚いて理由を聞くと、店員は言った。「その准教授の脳は、未使用品だからです」（cf. トケイヤーa220f., 北村元113, 早坂隆c143f., e161f.)。

　この一年間は、書籍を通して多くの知性に触れることができたが、ユーモアや笑いとの関係で真っ先に念頭に浮かぶのは、『薔薇の名前』で著名なイタリアのウンベルト・エーコ（1932年－2016年）である（cf. 本書序章第1節）。名誉博士号を世界中の大学から40個ほど授与されている彼の博識は（cf.Umberto Eco 公式 web サイト）、ガリレイの死没年であると同時にニュートンの生誕年である1642年を境に科学を中心とする学術の振興はイタリアからイギリスに移ったという俗信を一蹴してくれる。彼は、質量共に『薔薇の名前』を凌駕する『フーコーの振り子』を書くのに、「三千冊の文献を渉猟したといわれている」から（ハフト 260f.)、本書『ユーモア入門』を書くのに1,000冊程度しか渉猟していない筆者をも圧倒してくれる。

　筆者の父、光庸は、筆者を幼少期より懸命に育て、自分の願望よりも筆者の将来を優先し、今日に至るまで良き対話の相手となり、母、伏佐子は父と筆者を様々な形で支え続けてくれている。このような両親に、心から感謝の言葉を記しておきたい。
　同様に感謝の気持ちは、学生たちにも届けたい。実は、本書執筆契機の1つは、講義中の学生たちの笑いであり、その時に筆者が語った講義内容（＝雑談）は本書の中にもひそんでいる。学生の興味関心から、かつてディズニーやエアラインの本を執筆、出版する機会が与えられたが、ウォルト・ディズニーが天国を地上に下ろそうとしてディズニーランドを造り、ライト兄弟が地上から天に上ろうとして飛行機を造り、こうして両者は共に天と地を近づけようとしたと言えるなら、ユーモアは人と人を近づけるために天からこの世に授けられた賜物と言えるかもしれない。
　人は、最後は笑うしかないと言う。筆者も、もう笑うしかない。しかし、何かにつけ人とは対極的な性質の神は、最初に笑いながら、喜びながらこの世を誕生させたのではないかと思う。同様にして、各章の最初のユーモ

アも、笑いながら本書を読み始めていただくためのものであると、最後に言い訳をしておきたい。

宮平　望

著者 宮平 望（みやひら のぞむ）
  1966 年 神戸市生まれ
  1989 年 同志社大学神学部卒業（神学士）
  1991 年 同志社大学大学院神学研究科前期博士課程歴史神学専攻終了（神学修士）
  1992 年 ハーバード大学神学大学院修士課程修了（神学修士号［ThM］受領）
  1996 年 オックスフォード・ウィクリフホール神学大学研究科終了（コベントリー大学より神学博士号［PhD in Theology］受領）
  1996 年 8 月－1997 年 3 月 オックスフォード大学グリーン学寮客員研究員
  2002 年 8 月－2003 年 8 月 ケンブリッジ大学神学部・宗教学神学高等研究所客員研究員
  2002 年 8 月－2003 年 8 月 ケンブリッジ・ティンダルハウス聖書学研究所客員研究員
  2002 年 10 月－2003 年 8 月 ケンブリッジ大学セント・エドマンズ学寮客員研究員
  2019 年 4 月－2019 年 9 月 ケンブリッジ・ティンダルハウス聖書学研究所客員研究員
  1997 年 4 月以後、西南学院大学文学部国際文化学科講師、助教授、教授を経て、現在、国際文化学部国際文化学科教授（キリスト教学・アメリカ思想文化論担当）
  ホームページ：宮平望のホームルーム https://miyahiranozomuhome.wixsite.com/mysite

著書
『神の和の神学へ向けて　三位一体から三間一和の神論へ』（すぐ書房, 1997／新教出版社, 2017 再版）
  Towards a Theology of the Concord of God　A Japanese Perspective on the Trinity, (Carlisle, Cumbria: Paternoster, 2000)
『責任を取り、意味を与える神　21 世紀日本のキリスト教 1』（一麦出版社, 2000）
『苦難を担い、救いへ導く神　21 世紀日本のキリスト教 2』（一麦出版社, 2003）
『戦争を鎮め、平和を築く神　21 世紀日本のキリスト教 3』（一麦出版社, 2005）
『現代アメリカ神学思想　平和・人権・環境の理念』（新教出版社, 2004／2018 増補新版）
『ゴスペルエッセンス　君に贈る 5 つの話』（新教出版社, 2004）
『ゴスペルフォーラム　君に贈る 5 つの話』（新教出版社, 2007）
『ゴスペルスピリット　君に贈る 5 つの話』（新教出版社, 2008）
『ゴスペルハーモニー　君に贈る 5 つの話』（新教出版社, 2019）
『ゴスペルジャーニー　君に贈る 5 つの話』（新教出版社, 2021）
『神の和の神学入門　21 世紀日本の神学』（新教出版社, 2005）
『マタイによる福音書　私訳と解説』（新教出版社, 2006）
『マルコによる福音書　私訳と解説』（新教出版社, 2008）
『ルカによる福音書　私訳と解説』（新教出版社, 2009）
『ヨハネによる福音書　私訳と解説』（新教出版社, 2010）
『使徒言行録　私訳と解説』（新教出版社, 2011）

『ローマ人への手紙　私訳と解説』（新教出版社，2011）
『コリント人への手紙　私訳と解説』（新教出版社，2012）
『ガラテヤ人・エフェソ人・フィリピ人・コロサイ人への手紙　私訳と解説』（新教出版社，2013）
『テサロニケ人・テモテ・テトス・フィレモンへの手紙　私訳と解説』（新教出版社，2014）
『ヘブライ人への手紙　私訳と解説』（新教出版社，2014）
『ヤコブ・ペトロ・ヨハネ・ユダの手紙　私訳と解説』（新教出版社，2015）
『ヨハネの黙示録　私訳と解説』（新教出版社，2015）
『ジョン・マクマレー研究　キリスト教と政治・社会・宗教』（新教出版社，2017）
『ディズニーランド研究　世俗化された天国への巡礼』（新教出版社，2019）
『ディズニー変形譚研究　世俗化された福音への信仰』（新教出版社，2020）
『エアライン入門　逆風で飛翔する両翼』（大学教育出版，2021）
『旧約聖書　律法書　要約と概説』（新教出版社，2021）
『旧約聖書　歴史書　要約と概説』（新教出版社，2022）
『旧約聖書　文学書　要約と概説』（新教出版社，2023）
『旧約聖書　預言書　要約と概説』（新教出版社，2024）

訳書

クラス・ルーニア『使徒信条の歴史と信仰』（いのちのことば社，1992）
ボブ・ハウツワールト『繁栄という名の「偶像」』（いのちのことば社，1993）
D. ブローシュ『キリスト教信仰　真の信仰をめざして』（一麦出版社，1998）
アーサー F. ホームズ『知と信の対話　キリスト教教育の理念』（一麦出版社，1999）

ユーモア入門
人生を楽しむ7法則

2025年2月28日　第1版第1刷発行

著　者……宮平　望

発行者……小林　望
発行所……株式会社新教出版社
〒112-0014　東京都文京区関口1-44-4
電話（代表）03 (3260) 6148
振替 00180-1-9991

印刷製本……モリモト印刷株式会社

ISBN 978-4-400-40762-1　C1012
Nozomu Miyahira 2025 ©

宮平望の本

ゴスペルシリーズ

ゴスペルエッセンス
君に贈る5つの話　950円

ゴスペルフォーラム
君に贈る5つの話　1100円

ゴスペルスピリット
君に贈る5つの話　1100円

ゴスペルハーモニー
君に贈る5つの話　1200円

ゴスペルジャーニー
君に贈る5つの話　1200円

*

神の和の神学へ向けて
三位一体から三間一和の神論へ　2400円

ジョン・マクマレー研究
キリスト教と政治・社会・宗教　2400円

ディズニーランド研究
世俗化された天国への巡礼　2000円

ディズニー変形譚研究
世俗化された福音への信仰　2000円

表示は税抜き本体価格です。